사랑하는 대륙이여

시인 김용제 연구

저자
오무라 마스오 大村益夫, Omura Masuo
1933년 도쿄 출생. 1957년 와세다대학교 제1정치 경제학부를 졸업, 도쿄도립대학교 인문과학연구과 석박사과정을 수료했다. 1964년 와세다대학교 전임강사 임용. 1966년부터 1978년까지 동대학 법학부에서 중국어 담당. 1967년 조교수, 1972년 교수로 임용됨. 1978년 다시 어학교육연구소로 옮겨 2004년까지 조선어 담당. 1985년 와세다대학교 재외연구원으로 1년간 중국 연변대학에서 연구 유학했고, 1992・1998년 고려대학교 교환 연구원으로 한국에 체재했다.
저서로는 『사랑하는 대륙이여－시인 김용제 연구』(大和書房, 1992), 『시로 배우는 조선의 마음』(青丘文化社, 1998), 『사진판 윤동주 자필 시고 전집』(공편, 민음사, 1999), 『윤동주와 한국문학』(소명출판, 2001), 『조선 근대문학과 일본』(緑蔭書房, 2003), 『중국조선족문학의 역사와 전개』(緑蔭書房, 2003), 『식민주의와 문학』(소명출판, 2014) 등이 있고, 번역서로는 『한일문학의 관련양상』(김윤식, 朝日新聞社, 1975), 『친일문학론』(임종국, 高麗書林, 1976), 『한국단편소설선』(공역, 岩波書店, 1988), 『시카고 복만－중국조선족단편소설선』(高麗書林, 1989), 『탐라이야기－제주도문학선』(高麗書林, 1996) 등이 있다.

역자
심원섭 沈元燮, Shim Wonsup
1957년생. 연세대학교 국문과 및 동대학원 졸업. 도쿄외국어대학 수학. 『원본 이육사전집』(집문당, 1986), 『일본근대사상사』(鶴見俊介, 문학과지성사, 1991), 『사진판 윤동주 자필시고전집』(공편, 민음사, 1999), 『김사량 평전』(安宇植, 문학과지성사, 2000), 『김종한 전집』(공편, 綠蔭書房, 2006), 『일본 유학생 문인들의 대정・소화 체험』(소명출판, 2009) 등 저・역서 외에 한일 대역 에세이집 『감춰둔 이야기』(NHK出版, 2011)가 있다. 와세다대학 국제교양학부・문학부 객원교수, 인하대 연구교수를 거쳐 현재 독쿄[獨協]대학 국제교양학부 특임교수.

사랑하는 대륙이여 시인 김용제 연구

초판 인쇄 2016년 9월 5일 **초판 발행** 2016년 9월 20일
지은이 오무라 마스오 **옮긴이** 심원섭 **펴낸이** 박성모 **펴낸곳** 소명출판
출판등록 제13-522호 **주소** 서울시 서초구 서초중앙로6길 15, 1층
전화 02-585-7840 **팩스** 02-585-7848
전자우편 somyungbooks@daum.net **홈페이지** www.somyong.co.kr

ISBN 979-11-5905-097-8 94810
ISBN 979-11-5905-082-4 (세트)

값 22,000원

유년기 김용제가 수학했던 지천서원에서 바라본 생극면 일대

지천서원 공자당의 모습

서남쪽에서 바라 본 지천서원. 중앙이 공자당

1925-26년 김용제가 다녔던 청주중학교 전경

1929년 일본 주오(中央)대학 입학 당시

1932년 김용제가 일본 프롤레타리아 작가동맹 서기로 일을 보며 기숙했던 일본프롤레타리아 작가동맹사무소 인근. 도쿄 오치아이[落合]의 작동요코쵸[作同横町]

朱乙温泉にて

金龍濟

満洲までの旅行を経へて只今温泉に来てしばし都塵を洗ってゐます。間もなく帰京致しますがこんな所へ一人来てゐると旅心の寂しさか、旧友人の所へやたらにエハガキを差上げたくなります。湖よりも深谷の緑がよく山の緑色水に映じて人の心を涼しく躍らすやうです。

1939년 당시의 김용제
(『경성일보』, 1939.8.18)

1941년경의 나카노 시게하루 일가.
좌부터 나카노 시게하루,
부인 하라 이즈미, 부친,
김용제의 비운의 연인 나카노 스즈코

1970년대 부인 권희증 여사와 함께

구 프로레타리아작가동맹 사무소 터 (2015년 10월 현재)

1942년 『아세아시집』 초간본(고려대 소장) 표지

1954년 시집 『산무정』 표지

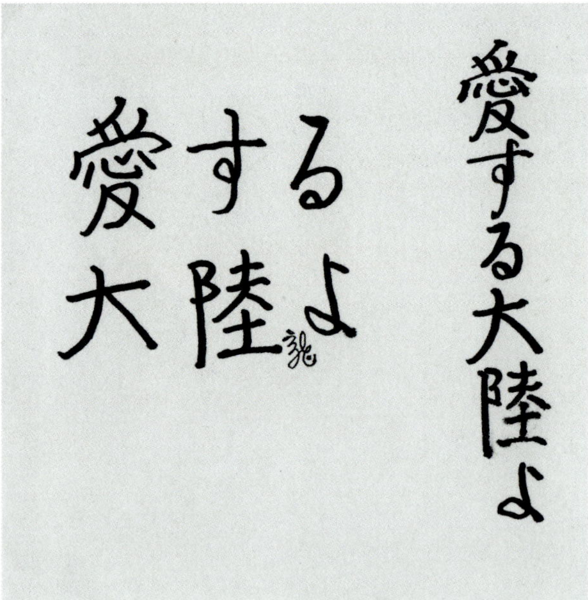

1989년 김용제의 필적.
일어판 『사랑하는 대륙이여』(1992)의
출간 준비 작업에 즈음하여

중년기의 김용제(『중앙일보』, 1994.6.22에 실린 사진과 동일한 원본)

1989년 당시의 김용제. 종로에서

오무라 마스오 저작집 2

사랑하는 대륙이여

오무라 마스오 지음
심원섭 옮김

MY BELOVED HOMELAND

시인 김용제 연구

소명출판

일러두기

- 이 책은 大村益夫, 『愛する大陸よ－詩人 金龍濟 硏究』(東京 : 大和書房, 1992)의 완역본이다.
- 원문의 명백한 오기와 오자들을 바로 잡은 이외에는 대부분 원저 내용을 그대로 번역했다.
- 본문은 한글 표기를 기본으로 하되, 한자명 병기가 필요하다고 판단된 어휘는, 뒤에 해당 한자를 병기해 넣었다. 부속 설명이 필요한 경우, 작품의 인용 시에도 위의 원칙을 적용하였다.
- 간단한 내용주가 추가로 필요한 어휘들은 뒤에 작은 '[ ]'를 치고 그 안에 설명을 병기해 넣었다.
- 작품 속의 복자 부분은 그대로 살리는 것을 원칙으로 했으나 일부 작품의 경우는 일본어 텍스트와 한글 텍스트 양쪽을 비교 검토하여 복원한 경우도 있다.

『사랑하는 대륙이여』의 번역 출판에 즈음하여

『사랑하는 대륙이여—시인 김용제 연구』가 한국에서 출판된다 한다. 기쁜 일이다. 이 책은 1992년 3월 출판되었으니 지금부터 약 4반세기 전의 일이 되는 셈이다. 그럼에도 김용제에 대한 나의 시각은 기본적으로 변한 것이 없다.

김용제는 일본 제국주의에 본격적인 투쟁을 꾀했다. 네 번의 체포와 4년간의 옥중 생활, 재판 과정에서 최고재판소까지 올라가 싸웠던 그는 일본과 한국의 프롤레타리아문학 운동 퇴조기 최후의 기수이자 최후미後尾의 주자였다. 후일 이른바 친일문학에 손을 적셨다 해서, 일본과 한국에서 일제에 격렬하게 저항했던 그 공적을 그 누구도 부정할 수는 없다.

프롤레타리아문학 활동을 과감하게 전개하다가 그는 결국 친일문학 앞에 무릎을 꿇었다. 프로문학과 친일문학, 그 어느 쪽도 한국에서 환영 받을 리는 만무했다. 1945년 해방 이후 1994년 세상을 떠나기까지 49년간을 그는 불우 속에서 지냈다. 나는 황혼기에 접어들었던 김용제를 만나 그의 족적을 남기고자 했다. 그의 행위를 전면적으로 지지하기 때문이었던 것은 아니다. 그의 족적을 기록하여 후세에 남기는 것이 일본인으로서 마땅히 해야 할 도리라고 생각했기 때문이다.

내가 처음 김용제에 대해 쓴 것은 「전절轉折의 문학자—이광수와 김용제」(『아시아』, 아시아평론사, 1971.8)였다. 이후, 재일 한국인이 발행하는 『계간 삼천리』 11월호(1977.8)에 「시인 김용제의 궤적」이라 제한 논문 비슷한 것을 발표했는데, 그것이 마침 일본에 와 있던 서정주 시인의 눈에 띄었다가 귀국 후 김용제에게 알려졌던 것 같다. 이렇게 해서 김용제로부터 첫 편지를 받고난 뒤, 나는 처음으로 김용제가 생존해 있다는 것을 확인한 것이다. 그 후 직접 만나 인터뷰를 거듭하고 200통이 넘는 서신 교환을 거듭한 끝에 『사랑하는 대륙이여』가 완성된 것이다.

1992년 시점에서는 볼 수 없었던 자료가, 오늘은 볼 수 있게 된 것도 있다. 그러나 이 역서는 오자의 정정 정도 외에는 모두 원저 그대로의 번역을 원칙으로 했다. 당시 관계자가 생존 중임을 고려했던 표현들도 그대로 남겨 두었다. 다만 부속 자료 중의 연보와 저작 목록은, 그동안 생각이 미쳐 모아 두었던 것을 첨가했다. 결국 원저와 달라진 것은 연보와 저작 목록뿐인 셈이 된다.

일본에서 거의 팔리지 않았던 이 책이 이번에 한국에서 출판된다 한다. 역자 심원섭 선생은 물론 김재용 선생, 소명출판 박성모 사장을 비롯한 관계자 여러분께 심심한 사의를 표한다.

2015년 8월 9일

저자 오무라 마스오

차례

책머리에

김용제는 1930년대에 일본의 지배 계급과 식민지 지배에 가장 용맹하게 저항한 한국의 프롤레타리아 시인이었으나 후일 전향하여 극단적인 친일문학의 길을 걸었다. 그는 이 두 가지 측면에서 일본과 일본 문학 속에 깊이 관여하고 있어, 우리의 뇌리에서 지워버릴 수 없는 존재가 되어 있다.

친일문학이라는 용어 규정과 관련해서는, 임종국 저『친일문학론』의 "주체적 조건을 상실한 맹목적 사대주의적 일본 예찬과 일본 추종을 내용으로 한 문학"이라는 정의를 따르기로 한다.

김용제는 일본과 한국의 프롤레타리아문학사에 빛나는 업적을 남겼다. 이것은 누구도 부정할 수 없다. 후일 친일문학에 손을 댔다는 결과 쪽에서만 그를 보고 앞의 업적을 모조리 부정한다면, 한국 근대문학의 아버지라 불리는 이광수도 전면 부정될 수밖에 없다. 한 문인을 그 도달점에서 평가하는 것이 아니라, 일단 당시 상황으로 돌아가 생각해보는 과정도 필요할 것이다.

김용제의 초기 문학 활동이 프롤레타리아문학이었다는 점, 더욱

이 작품 대부분이 일본 체재 중에 일본어로 발표되었다는 점, 친일 문인으로서 비교적 화려한 활동을 했던 점, 그 어느 쪽을 보아도 그가 한국에서 환영을 받을 만한 조건은 없다. 그는 한국문학사에서 거의 무시되어 온 존재이나, 그가 대표적인 친일 문인 중의 하나라는 점만은 가끔씩 언급된다. 한국문학사에서는 '일제 말 암흑기'에 민족에 광명을 비춰 준 시인으로 윤동주가 거론된다. 문학사 위에 김용제가 앉을 자리는 없으나, 만약 마련된다고 한다면 윤동주와는 대극對極적인 마이너스 좌표 위에 놓여지게 될 것이다. 윤동주와 김용제, 두 시인은 나이도 작풍도 생애도 다르지만 1936, 1937년이라는 시점에서는 공통 항목을 갖고 있었다고 할 수 있다고 생각한다.

윤동주는 정지용, 서정주, 유치환, 김광섭 등의 영향을 받는 한편, 프롤레타리아 시인 임화, 김용제, 엄흥섭, 박세영 등의 문학 활동에도 깊은 관심을 갖고 있었던 흔적을 남겼다. 이 책의 부록에 넣은 '김용제 저작 목록'을 보아도 알 수 있을 것이나, 1936~38년 사이의 김용제는 『동아일보』, 『조선일보』, 『비판』 등을 통해, 한국 국내에서 활발한 활동을 전개하여 애국 시인의 마음을 사로잡았던 것이다. 그는 적어도 1929년부터 1938년까지 10년간은 계급적·민족적 입장에 서 있었던 문학 전사였다. 그 작품의 전투성, 자기 희생을 꺼리지 않는 순수한 삶의 방식에 경의를 품지 않을 수 없다.

왼쪽 끝까지 올라 간 진자振子가 좌절에 부딪히면 오른쪽으로 내려올 수밖에 없다는 점도 고려해야 할 것이다. 그는 1938년까지는 시대의 물결에 떠밀려가는 길을 택하지 않고, 목숨을 걸고 온힘을 다해 일본 제국주의와 싸웠던 것이다. 그 후 그가 친일문학에로 달려간 것은 사실이다. 그러나 그렇다고 해서 그의 업적 전부를 무화한다거나 전면 부정해도 된다고는 할 수 없을 것이다.

일본 문학계에서도 김용제의 존재는 망각되고 있다. 나카노 스즈코中野鈴子 연구자인 오마키 후지오大牧冨士夫 씨의 증언에 의하면, 『간도 빨치산의 노래』의 작자 마키무라 히로시槇村浩가 그의 노트 속에 김용제의 「조풍潮風」, 「사랑하는 동지에게愛する同志へ」, 「성장한다는 것生い立つもの」 세 편을 필사해 놓았다고 한다. 미야모토 겐지宮本顕治·유리코百合子 부처의 사랑을 받았으며, 나카노 시게하루中野重治의 젊은 친구이기도 하며, 일본 프롤레타리아문학의 일익을 담당한 김용제를, 현재 일본문학계는 망각해 버린 지 오래다. 이 망각은 두 가지 의미에서 태만한 일이다. 첫째, 국제적인 벗이 행했던 역할에 둔감하다는 점, 또 하나는 이웃나라의 진보적 문인에게 친일문학을 강요하여 기진맥진 끝에 변절에 이르게 한 사실을, 아픔을 안고 직시하려 하지 않는다는 점에 있어서다.

어쩔 수 없는 상황에서 친일문학을 했다 하더라도, 조국을 등졌다는 점에서 본다면, 본국에서 규탄받는 것은 당연할 것이다. 그러나 우리 일본인이 그 비난의 합창 속에 끼어들 수는 없다. 물론 우리는 친일 행위를 옹호하려는 것도 아니며, 옹호가 가능한 것도 아니다. 단지 한 명의 한국인이 일본과 한국 사이에서 어떻게 살아갔는가를 이해하고, 그것을 기록으로 남겨두고 싶을 뿐이다.

제1장

유년기부터 도일渡日까지

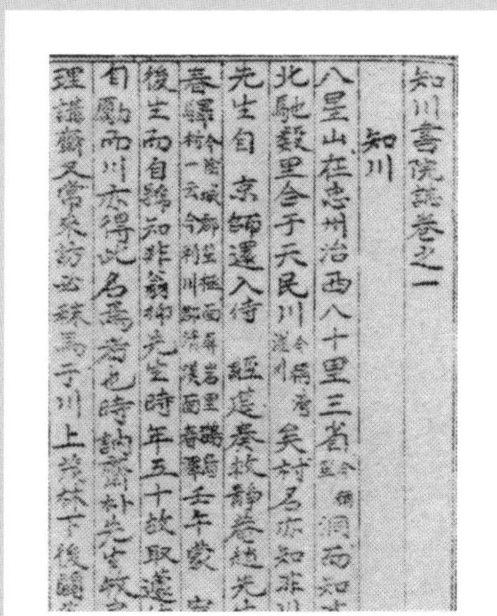
知川書院誌卷之一

知川

八星山在忠州治西八十里三省

성장기

김용제는 한일 병합 전 해인 1909년 2월 3일, 충청북도 음성군陰城郡 생극면笙極面 팔성리八聖里 130번지에서, 조부 김두희金斗喜(정육품)의 장손, 소지주 김용하金容夏의 장남으로 출생했다. 음성은 서울・부산 간 경부선의 조치원역과 서울에서 안동 방면으로 산악지대를 달리는 중앙선의 제천역을 연결하는 충북선의 거의 중앙에 위치해 있다.

음성의 생가 뒤편에는 당시 2천 평 정도의 가족 묘지가 있었고 거기에 부락민의 신앙 대상인 신목神木이 있었다 한다.

또 뜰에는 거북 형상의 흑자색黑紫色 바위가 있어

"남신男神인 은행나무와 요염한 여신女神인 영석靈石은, 집 안팎 지척에서 기꺼이 밀어密語를 나누고 있었다"(시집 『신목고神木考』).

이 "남신 영녀를 모시는 사제인 무녀"는 김용제의 증조모였다. 그녀는 이 신목과 영석에 빌면, 세상의 모든 난제가 남김없이 해결되고 가운家運이 번성하리라 철석같이 믿고 있었다.

김용제는 아명을 '만수萬壽'라 했다. 동생의 아명이 '억수億壽'였다. 증조모는 "만수야, 억수야" 하며 귀여워했다. 후년 김용제가 일본 유학 중일 때도 생일 같은 때에는 손수 만든 신주神酒와 신병神餠을 바치면서 무사히 유학을 마치고 금의환향하기를 빌었다 한다.

다필多筆이었던 김용제도 모친에 대한 추억을 쓴 경우는 극히 드물다. 본인에게 물어 봐도 모친의 기일忌日을 기억하고 있지 않았다. 다만 본인이 일곱 살 때 모친이 돌아가셨다 하니, 1915년의 일일 것이다. 만 6세 때부터 계속 병중이었던 모친, 철이 들 무렵부터 조모 밑에서 자란 그에게 모친의 기억이 엷은 것은 어쩔 수 없는 일일 것이다.

모친에 대해서는 후일 1954년 시「슬픈 과실果實」을 썼다. 이것이 어머니를 노래한 유일한 작품이다. 1954년 3월, 서울 대신문화사大新文化社에서 발행된 시집『산무정山無情』에 수록되어 있다.

슬픈 과실

1915년 음력 八월十五일
초저녁부터 달밤에 풍악 잡히고
밤 새워 춤추는 거북 놀이
어린이는 즐겁기만 한 추석명절이었다

어머니 병환이 무거운 탓에
그해는 차례도 못올리고
어른들은 큰집 작은집으로 가고
어머니 혼자만 쓸쓸히 누워 계셨다

나는 그때 겨우 일곱 살
『萬壽야, 億壽야』

우리 형제 아명을 불러 앉히고
바지 무릎을 못내 어루만지며
눈물만 흘리고 말은 목에 막히셨다

머리맡에 놓였던
껍질이 아직 푸른 배 한덩이를
떨리는 손으로 겨우 드셨다
그것을 먹는 대견한 꼴이
마지막으로 보고 싶어 나를 주셨다

그러나 어린 나의 앙큼한 결백성은
병때에 절어서 꼬주주하고
뼈에 가죽만 붙은 어머니 손이
그 손이 더럽다고 배를 받지 않았다

아아 어머니의 최후 선물인
그 배 한덩이의 슬픈 과실이여
이것이 어머니의 임종 때의 불효이었고
내가 최초로 범한
사랑에 대한 반역의 죄상이었다

남의 이목을 피해 자식에게 말을 걸 수밖에 없었던 중병의 모친,

그 모친이 준 과일을, 그 손이 더러워 받지 않았다는, 한 소년의 돌이킬 길 없는 후회가 독자의 가슴을 치는 시다.

소년기의 그는 공자당工字堂에서 한시와 한문을 배웠다. 공자당은 그의 최초의 모교였다. 공자당이란 김씨 가문의 지천서원知川書院 부속 서당이다.

지천서원은 조선왕조 중반을 넘긴 영종 대에 경주 김씨가 설립한 것으로서, 지금도 경주 김씨 13대조 십청헌十淸軒을 위시한 김씨 일족이 모셔져 있다. 당쟁 때문에 이곳에 유배된 십청헌이 산야를 개간해서 마을을 만들고 거기서 유생과 청소년들에게 교육을 베푼 것이 공자당의 시초다. 당시, 근처를 흐르는 내를 지비천知非川, 그 마을을 지비촌이라 불렀으나, 현재는 팔성리로 개명한 상태다.

'지촌知村'이라는 김용제의 호는 이 지비촌에서 유래한 것이다. 현재 이곳에 십청헌의 직계 및 방계 후손 70호가 살고 있다 한다.

김용제 자신의 회상에 의하면, 공자당 시절, 앞서 거론한 은행나무 신목을 한시로 노래한 적이 있다 한다.

銀杏神木神禽來	은행나무 신神나무에 신조神鳥 오네
雙飛白鷺福運開	한 쌍 백로 나니 복운福運 열리네
問汝何意卜此地	그대에게 묻거니 무슨 뜻 있어 이 땅을 골랐느뇨
汝不答而人不知	그대 답 없으니 아는 이 없네

7언 절구 형식에서 다소 벗어난 점은 있지만, 당시 지식인의 자제

들은 13, 4세 때에 이런 수준의 한시를 지을 정도의 교육을 받고 있었다는 이야기가 된다. 그의 경우는 소년 시인이라는 소리까지 들은 바 있으니, 이 정도면 잘 지은 편임에 틀림없다.

그의 생가는 4백 평 정도 부지에 본채, 중간채, 바깥채가 배치되어 있었다. 이 고택은 지금도 남아 있는데, 남의 손에 넘어가 현재 세 번이나 주인이 바뀌었다.

그는 공자당에서 열네 살까지 머리를 틀고 한시, 한문을 배웠다. 한국 나이 19세 때까지 생가에서 성장했으며, 그 후는 청운의 뜻을 품고 타향을 방랑하게 된다.

초등학교는 장호원長湖院 보통학교를 다녔다. 그곳을 1925년 3월에 졸업하고 4월 청주淸州중학교 제3기 1학년 B반에 입학했다. 중학교 1학년, 2학년 때는 반장을 지냈다. 담임은 오노 지로小野二郎라는 일본인이었다.

가족

1924년 한국 나이 16세, 아직 소학생 시절이던 때에 결혼한다. 당시 소학교는 꼭 6세에 입학하여 12세 때 졸업하는 것이 아니었다. 또 조혼의 습관이 남아 있던 때라 기혼자 소학생도 드물지 않았다.

이 결혼은 물론 본인의 의지로 정한 것이 아니라, 서예가인 조부가 친구 손녀와의 혼담 이야기를 그대로 진행시킨 것이었다. 본인이 아직 결혼할 의사가 없다고 반대하니, 조부가 불같이 노해 곰방대로 때렸다 한다. 용제는 머리에서 피를 흘리고 눈물을 흘려가면서 결혼 서약서에 해당하는 사주를 썼다. 사주란 생년월일과 시時를 갑을병정의 십간十干과 자축인묘…… 등 12지와의 조합을 통해 두 자씩, 총 8자로 표시한 것이다. 일반적으로 '팔자'가 운명을 의미한다는 이야기의 유래는 여기 있다.

이에 대한 여성 측의 답신이 결혼식 '택일'이다. 결혼식 당일 어린 신부는 네 사람이 둘러멘 가마를 타고 경사스런 '초행初行'으로 멋을 부린다. 용제의 추억에 의하면 부친이 상당히 허세를 부리는 스타일이어서 가마 위에 호랑이 가죽을 씌우고 신랑에게는 고장나 움직이지도 않는 회중시계 금줄을 예복에 달게 했다 한다. '초행'에 50명이 줄을 지어 신부 댁으로 향했다 하니 장관이었을 것이다. 신부댁에 도착하면 축하연이 벌어지는데, 베일을 두른 신부의 얼굴을 보지도 못한 채 밤을 맞고는, 등잔불 밑에서 간신히 첫 대면을 했다는 것이다.

이런 결혼 방식은 당시 조선, 중국에서는 드문 일이 아니었다. 곽말약郭沫若의 자전소설『흑묘黑猫』에도 예식 후 첫 대면한 신부가 검은 고양이 같은 모습이어서 신랑이 도망가는 장면이 나올 정도였다.

김용제의 경우는 조부의 명에 의해 평범한 결혼을 한 셈이다.

신부는 권씨, 권희증權稀曽이었다. 1990년 2월 1일, 만 82세로 작고한다. 용제는 부인의 죽음을 슬퍼하며 시「나의 반의 무덤わが半分の墓」을 썼다.

옛날 옛날
열 여섯 소년인 나와
열 일곱 소녀인 당신
김, 권 두 성이 합쳐 만복의 근원
옛날 이야기 같은 결혼을 했습니다.

나는 스물 전에
이국에 공부하러 나가선
십년이나 안 돌아오고
4년은 사상범 감옥에서 썩었는데
당신에게 감옥보다 더한 고생을 시켰습니다
(…중략…)
나는 당신의 영구를
고향의 가족 묘지에 예장했습니다.
나도 죽으면 당신 오른쪽에 자는
해로偕老 동혈同穴의 부부 무덤
당신 반인 무덤 나의 반인 무덤

김용제는 나중에도 거론하겠지만 몇몇 여성과 사랑을 나눴다. 특히 일본 시절, 만 18세의 고학생·청년 시인에게 아내가 있다고는 아무도 생각하지 않았을 터, 핸섬한 그는 여복이 상당했다. 일본에서 귀국한 후에도 연애 몇 건이 더 있었던 듯하다. 그러나 결국은 조강지처 곁으로 돌아올 수밖에 없었던 것 같다.

조부는 하급 관리이긴 했지만, 돈 있는 여성을 첩으로 두었던 데다가 서화書畵 휘호揮毫료 같은 것이 있어 술값에는 부족함이 없었다. 조부의 희망은 하나, 일계급 더 승진하여 정사품正四品이 되고 지방 군수가 되는 것이었다. 결국 국운의 쇠퇴와 더불어 이는 물거품이 되고 말지만, 이로 인해 그는 골수 반일파가 되었다. 1910년 일본의 통치가 시작되자, 조부는 초대 면장에 임명되었으나 불만과 불우로 점철된 생애를 벗어나지 못했다. 과거 서화로 이름을 떨쳤던 풍류남에, 관직은 정육품正六品 승훈랑承訓郎, 궁내부宮內府 주사였다.

부 김용하金容夏는 사업가로서의 재능은 없었던 듯하다. 뒤뜰에 정미소를 세우고, 가래 주조鑄造에도 손대 보고 산림 벌채업에도 손을 댔으나 오래가지 못했고, 마지막으로 『경주김씨 대동족보』 출판사업에 손을 댔다가 사기를 당해 거액의 빚을 지게 되었다. 족보를 만들어 준다고 선금을 챙겨 도주하는, 흔히 있는 일이었다. 미야모토 유리코宮本百合子의 일기 1937년 5월 8일 항목에, 유리코가 김용제한테 들었다는 이야기가 씌어져 있다. "깜빡 잠든 참에 김 상 오다. 강제 귀국당할 듯하다. 이런저런 이야기를 나누다. 양반. 몰락 양반이, 촌민 중 권력이 있는 자의 족보를 고쳐서는 양반 속에 넣어준다. 족보 출판 13책 200엔, 양반료 2~3천 엔. 같이 작업한 사기꾼에게 책을 사취당하고 사기에 걸려 몽땅 털어 먹었다는 이야기."

그는 본래 소지주로 300백 석 정도가 나는 토지를 갖고 있었는데, 족보사업 자금 때문에 담보로 잡혀 자산을 잃었다. 요네카와米川라는 일본인 고리대금업자에게서 돈을 빌렸는데, 금융제도에 대한 조선인의 무지를 이용한 '합법적' 토지 수탈의 한 전형이었다. 김용하는 무자비한 일본인을 원망하고 극렬한 민족주의가 되었다.

부친은 자식 교육에 열심이어서, 용제가 청주시에서 중학교에 다니게 되자, 자신도 가족을 이끌고 청주로 이사 올 정도였다. 후일 용제가 '사상범'으로 도쿄에서 추방당해 귀국하자 따뜻이 맞아 주거등 생활을 돌봐주었다. 한국전쟁 때 부산까지 피난 갔다가 거기서 70세로 생애를 마쳤다. 가매장되었던 유골은 수년 후 고향으로 돌아와 가족 묘지에 전처, 후처와 함께 합장되었다.

용제의 추억 속에는 조부의 엄격함과 부친의 자상함이 대비적으로 남아 있다.

김용제에게는 동생이 있었다. 아명은 용제가 만수, 동생이 억수라 했다. 정식명은 용제와 봉제鳳濟, 두 살 차였다. 형제는 청주중학교에서는 같은 학년에 다녔다. 용제가, 부친의 지시로 수금한 돈을 여비로 해서 일본에 건너간 뒤, 봉제는 청주중학교에 다니다가 결국 일본에 온다. 동생은 행상부터 시작해서 오사카 상인이 되었는데, 꽤 많은 돈을 벌었다.

1937년 형 용제가 강제 송환으로 10년 만에 귀국하자 동생 봉제도 오사카에서 일시 귀국하여 고급 오메가 시계를 형에게 선물했다. 그 시계도 봉제가 오사카로 돌아가자 전당포 문을 드나드는 신세가 되었다. 봉제는 장사 수완이 상당한 인물로, 겉으로는 시계방을 하고 있었지만 뒤에서는 금 매매로 거액을 손에 넣었던 듯하다. 각지의 화장장을 돌면서 사체의 금니를 구입하는 일까지 한 듯하다. 금 매매가 금지되었던 전시에는 이것이 상당한 장사가 되었다. 그는 나가사키長崎현 출신의 기노시타木下 도메라는 일본인과 결혼, 1남 2녀를 두었다.

태평양전쟁 말기, 미국의 B29가 오사카를 융단 폭격하게 되자 동생은 서울로 피난을 시작했다. 가족은 먼저 보냈지만 자신은 전시경제범으로 경찰에 적발되었다. 소식을 들은 김용제는 오사카에 달려가 변호사와 상담을 했는데, 대동아문학자대회에도 참가한 친일문인이었기 때문에, 비교적 용이하게 일본에 갈 수 있었던 듯하다. 결국 압수된 금괴 전부를 국방헌금으로 바치기로 하고 석방되었다. 김용제는 무거운 금괴가 든 가방을 들고 형사의 안내를 따라 한신阪神백화점의 국방헌금 창구에 헌납했다.

동생은 대부분의 재산을 잃었지만, 그래도 피난 짐보따리 속에 숨겨 놓았던 작은 금괴로 서울에 집을 구할 수 있었다 한다.

동생 일가는 한국전쟁이 발발하자 처자가 먼저 합법적으로 귀국했고, 동생은 후일 밀항하여 오사카에 도착했지만 1955년 4월 15일 오사카 요도가와淀川구 자택에서 병사했다.

김용제가 청주중학교(5년제) 3학년이던 때, 형제의 학자금을 댈 수 없을 정도로 가세가 기운다. 가장 큰 이유는 일본 자본의 진출에 의한 조선 농업의 몰락이라 할 수 있으나, 직접적 원인은 족보 사업의 실패에 있었다. 김용제는 무단으로 중학교를 중퇴하고, 부친 대신 빚을 일부 회수해 돈을 만들어서는 고학 목적으로 동경 길에 올랐다. 1926년 12월 말의 일이었다.

1927년 1월 1일, 만 18세의 김용제는 도쿄역에 도착했다. 13세 때까지 서당에서 한문을 배우고 소학교 3학년에 편입했으니, 정규생보다 나이를 더 먹은 셈이나 당시는 매우 흔한 일이었다.

이후 1937년 일본에서 강제송환 당하기까지 10년간을 그는 일본에서 보내게 된다. 그의 생애에서 가장 빛나는 10년이었다.

제2장

도일渡日과 문학활동 개시

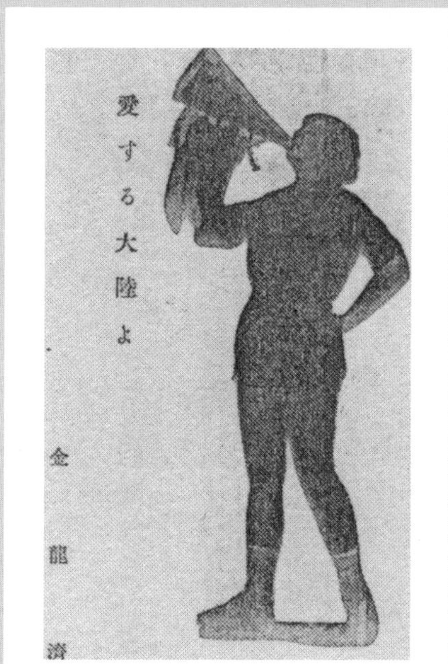

『신흥시인新興詩人』 데뷔

도일 후 그는 니시스가모西巣鴨에서 신문배달 일을 시작했다. 신문배달은 힘들고 급료가 박했으나, 그만큼 쉽게 얻을 수 있는 직업이기도 했다. 간토關東 대지진으로부터 4년밖에 지나지 않았던 시기, 조선인 학살과 관련된 흉흉한 이야기가 아직도 거리에 흘러다니던 때였다. 동료나 선배 조선인들로부터 간토 대지진 당시 조선인 학살 이야기를 허다하게 들었을 것이다.

「진재의 기억震災の思い出—9월 1일을 위하여」(『부인전기婦人戰旗』, 1931.10)는 학살된 희생자의 지인知人의 이야기를 시로 옮긴 작품이다. 구단九段의 야스쿠니 신사 옆에서 군인에게 살해당한 임산부 이야기와 자경단에게 겁탈당하고 살해당한 여학생 이야기가 수많은 복자伏字로 뒤덮인 채 이어지고 있는데, 마지막 연은 이렇게 마무리되고 있다.

> 만장하신 아주머님 그리고 따님 여러분
> 아들 딸을 잃으신 어머님 여러분
> 남편이 ×당하신 어머님들
> 저 처참한 선鮮×의 기억을
> 오늘 여러분의 생활과 연결해서 생각해 보세요…….
> 원한에 흐느끼는 그 피를

프롤레타리아 전열戰列의 길에 바칩시다.

김용제는 '진재의 기억'을, 민족적 복수가 아니라 국제적 프롤레타리아운동 속에서 해결하려 했다.

「선혈의 기억－9월 1일을 위하여」(『전기戰旗』, 1931.9)에는 이 사상이 더욱 명확하게 드러나 있다.

곡괭이로 도로공사를 진행하던 중, 관동대지진 당시의 조선인 노동자일지도 모르는 백골을 파낸 지점에서 시작되는 이 시의 제3장 일부를 인용한다.

아아 친애하는 일본의 노동자들이여!
이 백골의 차가운 슬픔은
살아 있는 노동자의 철의 의지와 같다.
같은 적을 향해 격렬한 증오와 분노를 넣어
피압박 계급의 반역의 맹세를 아름답게 새겨 넣자
—프롤레타리아에게 국경은 없다!
—민족이란 도랑을 메워버려라!
(…중략…)
무엇보다도
일선日鮮 프롤레타리아의 단결이 두려워
둘 사이를 가르려 모략질하는 지배계급
(허나 그렇게는 안 돼!

이 선혈의 기억이 더욱더 불타올라

복復×의 기쁨에 취하기까지는!)

당시의 양심적인 조선인 대다수가 반일 감정, 항일 의식을 품고 있었다. 자신의 생활을 파탄으로 내몬 것이 무엇인지 알고 있었기 때문이다. 그중 다수는 독립과 해방의 방책을 마르크스주의 속에서 구하려 했다. 그리하여 지식을 익히고 교육을 받을 수 있을 정도 자산이 있는 가계의 자제 중에서 전투적 마르크스주의자가 출현한 것이다.

당시 일본은 마르크스주의 전성기였다. 러시아 10월 혁명, 중국의 5·4운동, 조선의 3·1운동, 일본의 쌀소동 등, 1910년대 후반 계속된 세계적 혁명운동의 파도가 그 배경에 있었음은 물론이다. 일본 제국주의의 침략에 대항하는 젊은 조선 청년의 항거의 의지는 마르크스주의 사상 쪽으로 내달리고 있었다.

신문과 우유 배달을 하던 1930년, 김용제는 일본의 좌익문단에 데뷔했다. 일본어 능력은 도일 이전부터 상당했음에 틀림이 없다.

동인지 『신흥시인』 1930년 5월호에 그는 「압록강」이란 시를 발표한다. 신인현상 모집에 응모, 당선된 것이었다. 일본 땅에서 최초로 발표된 이 작품은 아쉽게도 아직 발견되지 않고 있으나, 「압록강」이란 제목을 보아 민족적 기개와 비분을 토로한 것임에 틀림이 없다. 작자의 회상에 의하면 이 작품은 일본의 식민지 수탈로 인해 토지를 잃고 조국을 떠나 만주로 향하는 유랑민들이 피눈물을 흘리며 쫓겨

가는 정경을 노래한 작품이라 한다.

『신흥시인』은 사노 다케오佐野嶽夫라는 초등학교 교사가 주재한 잡지로, 부인 사노 가즈코佐野和子도 시인이었다. 문인들의 전향이 막 시작되려던 그때, 이 잡지는 분투하고 있었다.

「압록강」 당선을 계기로 『신흥시인』은 김용제를 동인으로 맞아 주었다. 습작다운 습작은 없었으나 처녀작 당선 덕에 동인으로 들어가는 행운을 맞았다. 그가 감격한 것도 무리가 아니었다.

『신흥시인』은 문단예비군으로서의 동인지가 아니라, 『전위시인前衛詩人』, 『전위평론前衛評論』, 『적봉赤蜂』, 『낫鎌』과 더불어 1930년 9월, 나프 지도하에 결성된 '프롤레타리아시인회'의 모체 중의 하나가 된 단체다.

'프롤레타리아시인회'의 회원은 약 60명, 그 기관지가 『프롤레타리아시』였다. 1930년 12월 27일 창간되었는데 김용제의 초기 작품 다수가 여기에 발표되었다.

시작 생활 중, 그는 생계를 위해 우유배달을 시작한다. 이쪽이 신문배달보다 조건이 좋았다. 그의 생활권은 도쿄 서북쪽이었다. 니시스가모西巣鴨의 신문배달, 다키노가와滝の川목장의 우유배달, 가미오치아이上落合의 프롤레타리아 작가동맹 사무소, 즉 도쿄 야마노테山の手선의 스가모巣鴨, 다카다노바바高田馬場의 서쪽 일대, 말하자면 도심의 서북 지대가 그의 생활권이었다. 당시 다카다노바바에 살고 있던 김두용金斗鎔(1902~)과도 접촉이 있었던 것이 아닌가 추측된다. 김두용은 일본의 패전 직후 시점까지 일본에 있다가 38선 북쪽으로 돌아갔다.

일본에 왔을 때 제일 먼저 신세를 진 이는 김두용이 아니라 정용언鄭容彦이었다. 정은 김의 보통학교 시절 동창생으로, 한발 먼저 도쿄의 연수학관硏數學館에서 고학하면서 신문배달을 하고 있었다. 김용제가 도일 후 최초로 얻은 직업이 신문배달이었던 것은 정용언의 소개 덕분이었다.

1927년 1월 도일 후, 4월 부친의 뜻에 따라 당시 들어가기 쉬웠던 중앙대학 전문부 법과에 입학하나 곧 퇴학당하고 만다. 등록금을 낼 수 없었기 때문이기도 했지만, 문학은 대학 같은 데서 배우는 것이 아니다, 라는 당시 유학생들의 일반적 의식도 그 원인의 하나로 작용했을 것이다.

1930년 9월, 우유배달을 하던 그는 근무처인 다키노가와목장에서 파업을 주도하여 29일간의 구류 처분을 당한다. 이것이 첫 번째 체포다. 이 검거 소식은 다키 요사쿠多木要作의 「빼앗긴 동지의 옆 얼굴－김용제 점묘」에 전해지고 있다.

> 동지 김용제여
>
> 메지로目白 구석 우리 집에서 처음 만났던 그대를 생각한다.
>
> 1930년이 저물던 때
>
> 그대는 분명 직장의 파업을 주도하고
>
> 29일을 살고 나온 직후였다.
>
> 자작 「붉은별 농민학교를 지켜라」 비판에

열심인 사람들을 지긋이 지켜보며
조금 상기됐던 얼굴, 그대는 끝까지 한 마디도 입을 떼지 않았다.

일터가 없던 그대와 동거하던 나는 보았다.
조여오는 굶주림 속에서 끊임없이 시의 길을 좇던 그대를!
작은 집회, 한 장의 전단 속에서도, 그대의 시는 격렬하게 움직였다.
— 다망한 본부 서기 —
동맹 사무소로 옮겨 거주하면서도
바쁜 가운데도 그대가 시를 게을리하는 일은 결코 없었다.
그대의 행동은 그대로 시
(…중략…)
고양되는 일본의 프롤레타리아문학운동에
몸을 던진 그대의 역사는 아직 얕다
그러나 동지 김용제여!
그대의 "사랑하는 대륙"은
격렬한 세계가 굴러가는 역사 속에서
프롤레타리아 승리의 길을 드높이 노래할 것이다.

"그대의 행동은 그대로 시"라는 다키 요사쿠의 평은 김용제의 본질을 그대로 꿰뚫고 있다. 어떤 시기, 어떤 상황에서도 행동은 그대로 시, 시는 그대로 행동이었다.

다키 요사쿠가 장염으로 드러눕자, 잠자코 집을 나온 김용제는 약

과 갈분탕葛粉湯을 안고 돌아와 다키에게 온 해고통지서를 자기 주머니 속에 감추고는

"나 오늘부터 직장이 생겼네."

라 했다. 그 새 직장이 다키노가와목장의 우유배달이었다. 거기서 프롤레타리아 작가동맹의 기관지 『문학신문』을 사람들에게 돌려 읽히고는 바로 몇 명을 조직한 김용제. 그의 「우유배달의 아침」은 『프롤레타리아시』 1931년 12월호에 실렸다.

기름진 우유가 얼어붙어
두터운 유리병이 따악 터지는 계절
진눈깨비 내리고 눈 내려 쌓여도
새벽 3시 채근에 일어나
밤바람 귓부리 콧등 에이는 거리를
도로에서 골목으로 뛰는 우리다.
찬 병 든 양 손 동상으로 빨갛고
지카다비[작업용 신발] 속 맨발엔 얼음 가시 바삭댄다.

이렇게 우유배달을 하면서 연설문과 선거 삐라를 붙이는 그는

자전거 바퀴살도 가볍게
가슴 펴고 서리 녹는 언덕길을 내닫는 거다.

라는 것이었다.

프롤레타리아시인회 결성 때부터 그는 간사 중의 한 명으로 시모오치아이下落合의 사무소에 다녔는데, 거기는 『프롤레타리아시』의 발행소이자 온치 데루타케遠地輝武의 자택이기도 했다. 회원 중 반 정도는 기성 시인들이었고 나머지 반 정도가 기타야마 마사코北山雅子, 기무라 다쓰오木村達雄, 다나카 에이지田中英士 등 대학생, 그리고 후일 한국평론계의 거물이 된 백철은 도쿄고등사범학교(쓰쿠바대 전신)의 학생이었다. 그중 갓 스물의 최연소자 김용제가 정력적으로 작품을 썼기 때문에 신망이 두터워 회원들의 사랑을 받았다.

백철은 『전위시인』 동인을 하다가 들어왔는데 『프롤레타리아시』 1931년 12월호에 「3월 1일을 위하여」를 쓴 바 있다.

백철은 머리가 뛰어난 평론가였다. 일세를 풍미한 격렬한 프롤레타리아 시로 출발했지만, 그것이 오래가지 않는다는 것, 어두운 계곡의 시대가 다가오고 있음을 피부로 느끼고 있었을 것이다. 『프롤레타리아시』 시대까지만 시 창작을 한 후 그 뒤에는 평론의 세계로 돌아 근년까지 정력적으로 업적들을 남겼다. 김용제와는 다른 인생 스타일을 갖고 있으나 역시 격동의 인생을 걸었던 문인이었다.

민족의 자유와 독립을 그리는 시

김용제의 초기 작품은 계급적 입장에 선 격렬한 프롤레타리아 시이지만, 동시에 역시 민족의 자유 독립에 대한 갈망과 그 실현을 위한 투쟁 의욕으로 넘치고 있었다.

「압록강」, 「현해탄」, 「봄 아리랑」 등 제목만 보아도 조선의 반식민지 투쟁을 반영하지 않은 작품이 없음을 알 수 있다.

「붉은별 농민야학을 지켜라」는 조선의 청계 소작쟁의 승리를 노래한 시다.

> 오오 우리의 사랑하는 붉은별 농민야학을
> 빈자貧者들의 참된 학교를 지켜내자
> 투쟁하는 53명 피오닐의 뒤에는
> 전 조선 전 세계 수천만 프롤레타리아트의 뜨거운 악수 사슬이 굳게 이어져 있다.
> 그렇다. 어떤 폭× 폭풍도 물리치고
> 붉은별 농민야학을 지켜내자!
> 붉은별 농민야학 ××폐쇄 절대 반대다!!

이렇게 종장을 마치고 있는데, 순수함이 지나쳐 좀 단순하다고 할 수 있을 정도로 극히 전투적이다.

당시 내부의 비평, 합평 내용 등이 어떠했는지는 알 도리가 없으나 아마 사상적·문학적으로 상당히 높은 평가를 받지 않았을까 생각된다. 그랬으므로 더욱 더 많은 발표 기회가 주어졌을 것이다.

현재 시점에서 보자면, 이런 현상은 김용제 시뿐만 아니라 당시 프롤레타리아 시 대부분이 공유하고 있었던 것인 바, 다소 유치한 감이 있음을 부정할 수 없다.

김용제의 초기 작품의 일본어는 상당히 유창해서, 얼핏 보면 일본인과 거의 다를 바 없지만 자세히 보면 역시 이상한 일본어, 부자연스러운 일본어가 꽤 있다.

원고나 교정 단계에서 본인 이외의 인물이 보고 약간 수정한 게 아닌가 생각되지만, 최종적으로 활자화된 것을 보면 이상한 일본어가 눈에 띈다. 「붉은별 농민야학을 지켜라」를 예로 든다.

> 야윈 어머니의 굶주린 배 속에서 오며
> 차디찬 지푸라기 속에서
> 가난뱅이의 불덩어리 혼을 외쳐댄 우리들이여!

이 머리 부분이 좀 이상하다. "차디찬[うぞ寒い]"은 시인이 만들어낸 조어일 것이며, "불덩어리 혼을 외쳐댄[火の魂をはり叫んだ]" 이란 것도 낯선 표현이다.

"리포에게 텐단에게 삐라를"의 "텐단"은 정확히 말하자면 전단[傳單, 덴탄]일 것이다.

"지주와 부자들의 코로츠키 호위병질하는 놈들이 미워 가슴이 설렌다[わくわくする]"의 "코로츠키"는 "고로쓰키깡패", "복수심으로 가슴이 끓어오른다" 정도가 적당할 것이다. "가슴이 설렌다"는 희망이 솟는 상태를 표현하는 것이기 때문이다.

이렇게 일본어가 다소 서투르긴 하나, 조선 시인이 일본에서 일본어로 조선의 소작쟁의와 노동쟁의, 그리고 「현해탄」과 「봄 아리랑」처럼 조선 민족색이 넘치는 시로 일본 제국주의와의 투쟁에 도전하는 작품은, 일본 좌익문학계의 눈에는 매우 신선하게 보였을 것이다.

일본어 능력 면에서 볼 때 김용제의 발전은 눈부시다. 원래 갖춰져 있던 기본 바탕 위에 훈련과 경험을 거듭한 바, 도일 4, 5년 후 그의 작품 속에 등장하는 일본어는 극히 자연스러워서 무리해 보이는 데가 없다.

「봄 아리랑」에서도 〈아리랑〉이라는 민요 형식을 살려 일본 제국주의와 지주 계급에 대한 투쟁을 호소하고 있다.

아리랑 아리랑 아라리요
아리랑 봄이 왔다 뉘 그랬노?
아리랑 고개 봄 바람에
꽃 피든 새 울든
놈들이 살아 있는 한
우리 인생에 봄은 없다네

아리랑 아리랑 아라리요
아리랑 우리 싸움은!
타국의 늑대들을
아리랑 나라 지주놈들을
아리랑 적기 펄럭펄럭
아리랑 나라에서 쫓아내라

—4, 5연

일본 생활에 점차 익숙해짐에 따라 그는 시의 제재를 일본 사회 속에서 취하게 된다.

「그 전야」(1931.5)에서는 「조선 친구로부터」라는 부제가 달려 있는 바대로, 조선의 입장에서 5월 메이데이를 바라보고 있다.

우리는 조선 태생
저주받은 식민지의 프롤레타리아다.
고향에서 ×겨나
적국의 노예 시장에서
생활이 짓밟히고
피땀 빨리우는 우리다.

그런데 「리포」(1931.5)에 이르자 「스미다隅田강」 다리가 리포[연락책]들의 접선 장소로 설정되는가 하면, 「동틀녘의 노래」(1931.6)에서는 "아라카와荒川 철교 근처에 모인" 네 명의 청년과 "오지王子의 공장 거리"를 노래하게 된다.

「자랑스러운 행렬」(1931.5)에서는 "시바芝광장에서 가두로" 쏟아져 나오는 메이데이의 군중을 노래하고 있다.

물론 이와 거의 동시기에 「사랑하는 대륙이여」(1931.10)나 「해녀들」(1932.4)에서 조선을 노래하고 있기는 하지만.

「사랑하는 대륙이여」는 김용제의 대표작이라고 할 수 있다. 『나프』 1931년 10월호에 발표된 이 시는 『일본 프롤레타리아시집 1932년』에도 수록되어 있다. 이 『일본 프롤레타리아시집』 1932년판은 전년도에 발표된 대표적인 프롤레타리아 시들을 모은 것이다. 즉 「사랑하는 대륙이여」는 일본의 프로문학계에서 1931년도의 대표작의 하나로서 평가되었던 것이다.

덧붙이자면, 『프롤레타리아시』에 발표된 그의 「현해탄」도 『프롤레타리아시집 1931년』에 수록되었으니, 그의 작품은 2년 연속 일본을 대표하는 작품으로 뽑혔던 셈이다.

사랑하는 대륙이여

굶주린 들판
그것이 그대 가슴이 펼쳐진 곳이다
붉게 벗겨진 산맥
그대의 말라비틀어진 등줄기다
어머니의 품 속——그대 자식들의 이부자리는 상처투성이

…… 사死×로 가득 차
선鮮×을 뒤집어 쓰고 ……
아아, 식민지 지옥의 야산에는
물 한 방울 풀 수 있는 자유도 없고
한 짐 나무를 할 그늘도 없다.

굶주린 들판에 들러붙은——
초가 지붕 밑과 어두운 온돌 바닥에
어떤 생활의 신음 소리가
어떤 슬픈 자장가가 있는지
그리고 그 용광로에서 끓어오르는 투쟁의 노래에
—— 그대의 수호守護에
그 어떤 무참한 ×압의 ×가 배어 나오는가를
어머니 그대는 알고 있다.

그대의 격분은 대륙의 폭풍!
폭풍으로 불타오르는 볼셰비키의 불길을
일본해의 한류寒流가 끌 수 있을까?
식민지 프롤레타리아의 ×역逆의 눈사태를
제국주의의 보루가 막을 수 있을까!
대륙의 몸뚱이를 뒤흔드는 황량한 가을 바람이
차압당한 벼 이삭에 불어오네

이 10월의 숨결에
감옥 속 자식들은
그리운 그대 젖가슴 내음을 가슴 가득 들이키고
형무소 뜰 벌레 먹은 단풍잎과
붉은 죄수복의 빛깔을 한참 견줘볼 테지
그리하여 가을 하늘 저편
멋지게 건설되는 러시아를 생각하며
10월 ××의 피 이야기를 떠올릴 테지.

갇혀 있는 전사——감옥 속 자식들을
사랑과 평화에 빛나는 소비에트 ××의 팔이
껴안아 줄 그날을 잊지 말라

오오, 어머니 그대
사랑하는 대륙이여
그대의 자식들을 북돋아주어
식민지 프롤레타리아의 인고忍苦의 노래를
국경 저 멀리————
세계의 심장에까지 울려 퍼지게 하라!

이 작품을 썼을 때 그는 스가모巣鴨의 소메이染井묘지 뒤 꽃집 2층에서 혼자 기거하며 외식 생활을 하고 있었다. 먹을거리가 없어서 이

틀을 굶고 이 시를 썼다고 회고하고 있다. 맨 앞의 "굶주린 들판"처럼 그 자신이 굶고 있었다. 그때까지 우유배달을 하면서 그날그날을 보내고 있었으나, 다키노가와목장 파업을 주도하고 미결 구류 기한인 29일을 가득 채우고 세상에 나오니 우유배달 집에서도 해고된 상태였다. 그 다음 직장으로 구한 것이 꽃집이었다.

일본 프롤레타리아 시의 한 축을 이끈 김용제

김용제 이전에도 일본에 장기 체류하면서 일본어 시와 소설을 발표한 문인은 적지 않다.

정연규, 주요한, 김희명, 김소운, 정지용 등이 대표격이다.

그러나 본격적인 프롤레타리아 시인으로서 일본을 무대로 일본 프롤레타리아 문인들과 어깨를 견주며 활약한 한국 문인은 김용제 외에는 없었다. 그의 작품은 침체에 빠져들고 있었던 일본 문단 속에서 매우 전투적이어서 귀중한 존재였다. 또 일본의 좌익문학이 연대해야 하는 한국의 프롤레타리아를 지원하는 시인으로서 그는 그 기대에 부응해 왕성한 창작 의욕에 불타면서 시 작품을 연이어 발표했다.

그는 생활이 프롤레타리아였다. 또 그의 생활이 낳은 시가 프롤레타리아 시였다.

「현해탄」은 "3 · 1을 파업으로 기념하자"는 "지령을 담은 우리의 뜨거운 가슴"을 노래하고 있다.

현해탄

오오, 현해탄의 거친 파도는
오늘밤도 얼굴에 진눈깨비 맞으며
무거운 감정처럼
어둠 속에 검게 너울거리며
멸망해가는 고국의 곶을 씹고는
회백색 물연기를 토하며 일렁거린다
머얼리 부웅—관부연락선 소리 들리고
분주한 퐁퐁 증기배 순경이 든 적赤전등이
미친개의 눈알처럼 깜빡거린다.

나는 지금 이 노예 풍경의 바닷가에 서서
모자를 젖혀 쓰고
오버 깃을 세워
잔뜩 웅크리고는
오늘밤 집회에 화살처럼 서두른다.—
속주머니 삐라와 뉴스가
스며드는 진눈깨비에 젖지 않도록 조심하면서

오오 수만 동포가 이산離散의 눈물 흘리며
작년 '조선방직' 파업에서 진
투쟁하던 가여운 누이동생들의 상처투성이 노래가 울려 퍼지던
우리의 바다! 현해탄은 일렁인다.
오오, 잠들어 본 적 없는 현해탄의 거친 파도여!
우리의 괴로운 투쟁의 노래도
이 바다처럼 펴져나가 이 물결처럼 높아질 것을 아는가?
—'3 · 1'을 ×××이크로 기념하자!
이 투쟁의 지령을 간직하고 있는 나의 뜨거운 가슴은
이 출렁이는 우리의 바다를 따라
진눈깨비 어둠을 뚫고 집회로—

「현해탄」과 「사랑하는 대륙이여」의 발표 이면에는 이토 신기치伊藤信吉가 추천하여 발표가 이뤄졌다는 사실이 있었다.

이토 신기치는 『프롤레타리아시집 1931년』에 「혁명 기념에」를 발표한 시인이다. 그는 본질적으로는 서정시인이었지만, 당시 풍조 속에서는 인맥이나 작풍 측면에서 나카노 시게하루에 가까운 프롤레타리아 시인이었다. 당시 일본 공산당원은 아버지, 그 예비군인 일본공산청년동맹(공청)은 아들이라 불렸다. 일국일당주의라는 당시의 원칙하에 김용제도 공청에 가입해 있었다. 탄압이 극심한 시대였으므로 조직의 전체상은 윗선 중의 극히 일부만 알고 있었고, 다른 이들은 자신을 가맹시킨 사람과 자신이 가맹시킨 사람, 즉 위아래

한 명씩밖에 몰랐다. 조직 보안을 위해서였다. 이렇게 하여 이토 신기치는 김용제를 공청에 가맹시켰고, 김용제는 기타야마 마사코北山雅子(본명 사토 사치코佐藤さちこ)를 가맹시킨 것이었다. 그리고 김용제 쪽에서 보면, 위의 이토, 아래의 기타야마밖에 모르는 구조로 되어 있었다.

김용제에 대한 조직 내부의 신뢰도도 높았다. 「1928.3.15」이나 「게공선蟹工船」을 쓴 일본의 대표적 프롤레타리아 작가 고바야시 다키치小林多喜二, 전후 일본 공산당 위원장이 된 미야모토 겐지 등의 리포도 담당하고 있었다. 당원들이 다수 피검되었던 때였으므로, 이렇게 해야 했을 정도로 인재가 부족했던 것이다. 그 고바야시 다키치가 특고 경찰에 의해 고문사 당했을 때, 김두용은 「동지여 편히 잠들라!」(『프롤레타리아문학』, 1933, 4·5월호 합병호)를 썼다. 그 속에 고바야시가 프롤레타리아 작가동맹 사무소에 들렀던 때를 기록한 내용이 있다.

> "그(고바야시)는 사무소 취사장 안으로 들어오면서 "지금 울고 왔다"며 눈물을 훔치고 있었다. 그리고 "우리도 가끔 울 때가 있지"라며 금방 나가버렸는데, 그때 거기 있던 김용제군도 "왜 울었냐"고 이유를 묻지 않았다.

김용제가 작가동맹 사무소에서 거주하면서 사무국 일을 보고 있던 때의 이야기다. 고바야시와 김용제는 김두용의 증언처럼 가까운

사이였으며, 미야모토 겐지도 이치가야市ヶ谷의 옥중에서 김용제에게 출옥 축하 엽서를 쓰는 등 친한 사이였다. 물론 연령이나 경력 면에서 상당한 차이는 있었지만, 잠수 생활이 시작된 뒤부터는 김용제가 연락책 일을 보고 있었다.

「리포」(『프롤레타리아 단가』, 1931.5)와 「위험신호에 아침 노을이」(『프롤레타리아시』, 1931.11)는 이 체험을 기반으로 한 것이라 보여진다.

「리포」는 메이데이 협의와 관련된 리포터[연락계]의 움직임을 노래하고 있다.

리포

리포다! 리포!
이 손을 태워 투쟁의 불덩이를
필히 상대방의 가슴 속에!
거친 태풍과 맞싸우며
가두 연락에
비밀의 하늘을 용감하게 나는 자—
오오 목숨 건 이 부서는
프롤레타리아트 조직의 동맥을 잇는
볼셰비키의 붉은 날개다!
……….
나는 이제 리포를 움켜 쥐고
그 녀석 대신 온 신참을 만나러 간다!

그가 공장 거리에서 수백 번이나 건너다닌
저 스미다강隅田川의 ××교橋 초입으로――
끈적끈적 탁한 저녁 강물 위
어른어른 등불 빛 흔들거린다
(…중략…)
고맙네!
기쁨과 사랑이 풍기는 사내의 목소리!
―틀림없이 수령했소
그리 말하고 리포를 우겨넣은 검은 사내는
어스름 강변 저편으로 사라져 간다
오오 길 서두는 투사의 앞길에
오늘밤 집회의 꽃은 피어오르고
내일은 필히 파업의 불길이!
이윽고 그 날 최후의 폭발이!

김용제는 현실 생활 속에서 매우 위험한 가두 연락원 일을 계속했던 것이다. 그것은 시 「리포」에도 있듯이, 한 걸음 잘못 디디면 "그대로 돌아오지 않는" 것이며 "살을 찢는 처참한 ×(고)문"을 당하는 "목숨을 건" 부서였다.

후일 4년간의 투옥 생활의 원인이 된 이 위험한 투쟁은, 신념 없이는 계속할 수 없는 일이다. 당시 일본 그리고 조선의 청년들은 가까운 장래에 해방과 혁명과 독립이 실현될 것을 믿고 목숨을 걸고 싸웠던 것이다. 희생은 각오하고 있었다. 예측도 할 수 있었다. 그러나 그들은 "위험한 일"을 자기에게 부과하고 그것을 수행하는 데에 "끓어오르는 기쁨"을 느끼고 있었던 것이다.

「위험 신호 위에 아침 노을이」(『프롤레타리아시』, 1932.11)는 "밖에서도 볼 수 있도록 흰 손수건을 별 것 아닌 것처럼 내걸고"[비밀 위험 신호] 철야로 등사판 인쇄 삐라를 만들어 간다는 내용의 시다.

위험 신호 위에 아침 햇살이

프린트 한 장, 한 장에
긴 가을밤이 밝았다.
흐릿한 전등을 끄고
커튼을 걷는다 그리고
밖에서도 보이도록
흰 손수건을 대충 걸어 놓는다.
이놈의 역할은 비밀의 기수—
전술의 위험 신호다!

두 사람은 묵묵히 네 손은 바쁘다
이제 백 장……
이제 두 묶음이다
곧 끝난다.
하얀 편지가 쑤욱 쑤욱 줄어든다

그리고 마지막 한 장을
장난 같은 흥분을 넣어 꾸욱 누른다
롤러의 회전에
피로의 끝에서 솟아오르는 기쁨!
(새벽 바다에서 튀어 오르는 태양의 기세다)

여어
신호에 새벽이 비춘다.
찌르는 아침 햇살에
막 인쇄한 삐라의 글자는
"11월 7, 8일! 러시아 ×× 기념투쟁으로……"라
새겨진 등사 기술도
눈부시게 선명히 빛나고 있다.

지금——이제 시간이다—
지구地區의 청년들이
아침 바람을 가슴으로 가르며
이놈을 받으러 올 테지
새벽으로 빛나는 신호의 붉은 옆얼굴!
"안전"한 신호로 무장하고
청년들의 날카로운 눈동자를 기다린다.

이를 일종의 혁명적 낭만주의라 불러도 될까. 그 로맨티시즘은 서정성에 의해 뒷받침되고 있다. 뛰어난 프롤레타리아 시가 단순한 외침이나 슬로건에 그쳐 좋을 리가 없다.

이러한 서정성은, 김용제의 선배인 고바야시 다키지, 이토 신기치, 나카노 시게하루에게도 그리고 김 자신에게도 짙게 흐르고 있었다.

봄

회색 커튼이 닳아
달콤한 우유 빛이 흘러 드네.
창가의 나뭇잎 바람 소리,
피아노의 희미한 독백
똑똑 떨어지는
눈 녹는 물 방울에
엷은 명주빛 봄이 살금살금,
창가에서 엿보았네.

1920년 6월이라는 시점에서는 오타루小樽의 문학청년 고바야시 다키지가 이런 서정시를 『중앙문학中央文学』에 발표하여 선자인 미키 로후三木露風의 찬사를 들었다.

나카노 시게하루도 "개여뀌풀과 잠자리 날개는 노래하지 마"라고 스스로를 질책했으나, 본질적인 서정성을 감출 수는 없었다.

김용제 시에서 프롤레타리아적 투쟁성을 뽑아내고 가혹한 한국

전쟁 체험을 추가시키면, 그의 전후 대표시집 『산무정山無情』의 서정 세계가 전개되게 되는 것이다.

제3장

체포와 옥중 생활

G MU

우리동무

우리들의 새로운 決意

소 중 국 교 회 복

『우리 동무』의 편집과 체포

1932년 초부터 김용제는 일본 프롤레타리아 작가동맹 서기로 일하게 된다. 언제부터 동맹 사무소에서 거주하게 되었는지는 분명하지 않으나, 32년 봄에는 이미 거주 서기라는 명목으로 잡다한 업무를 보고 있었다.

1932년 3월 26일, 27일 양일에 걸쳐 개최되는 일본 프롤레타리아 음악동맹PM의 제4회 프롤레타리아 음악회에서는 하라타로原太郎가 「사랑하는 대륙이여」를 첼로 반주 혼성 4부합창으로 작곡하여 연주할 예정이었다. 이를 목표로 연습을 해 왔는데, 검열 과정에서 삭제되어 연주회가 불발로 끝나고 말았다.

기록에 의하면 1932년 4월 22일, 김용제는 프롤레타리아문화동맹, 약칭 코프 기관지의 하나인 『대중의 벗』 부록지 『우리 동무』의 창간이 기획되자, 편집장이 되어 동지同誌의 발간 준비를 진행한다.

코프는 '일본 프롤레타리아 문화동맹'의 에스페란토역 머리글자 KOPF를 취한 것으로서, 1931년 11월에 설립되었으며 부인계몽지 『일하는 여성働く婦人』(1932년 1월 창간), 대중 계몽지 『대중의 벗』(1932년 2월 창간) 등을 갖고 있었다. 1932년 초 무렵 코프 간행물 부수는 한 달 14만 부에 달했다.

코프는 나프Nippona Proleta Artista Federacio를 해산하고 그 산하에 있었던 일본 프롤레타리아 작가동맹, 일본 프롤레타리아 연극동맹, 일본 프롤레타리아 미술가동맹, 일본 프롤레타리아 영화동맹, 일본 프롤레타리아 음악가동맹 등 제단체에 더하여, 새로 프롤레타리아과학연구소, 신흥교육연구소, 일본 전투적무신론자동맹, 일본 프롤레타리아 에스페란티스토동맹, 무산자산아제한동맹을 흡수하여 설립된 조직이었다.

『대중의 벗』은 호세이法政대학 오하라大原사회문제연구소 등에서 볼 수 있지만, 『우리 동무』는 현재 미국 의회도서관에만 소장되어 있다. 종전 직후 일본내무성 문서를 미군이 강제로 몰수해갔기 때문이다.

『우리 동무』는 관헌 측 자료에서는 4호가 나와 있는 것으로 되어 있으나, 실제로 볼 수 있는 것은 준비호인 일본어판과 본호本號 조선어판 각 1부씩이다.

『우리 동무』 발간 직전인 1932년 6월, 김용제는 도즈카서戸塚署에 검거된다. 그 후 만세이바시서万世橋署로 이송되었다가, 도요타마豊多摩형무소로 보내진다. 거기서 1년간 미결 구류 생활을 보내다가 형이 확정된 뒤에는 우쓰노미야宇都宮형무소로 옮겨졌다. 1933년 9월 20일 현재, 프롤레타리아 작가동맹의 구라하라 고레히토藏原惟人, 나카노 시게하루, 쓰보이 시게지壷井繁治, 무라야마 도모요시村山知義, 구보카와 쓰루지로窪川鶴次郎, 기시 야마지貴司山治 등도 같은 도요타마형무소에 수감되어 있었고, 요도노 류조淀野隆三는 나카노서中野署, 이케다 도시오池田寿夫와 주조 유리코中条百合子는 시부야서渋谷署, 사노 다케오佐野嶽夫는 도즈카서, 구사사키 기시치로草崎喜七郎는 니시

진서西陣署에 있었다.

『우리 동무』의 편집책임자였던 김용제는 창간 준비호인 1932년 6월 25일호를 발행하기 직전인 6월 13일 검거되었다. 편집장을 빼앗겼지만 『우리 동무』는 결국 출판에는 성공했다. 1933년 1월 1일 발행 조선어판에 박석정朴石丁이 「동지 김 군에게―감옥에 보내는 편지」를 발표했다. 박은 원래 미술가였지만, 시도 쓰고 있었다. 그 전문을 번역하면 다음과 같다.

오오, 김이여.
거센 바람에 눈 휘몰아치는 아침
직업소개소 앞에서
일자리 못 얻은 우리가
추위와 굶주림을 견디다 못해
배 속을 찔러대는
"일터와 밥을 달라"는 요구를
맨 앞에 서서 싸워준
오오! 용맹한 김이여!

잊을 수도 없는
골수에 사무치는 그날의 광경.
소 같은 놈들 다섯에게
숨도 못 쉬게 구타를 당하고는

꽁꽁 묶여 끌려간
용감한 그대의 뒤를
손에 땀을 쥔 채
부들부들 떨기만 했던 나는
아직 어리고 또 겁쟁이였다.

오오! 동지 김이여!
그대가 잡혀 간 뒤 햇수로 3년
아직도 형무소 안에서
얼마나 야위었을까
얼마나 추울까
그대가 남기고 간 조직은
그대가 투쟁해 온 요구는
남아 있는 우리가
지금도 목숨 걸고 단호하게 싸우고 있다.
오오! 김이여!
감옥에서 추위에 떠는 그대에게
우리의 푼돈을 모아
모포 한 장과
그보다도 더 기뻐해 줄
투쟁의 예포禮砲를 보낸다.
오오! 동지 김이여! 또 잊지 말기를.

그대를 우리 프롤레타리아의 손으로
되찾아 올 날이
지척까지 다가와 있음을.

김용제는 1936년 3월에 출옥할 때까지 3년 9개월을 옥중에서 비전향으로 싸웠다. 그에게는 세 번째 검거였다.

첫 번째는 1930년 연말, 자신의 일터인 "다키노가와목장"의 파업을 주도해 29일간 구속된 것, 두 번째는 1932년 1월 25일간 구속된 것이다. 그 당시 노래한 것이 「철창의 봄」이었다. 양쪽 다 단기였는데, 1932년 6월의 세 번째 코프 일제 검거 때에는 거의 4년간에 걸친 옥중 생활을 겪어야 했다.

4년에 걸친 옥중 생활 동안, 작품 발표는 없었다.

다만 옥중에서도 작품을 구상하고 있었던 것은 틀림이 없다. 그렇지 않다면 출옥 후 수 편의 「옥중 시선」과 「옥중 한시선」을 연속 발표 가능했을 리가 없다. 본인은 옥중에서 쓴 시를 사전의 여백 속에 새겨 넣었다고 회상하고 있다. 전문을 새겨 넣었다고는 생각되지 않으나 적어도 키워드나 메모 정도는, 이런 식으로 기록되었다고 생각해도 좋을 것이다. 물론 당시 특고 경찰의 탄압과 고문은 가혹한 것이었으나, 형이 확정되어 옥중에 들어가면 간수들이 사상범에 대해 경의를 품고 있는 경우가 많았다. 서신 왕래의 자유는 없었고 검열이 있긴 했으나, 지금은 상상도 할 수 없을 정도로 격렬한 내용의 편지가 외부인에게 전달되는 경우도 있었다. "형무소 생활 후반 2년간은 펜을 빌려 쓰고는 돌려주었다. 그전에는 쓸 자유는 대폭 제한되어 있었다. 옥중 작업으로 매일매일 봉투 붙이기를 해야 했다. 봉투 속에 부드러운 지질의 속봉투가 하나 더 들어 있는 이중 봉투였다. 한 명이 하루에 1,200매를 붙이는 노동량이 부과되어 있었다. 경노동이라고는 하나, 매일매일 꽤 괴로운 일이었다. 겨울이 되면 풀이 얼어 뻣뻣해지니 셀룰로이드 주걱을 받아서 풀을 으깨곤 했다. 그 셀룰로이드 주걱으로 차입 받은 사전의 위아래 여백에 글자를 눌러 썼다. 겉에서는 알아볼 수 없으나 빛을 비추면서 뉘어 보면 읽을 수 있었다. 이렇게 하여 단가, 한시, 자유시를 몇 편 써서는, 출옥 뒤 일부를 발표했다."(1981년 2월 인터뷰 기록)

『프롤레타리아문학』 1932년 10월호에는 김용제가 프롤레타리아 작가동맹에 보낸 서신이 실려 있다.

옥중에서

김용제

8월 30일

동지 여러분!

문화 운동의 발전기에 동지 제형의 건투를 경축합니다.

저는 8월 26일 여기 오게 되었습니다. 여러분과 헤어진 지 아직 석 달도 안 되었지만 상당히 오래 지난 기분입니다. 밖에 있는 동지들의 활동상이 눈에 선합니다만, 그 분망함 대신 제 생활은 무위에 단조로움입니다. 그러나 보건, 독서 기타 가능한 것은 해 나갈 작정입니다. 통신을 보

내 주십시오. 무엇이든 좋으니 책을 넣어 주십시오. 동지들의 건투를 비는 굳은 악수와 함께(작가동맹 귀중)

"밖에 있는 동지들의 활동상"을 선망하고 그 "건투를 빌"면서, 독서 등으로 소일하는 모습을 알 수 있다.

같은 해 11월 7일에 역시 도요타마형무소로부터의 「옥중 통신」이 『문학신문』 1932년 2월 5일자에 실렸다.

옥중 통신 7일

오늘, 오늘의 찬란한 기념을, 전 세계로 퍼지는 우라[만세] — 소리의 아름다운 감격의 파도를, 나는 이 일본의 감옥 안, 차가운 콘크리트 요람 속에서 일구고 있다, 이런 생각을 하던 차에 형이 보내신 신선한 과일이 들어왔습니다. 이날의 선물을, 그 향기와 맛을 최대로 음미하는 기분으로 먹었습니다. 모플MOPR(일본적색구원회, 1930년 설립)에서 보내 주신 우유를 막 대접 받은 참입니다만, 많은 분의 차입을 들이는 잡역雜役의 목소리가 요란합니다. 그 소리를 들으며 그것을 받아들며 하나로 파도치는 동지 여러분의 마음을 읽고 있습니다. 큰 소리로 노래하고픈 심정입니다. 아아, 노래를 빼앗긴 현실이여, 오늘과 어제의 기념 투쟁이여, 위대하라! 이렇게 말해 봅니다. 요즘은 건재합니다, 어제도 열심히 뛰었습니다, 이 동지들의 소식……. 기쁘게 생각합니다.(11월 7일)

이렇게 보면, 지원 조직과 지인이 보내온 과일, 우유 등 차입을 받으며 그가 의기충천해 있는 상황이 충분히 느껴진다. "이날의 찬란한 기념"이라는 것은 1919년 11월 7일의 소비에트 혁명 기념일을 가리킨다. 레닌 등 볼셰비키의 지도하에 궐기하여 소비에트 정부를 수립한 혁명이다.

다음은 사신인데, 1932년 11월 8일, 고토 이쿠코後藤郁子에게 보낸 엽서가 남아 있다. 전날인 11월 7일, 고토 이쿠코가 옥중에 전한 장미 다발에 대한 답례장이다.

> 아아, 이렇게도 반갑고 좋은 걸 해 주시니 뭐라 말씀을 드려야 좋을지요.
>
> 두 분의 주의깊고 경애스러운 우정에 대해 저는 드릴 말씀이 전혀 없는 것 같습니다. 어제, 붉은 장미의 아름다운 향기, 짙은 향기를 방 가득 내뿜는 꽃다발! 그리고 부드럽고 따뜻한 덧신을 받고 제가 얼마나 기뻤을지 상상해 보십시오. 아아 실로 감사한 일!

이 편지에 의하면 10월 23일 고토로부터 편지를 받았으며, 그 바로 뒤인 25일, 답장 엽서를 옥중에서 써서 보냈다는 것을 알 수 있다.

이 엽서를 보낸 이는 물론 김용제, 주소는 "나카노구中野區 아라이초新井町 336"으로 되어 있다. 두말할 필요도 없이, 이것은 도요타마 형무소의 주소다.

고바야시 다키지처럼 고문으로 죽음에 이르는 경우도 있었으나, 김용제는 아직 젊었고, 경찰당국에서 볼 때는 그가 아직 '송사리'였기 때문일까, 차입물에도 그렇게 심한 간섭이 없었고, 서신 속에서도 용케 검열을 통과했다고 느껴질 정도의 내용이 산견된다.

동지들과의 교류를 노래한 옥중시

「사랑하는 동지에게」, 「성장한다는 것」, 「굴뚝」은 모두 옥중시로 1936년 6월부터 11월에 걸쳐 발표된 것들이다.

사랑하는 동지에게

오늘은 꼭 —— 기념하는 태양도 찾아올 듯
왠지 좋은 일이 있을 것 같다
나는 쇠창살을 쥐고 창가로 기어오른다
그리고 가슴 가득 공기를 마시고
창보다 더 큰 눈으로 밖을 내다본다
잘라진 창공으로 둘러싸인
지구 풍경이 일부 보인다

회색의 높은 담장 등줄기 너머
감옥 저편 그리움이여!
만추의 아름다운 낙엽에 흠뻑 빠져
창백한 얼굴도 뜨겁게 미소짓는다

쌀쌀한 10월 바람의 상쾌함
펄럭펄럭 잔가지 끝 깃발을 흔든다

오늘 —— 생각지도 못한 '벚꽃 정원' 그림엽서여!
모르는 이 여성의 이름은 무엇일까?
하나의 문자도 K의 손에서부터
하나의 언어도 K의 가슴에서부터
"지금 무슨 말을 당신에게 보낼까요.
머리 위에 어지러이 학이 날고 있습니다."
이름도 감추고 생각도 감추고 이렇게 썼다.
내 손은 타오르고 가슴은 파도친다.
오오 사랑하는 동지여 고맙다!

K여! ………… 하며 싸우는
그대의 상쾌한 모습을 떠올려본다
그리고 그대의 그림엽서를 볼에 대어 본다.
허나 나의 한심한 현실은 어떤가.
젊은 날을 이리 갇혀 ………… 침식당하고 있다.
그러나 나는 빛나는 희망과 확신에 불타고 있다
이날들의 인고의 역사가
결국은 가시밭길 페이지를 덮으리란 것을!
레닌의 이름으로 ………… 하라

그대의 이름으로 온 사랑의 채찍, 복에 겹다
그대와의 추억과 더불어 미래를 살자
그렇게 혼자 중얼대며 미소짓는다

그대에게서 온 정겨운 소식은 벌써 세 번째
넘치는 기쁨, 조마조마한 마음
………… 그대에게 답장을 써서는 안 돼
아아 생나무를 쪼개는 고통의 슬픔이여!
허나 별 것 아닌 듯한 그대의 소식이
황량한 옥중 고독한 생활을
얼마나 위로하고 격려하는 힘이 되는 건지!

K여! 오늘의 기념 차입은 얼마나 멋진 선물이냐
진홍빛 타오르는 장미 꽃다발이여!
어슴푸레하던 독방이 갑자기 밝아
그대의 얼굴과 꽃향기로 가득찬다
신경이 무딘 나도 꽃 사랑 그 마음 알았다.
"당신의 나날은 견딜 수 없이 더디겠지만
겨울 추위만은 빠르겠지요"
이렇게까지 그대는 나의 몸을 생각하고
순백색의 따스한 뜨개 자켓을 함께 보냈다

그런데 이는 소매 넓은 부인용 자켓
깜작 놀라 들여다 보니
단발의 그대에게 어울리던 그게 아닌가
상체 둘레가 좀 좁아서
내 가슴이 힘껏 안기는 것 같고
이렇게 천진하게 즐겁던 참에
가슴 양쪽에 주먹을 넣어 젖가슴 두 개를 부풀려 보았다
아아 이 천진난만한 1인 희비극을
만약 그대가 보았다면 뭐라 할 것인가
그대의 장미는 잠자코 웃고 있는데
그보다 창문으로 들여다 보는 창공이 부끄럽다.

저 푸른 10월의 창공에
빛나는 거울의 기적이 있다고 한다면
………… 그대도 나도
멋진 현실의 그림처럼 비치겠지만…………
이리 생각하며 하늘 저편에 손을 뻗어
그대에게 감사의 인사를 보내는 거다!

K여! 그대는 그림을 좋아했고 또 잘 그렸었지
내 얼굴을 그려주겠다던 장난 약속이
이뤄지지 못한 것은 아쉬웠다

허나 훗날 모델이 되기 위해
옥중에서 새롭게 빛나는 이마를 연단하자
그리하여 그대는 태양 아래서 그대가 그린 로사의 캔버스 뒷면에
그대 자신의 아름다운 초상을 그리시라!

이상이 「사랑하는 동지에게」 전문이다. 작품은 물론 실생활 자체를 그린 것은 아니다. 그러나 김용제의 경우에는 다른 문인에 비해 양자 사이의 낙차가 적은 것 같다. 작품 속에 나오는 K란 기타야마 마사코의 이니셜일 것이다. 차입 들어 온 부인용 자켓의 가슴 부분에 주먹을 넣어 부풀리는 익살맞은 1인극도 상쾌하고 낙천적인 시인의 면목을 그대로 닮은 바 있다.

기타야마는 프롤레타리아시인회 출신으로 센다이仙台 사람. 당시 정열적인 여대생 시인으로 주목을 받았다. 김용제가 가미오치아이上落合의 프롤레타리아 작가동맹 사무소에서 기거하게 되었을 때, 기타야마는 가까운 2층으로 하숙을 옮겼다. 김용제가 기타야마를 공산청년동맹에 권유한 경위도 있고 해서 둘은 정신적인 연인 사이였다. 그 기타야마는 『문학신문』(1932.8.25) 21호에서 "우리의 시인 김용제를 돌려달라!"고 부르짖고 있다.

동지 김용제는 아무 이유도 없이 8월 하순 도요타마형무소에 송치된 후 6월 검거 이래, 실로 100일 가까이나 계속된 구류 연장 음모에 저항해 온 것이다. (…중략…)

> 전국의 동지 여러분! 우리의 작가동맹 본부서기로서 주야 막론하고 사무소의 헌 자전거로 구역을 누비던 동지, 3월 이래 코프에 닥친 역사적 탄압도 두려워하지 않고 규칙적으로 우리의 손에 동맹 뉴스를 건네 준 동지, 그리고 우리의 의지를 더욱더 충실하게 북돋아 준 시인 김용제를 하루라도 놈들의 손에 놓아 두는 것은 우리의 얼굴에 먹칠을 하고 우리의 손발을 묶어두는 것과 마찬가지다.

합법과 비합법 사이의 아슬아슬한 경계, 체포의 위험성 속에서 반권력 투쟁을 진행하던 사이에 동지애는 연애 감정으로까지 발전해 있었을 것이다.

이런 에피소드가 있었다.

1932년 경, 구 프롤레타리아시인회와 구 프롤레타리아 미술가동맹이 공동 개최로 도쿄 시내 세 곳을 순회하는 시화전을 연 적이 있었다. 그중 한 번은 신주쿠 기노쿠니야 갤러리에서 개최되었다. 당시 기타야마 마사코가 출품한 시 속에, 커다란 화용지畵用紙에 "선전 삐라가 드높이うず高く 쌓여 있다"고 먹으로 쓴 구절이 있었다. 그 "드높이うず高く"가 붓의 움직임 때문에 가타카나인 "ラブ高く 사랑 드높이" 처럼도 보여서, 용제가 나란히 서 있던 마사코의 허리를 손으로 찌르면서 "마사코 씨, 사랑 드높이란 게 뭔 뜻일까요"라 농담을 건네며 웃었던 적이 있다.

두 사람은 이런 농담을 주고받을 정도로 가까웠지만 그 이상의 진척은 없었던 것 같다. 출옥 후 김용제의 속에 나카노 스즈코中野鈴子

가 커다란 비중을 차지하기 시작했기 때문일 것이다.

미야모토 유리코의 일기 1937년 5월 5일자에

> 김용제 송환 이야기, G코 알고 있으면서도 입을 열지 않는다. 지금 사카에 씨에게 듣고 나도 격분하고 있는 참인데, G코는 옆에서 이상하게 모르는 얼굴을 하고 있다. 불쾌하다. 어쩌면 이렇게 신세리티가 없는 여자일까. 지독해, 이렇게 한 마디 하는 것이 인간의 도리다.

라는 대목이 있다. G코는 기타야마 마사코北山雅子의 애칭인 가코雅子의 이니셜이다. 쓰보이 사카에나 미야모토 유리코 등 주변에서도 기타야마와 김용제가 연인 사이라 보고 있었다. 당연히 기타야마가 김용제의 강제 송환 조치를 비난하는 말을 입에 올릴 것이라고 생각하고 있었는데, 기타야마는 입을 열지 않고 묘하게 모르는 얼굴을 하고 있었다. 그 시점에서 이미 김용제의 마음이 나카노 스즈코 쪽으로 기울고 있었음을 기타야마가 알고 있었기 때문일 것이다. 주변 사람들은 거기까지는 모르고 있었다.

4년이란 옥중 생활은 그에게는 길었다.

> 유치장의 겨울은 춥고
> 유치장의 하루는 길지만
> 고맙게도 또 날이 저문다

날이 밝으면 만기가 가까워진다

—「철창의 봄」에서

「철창의 봄」은 두 번째 체포 때 씌어진 시로, 4년 장기 복역을 한 세 번째 때와는 다르지만, 석방을 고대하는 마음은 똑같았을 것이다. "고맙게도 또 날이 저문다, 내일이면 만기가 가까워진다"는 두 행이 가타카나로 씌어져 있는 것을 보아서는, 이 부분은 혹 그의 창작이 아니라, 당시 수감되어 있었던 사람들 사이에서 일반적으로 유행하고 있던 문구였을 수도 있다.

「연돌煙突」도 옥중에서 발상을 얻은 작품이다. 창문으로 보이는 굴뚝에서부터 이미지를 부풀려나가 쓴 것이다.

좁고 좁은 감옥의 창문으로서
높고 높은 煉瓦의 墻壁을 넘어
大地로서 蒼空에 솟은 듯도 한
世紀의 象徵인 煙突이 보여 잇다.

개인 날은 가까히 손짓 부르며
흐린 밤은 한참 멀리 적게 보이며
비가 오면 煙氣도 구름에 파묻친다.
바람도 없는 고요한 한낮에는
돌지둥이 커자라듯 하늘 파충히

흰 불꽃이 꼿꼿이 움지기지 안는다.
獄舍도 뒤흔드는 暴風이 짓는 날은
九天을 馳驅하는 電龍과 같이
萬丈의 黑髮이 옆으로 휘날린다.

×을 역어맨 ×사슬 그물 우에
파리한 얼골을 굳게 눌러 내이며
확근 확근 타오르는 煙氣를 보매
다치인 胸中에도 鬪爭의 追憶이 새로워 온다.
地球의 中心에서 품어 오르는 검은 불김에
노래하지 못하는 詩人의 노래는 얼맵게 탄다.
오오 그러나 다시
牢獄의 感傷을 살아버리는 偉大한 意欲이여!
저기 저 煙突 밑에는
汽罐이 타고 끌코
기계가 돌고 돈다
生産의 動脈을 잡고 勞動者의 城壁을 지키는
일하며 싸호는 未知의 동무들
三百의 젊은 누의들을 생각하며 사랑한다.

第一과 第二의 日曜日에는
工場도 牢獄도 다같이 休業이다

煙突도 큰 입을 딱 벌리고 하품을 한다
아마 牆壁을 넘어오는 女工분들의
젊고 상약한 담소의 목소래를
이 나는 들이키듯 ×窓에 듣고 잇다

凄然히 잠자는 ××의 夜밤 중에 아아 그립고 또 즐거운 지복至福이여!
다만 홀로 창밖을 가만히 살펴본 즉
검푸른 긴 담은 바다와 같고
조고만 煙突의 머리는 낙시추와 같도다
저곳 ×××의 거지 같은 工場 寄宿舍에서
젊은 여공분들은 무슨 꿈을 보며 자는가
오오 사랑하는 未知의 婦人 同志들!
우리들이 그대들을 생각하듯이 그대들도 우리들을 꿈속에 안어주는가

밤새운 殘月이 담끝에 떠러지고
가까운 農家에서 자진닭이 떠들고
동녘 하날이 먼동트며 붉어오면
공장의 기적이 우렁차게 소래짓고
工場의 煙突이 黑煙을 내품는다
나는 뜨거운 두 손을 ××에 높이 들며
하루의 新生活을 시작하는 누의들에게
싸홈을 祝望하며 생벽에 인사한다.

굴뚝 한 개에서 "거기서 일하며 또 싸우는 미지의 동료들, 삼백 명 젊은 누이들을"을 연상해내고 있다. 이 시는 『동아일보』 1936년 5월 31일 조간에 한국어로 실려 있다. 일본어 「연돌」은 그보다 한 반 년 늦게 11월호 『신문학』에 게재된다. 첫째, 이 「연돌」은, 한국어로 쓴 최초의 작품으로 생각된다. 양쪽을 비교해 보면, 내용은 같으나, 한국어 쪽에 복자 13곳이 있고 일본어 쪽에는 한 자도 없다. 복자 부분을 일본어 쪽에서 복원해 보면, "감옥" "창문" "옥사" "창" "철" "투쟁" "감옥" "노동자" "감옥' "옥" "감옥" "감옥" "감옥", 이렇게 13단어다. 짧은 시에 이렇게 복자가 많으면 독자는 복원작업이 상당히 곤란할 것이다. 원래 복자의 복원은 비밀스러운 퍼즐 같아, 두근거리는 즐거움이 있다. 때로는 검열자의 의도가 오히려 역효과를 낳는 경우도 있다.

『동아일보』 쪽에는 시 말미에 간단한 작자 소개가 붙어 있다.

> 작자 김용제 씨는 일즉이 소개한 바와 같이 현재 도쿄 시단에 있어서 일방一方의 신진으로서 그 이름이 높은 분이다.

여기서 일방一方이란 "현실 참여파의" "프롤레타리아 시의"라는 의미로 해석된다. 또한 "분"이라는 경어를 사용하고 있는 것으로 보아 김용제에 대한 동아일보 기자의 경의를 추측해볼 수 있다. 「연돌」 게재 후 1938년 3월까지, 김용제는 아주 빈번하게 『동아일보』 『조선일보』 지상에 평론, 시, 에세이를 썼고, 일기와 좌담회 등의 형태를 통해서도 수 차례 등장하고 있다. 이 시기 일본의 시단에서 활약한, 비전향의 "스타 시인"이었다.

「옥중 한시선」 16수는 모두 7언 절구다. 소년기에 서원에서 배운 한문 한시 지식이 있었기 때문에 당시 조선 지식인과 마찬가지 혹은 그 이상으로 한시를 쓸 수가 있었다. 다소 평범한 데는 있으나 극히 평이한 언어로 옥중에서의 감회를 솔직하게 노래하고 있다. 16수 중 네 편만 예로 든다.

曽忘古典繙獄中	잊고 있던 고전을 옥중에서 다시 읽네
吟詠唐詩讀沙翁	당시唐詩를 음미하고 셰익스피어 읽네
藝術千悲如夢劇	예술의 천비千悲는 몽극夢劇과 같아
人生万苦付蒼空	인생의 만고萬苦 창공에 붙이네

옥중에서 정치 관련 서적은 볼 수가 없었으나 당시나 셰익스피어 같은 고전을 펼쳐 "인생의 만고"를 "예술의 천비" 속에서 보았을 것이다.

同志愛情超世歡	동지의 애정은 비할 바 없는 기쁨
佳人好贈勝嚴寒	가인의 선물은 혹한을 이기네
雪獄幽香花一束	설옥에 은은히 풍기는 향기로운 꽃다발
病床帶笑獨親看	병상에서 미소 띠고 홀로 지켜보네

동지로부터의 차입은 얼마나 기쁜 일이었을까. 특히 좋아하는 이로부터의 꽃 선물은, 병을 앓는 옥중의 그를 얼마나 따뜻이 위로해 주었던 것일까.

問汝何心訪獨房　　그대에게 묻노니 무슨 마음으로 독방을 찾았느뇨
可憐蟋蟀侍囚床　　가련한 귀뚜라미 옥방을 지켜주네
枕側嬌音余夢樂　　머리맡 노래 소리 나의 꿈 즐거우니
明朝捕放自由鄕　　내일 아침 잡아 놓아주리 자유의 고향으로

독방에서 노래하는 귀뚜라미, 잘 울어주지만 밖으로 풀어주어 자유롭게 해 준다. 귀뚜라미가 언제부터인가 자기 자신이 되어 있다.

可賞蜘蛛彼戰鬪　　칭찬해 마땅코나 거미 그대의 투쟁
自身未覺獄房囚　　전혀 괘이치 않네 옥방의 죄수임을
組織經營眞執拗　　조직과 경영 실로 집요하구나
百回掃拂百一修　　백 번 치우면 백한 번 집 짓누나

집 짓는 거미 속에서 옥중 투쟁 에너지를 찾아내고 있다. 백 번 치워도 백한 번 새로 짓는 모습 속에서.

제4장

재판 투쟁

비전향을 관철하다

치안유지법으로 재판에 처해진 김용제는, 제1심 도쿄지방재판소, 제2심 도쿄공소원控訴院(현재의 도쿄고등재판소), 그리고 현재의 최고재最高裁에 해당하는 대심원大審院에서 싸운다. 문인이 치안유지법으로 대심원까지 가 싸운 케이스는 그렇게 많지 않을 것으로 생각한다.

대심원의 판결문은

"본건 상고는 이를 기각함"

이었다.

치안유지법 제1조는 다음과 같다.

제1조. 국체를 변혁함을 목적으로 결사와 조직을 한 자, 또한 결사의 임원 기타 지도자 임무에 종사한 자는 사형 혹은 무기, 혹은 5년 이상의 징역 혹은 금고에 처하고, 사정을 알고 있음에도 결사에 가입한 자, 결사의 목적 수행을 위한 행위를 행한 자는 2년 이상의 유기 징역 또는 금고에 처함.

사유 재산제도를 부인하는 것을 목적으로 한 결사를 조직한 자, 결사에 가입한 자, 또는 결사의 목적 수행을 위한 행위를 행한 자는 10년 이하의 징역 혹은 금고에 처한다.

전기 두 항목 미수죄는 이를 처벌한다.

원심에서는 "피고인을 징역 3년에 처함. 소송비용은 전부 피고인의 부담으로 함"이 판결 내용이었다. 집행유예도 내려지지 않았고, 미결 구류기간이 징역 기간 속에 산정되지도 않았다. 거물인 나카노 시게하루조차도, 1934년 3월 도쿄공소원에서 "징역 2년, 집행유예 5년" 판결을 받고 체포된 후 실제로는 2년만 살고 출소했는데, 당원도 아닌 김용제의 형량이 실질적으로 나카노보다 길고 혹독했던 것은, 나카노는 전향을 했고 김용제는 전향을 하지 않았기 때문일 것이다.

검찰 측의 논지는 이러했다.

일본 공산청년동맹이 국제공산청년동맹의 일본 지부로서, 혁명적 수단을 통해 일본의 군주제를 폐지하고 사유재산제도를 부인하며 프롤레타리아트 독재에 의한 공산주의 사회의 실현을 목적으로 하는 결사라는 것을 알면서도 이토 신기치, 곤노 다이리키 등과 함께 일본 공산청년동맹 그룹회의를 열었으며 작가동맹원 기타야마 마사코에게 일본공산청년동맹에 가입을 권유하고 승락을 얻었다, 라는 것이다. 즉 이것이 국체변혁을 목적으로 한 결사에 가입하고 그 목적 수행을 위해 행동했다는 사실이 되므로 치안유지법에 위반된다는 것이다.

김용제는 도쿄공소원(고재)의 판결 전체에 불복을 표명하고 상고 취의서를 작성하여, 대심원으로 올라간다.

상고 취의서의 요점은 세 가지다. ① 본건의 사회적 의의 ② 치안유지법의 본질 및 법문적 해석 ③ 예심종결서가 사실과 다른 두 가지

점. 이 세 가지를 갖고 상고하는데, 중심이 된 것은 ①이다.

"본건의 사회적 의의" 속에서 김용제는 다음과 같이 말한다. 자본주의 사회하에서의 생활의 곤궁, 실업, 비인도적 착취를 폐하고 사회기구를 개량하고 변혁하는 것은 인류 진화상 당연한 요구다. 자본주의의 질곡으로부터 프롤레타리아트를 완전히 해방하기 위해서는, 공산주의 세계관만이 유일하고 올바른 길이다. 이러한 인식을 갖게 된 과정에서, 이론과 저작도 확신을 굳게 해주었으나, 소년시절 조선 생활을 체험했으며, 도일 후에도 신문배달과 우유배달에 종사하면서, 일본 제국주의가 "조선 민중을 실로 파렴치하게 착취 압박하고, 매년 수만이 넘는 민중을 고향에서 만주와 일본 내지에 방축 이산시키"는 사실을 목격했고, 자신의 집도 그 일환으로 희생이 되었다. 자신의 행동은 정당한 사회적 요구에 기반한 활동이며 치안유지법에 해당하는 것이 아니다.

"본건의 사회적 의의"는 상당히 길지만 요약하면 위와 같다.

그런데 이에 대해 대심원은

> 누누히 논의한 바, 요약하자면 피고인은 공산주의를 받아들여 일본공산청년동맹에 가입하고, 그 활동에 종사하기에 이른 동기 과정을 진술하였는데, 치안유지법 기타 법령에 대한 복종의 의무를 부인하고, 공산주의 사회의 실현을 구가함에 다름 아니다. 우리 일본 신민인 자는, 누구라도 현행 법률에 복종해야 마땅하므로, 이 복종의 의무를 부정하는 것은 국법이 허용하는 바가 아니다.

라고 위압적으로 몰아붙이고 있다.

군사력으로 대한제국과 일본을 병합시켜 놓고는 조선인은 '일본 신민'이므로 일본의 국법에 따르는 것이 당연하다, 는 논지다. 일본 신민이라는 이유로 징역 4년을 받은 것은 김용제로서도 분통한 일이었을 것이다.

두 번째, 세 번째의 주지는 다음과 같다.

② 치안유지법의 본질 및 법문적 해석

법률의 입법정신 면에서 볼 때 치안유지법은 반사회성에 입각해 있다. 뿐만 아니라 공산청년동맹은 동 법의 내용 중에 있는 '비밀결사'가 아니라, 전 세계에서 국제적, 공식적으로 활동하고 있다.

③ 예심 종결서가 사실과 상이한 두 가지 점

기타야마 마사코는 일본공산청년동맹원이 아니다. 종결서에는 본인에게서 가맹 승락을 받았다고 되어 있는데, 이것은 사실과 다르다. 고려해 보자고 한 정도에 지나지 않는다.

또한 예심종결서에는 문학연구회라는 이름하에 공산청년동맹 당조[黨組, Fraction] 회의를 3회 개최했다고 되어 있는데, 이것도 사실과 다르다. 일본 프롤레타리아 작가동맹에 상례화되어 있는 시詩 연구회였다.

이런 논점들로 검사 측과 싸운 것이었다. 상신서上申書는 이 논점들을 포함하여 다음과 같은 결론을 내리고 있다.

우리 프롤레타리아트가 순정 진지한 사회 정의와 인류애를 진리로 삼는 공산주의 세계관을 신봉하고, 자기 계급의 최종적 해방을 목적으로 그 이상사회 실현을 위해 제반 사회활동을 하는 것은 자유로운 권리이며 신성한 사업이다. 이러한 정당한 사회적 요구에 기반한 활동을 형법적 강제로 단속하는 것은 반사회적이다.

고 무죄를 주장했다.

따라서 본건에 대해서는 절대적으로 무죄석방을 주장함은 물론, 나아가 무산계급해방운동의 희생물이 되어 투옥되어 있는, 수 천이 넘는 동지들의 석방과 치안유지법 기타 일체 계급적 법령의 철폐를 요구하지 않을 수 없는 바이다

당당한 논지로 검사 측에 정면으로 대항하고 있다. 정론正論이다. 오늘의 관점에서 볼 때 치안유지법을 긍정하는 이는 아무도 없을 것이다. 그러나 좌익운동이 괴멸 상태에 빠져 전향자가 속출하고 있었던 1933년 당시, 이 정도로 정론을 펴면서 대결이 가능했다는 것은 위대한 일이다. 김용제도 위대했고, 그와 함께 했던 변호사도 위대했다. 이를 지원해 주었던 사회적 배경에도 경의를 표하고 싶다.

대심원까지 이 재판이 올라갔음은 물론 이 판결이 법조회 발행의 『대심원형사판례집』에까지 실리게 된 이유는 다음의 두 가지에 있다. 이 사건이 판례로 영구히 남게 된 이유다.

첫째로, 치안유지법 제1조에서 말하는 '결사'란 것은 비밀결사 여

부와는 관련이 없다. 즉 일본공산청년동맹이 공공연한 결사라 해도 동법의 적용을 받는다고 대심원이 판단을 내렸다는 점.

또 하나는, 예심종결 결정서에 대한 비난은 상고의 이유가 될 수 없다. 결정서의 내용이 진실에 반反한다는 것을 이유로 한 소론所論은 정당한 상고의 이유가 될 수 없다. 말하자면 수속적 측면에서 문전 박대를 한 셈이 된다.

이렇게 해서 김용제의 형은 확정되었다. 고난의 4년간이었으나, 눈부신 4년간이기도 했다.

기타야마 마사코에 대해 보충해 두자면, 검사 측이 말한 바처럼 실제로는 공산청년동맹에 가맹했다고 한다. 김은 대심원에 올라갈 때까지 입을 닫고 있다가, 권유를 했으나 가맹은 보류했다고 주장했던 것이다. 검사 측의 심증을 흐트러 놓았음에 틀림이 없다.

이건 당시의 기록에도 남아 있는 이야기인데, 먼저 체포된 이토 신기치가 입을 열어 김용제가 옥중에서 고생했으니, 이토를 심문하고 제재를 해야 한다고 오쿠마 히데오小熊秀雄가 주장했는데, 오에 미쓰오大江滿雄(1991년 10월 사망)가 이에 반대했다는 경위가 있었다. 오에의 주장은 프롤레타리아 작가동맹은 이미 해산했을 뿐만 아니라, 그 누구든 누구를 심문할 권리는 없다, 게다가 본인 자신이 가장 괴로워하고 있을 게 아니냐, 는 이야기였다.

『시인』 1936년 6월호에도 후카기리 잇페이深切一平의 「계획적으로 속인 것은 누구냐」가 실렸고, 그에 대한 반론으로 후나가타 하지메船方一가 「시인과 전향에 대하여」를 썼다. 전자는 김용제를 옹호하고 후자는 이토 신기치를 옹호했다. 『시도표詩導標』지가 양자를 화해시키려 한 셈이었는데, 이렇게 양자간에는 불편한 관계가 있었다.

후카기리가 말한 바 "일찍이 이토가 범한 배신 행위 때문에, 김용제가 4년간 ××에 처넣어져 있었다는 엄연한 사실"이 있었는데, 김용제가 1936년 3월 출옥하자 다시 문제가 생긴 것이다.

김용제의 재판기록을 봐도, 문학활동 때문에 벌을 받았다는 부분은 전혀 없다. 모두 일본공산청년동맹 건뿐이다. 맹원이냐 아니냐는 관계자만이 아는 것이나, 직접 관계자의 자백은 결정적인 의미를 지니고 있었을 것이다. 이토 신기치는 그 뒤 60년 가까이 지난 지금도 이 일을 마음속에 품고 다니고 있다. 김용제의 건재 소식을 들은 이토는 일본에 와 있던 서정주에게 부탁하여 김용제에게 편지를 보냈다. 1970년대 후반의 일이었다.

김용제의 회상

김용제에게 물어봐도 재판에 관한 기억은 별로 없다. 아무래도 재판 중 한번밖에 재판정에 나가지 않은 데다가 나중에는 재판이 피고 없이 진행되었기 때문이었던 듯하다. 변호사 주도로 진행했을 것이다. 김용제는 이렇게 회상하고 있다.

지방법원 제1회 공판정에서, 저는 흥분한 나머지 "조선독립만세! 일본 공산당 만세!"를 외쳐 공판 중지. 피고 퇴정 명령을 받고는 도요타마형무소에 되돌아가, 가죽이 붙은 대형 수갑에 묶여 모로 누운 채 꼼짝도 못하고 있었는데, 1주일 단식 투쟁 끝에 결국 기절했다 이틀째인가 옥중 병동에서 깨어났습니다. 그 뒤에도 옥중 투쟁을 계속했는데, 재판은 피고 없는 암흑 재판이었습니다. 공청원의 당시 판례는 2년이었는데, 저는 미움을 받아 3년형. 게다가 만세 소동을 부려 법정모욕죄가 가중, 반년간의 미결未決 통산通算까지 몰수, 결국 3년 반 형을 감수하지 않을 수 없었습니다.

법정의 모습을 방증해 주는 자료는 없지만, 다른 이에 비해 형량이 무거웠음을 고려해 볼 때 그의 회상이 사실로 여겨진다.

재판 기록에 반해 예심 조사 당시의 기억은 선명하다.

조사 때 구라하라 고레히토의 사진이 툭 내던져진 뒤

"이 사람하고 언제부터 알았나"

하고 질문을 받자

"본 적이 없는 사람입니다. 도대체 누굽니까?"

고 반문했다.

"시치미 떼지 마. 소비에트에서 밀입국한 구라하라 아니냐?"

"그렇습니까?"

하고 김용제는 낚아채듯 사진을 봤다. 그때까지 김용제는 지상에서만 구라하라를 접했을 뿐 면식은 전혀 없었다.

일본공산청년동맹에 가맹시킨 사람의 이름을 대라고 하자 묵비, 입을 열지 않았다. 김용제 자신이 맹원이라는 것을 처음에는 부인했으나 고문을 받았다. 단념하고 이를 인정한 뒤부터는 고문의 고통에서 벗어났다. 그러나 기타야마의 이름은 대지 않았다.

"우리가 전부 알고 있다."

"알고 있다면 내게 묻지 마시지요"

고 마지막까지 버텼다. 경찰에서도 이미 알고 있었다고 하니, 이토 신기치가 이미 잡혀서 자기 이름을 불었다는 것, 기타야마의 이름을 자기 입으로 불게 하려는 것을 보고 기타야마가 아직 잡히지 않았다는 것을 알 수 있었다.

그 정도 심문만 받고 검사국에 송치되었다.

"지독한 놈이다."

이것이 경찰이 내뱉은 말이었다.

검거 · 구류 · 예심을 거쳐 공판까지 반년 이상 걸렸다. 코프 작가동맹의 일제 검거에 따라 체포된 것이니 공동재판을 해야 한다고 항의를 했는데도, 김용제는 단독심으로 돌려졌다. 도요타마형무소에서 호송되어 히비야日比谷공원 뒤의 도쿄지방재판소로 끌려 나왔다. 법정에 나와 간수가 수갑을 풀고 재판장 단하의 피고인석에 서는 순간, 의외로 방청객이 많았다. 혈기 왕성한 김용제의 투지가 폭발, 아까의 "만세"로 이어진 것이었다.

제5장

출옥 후의 작품과 행동

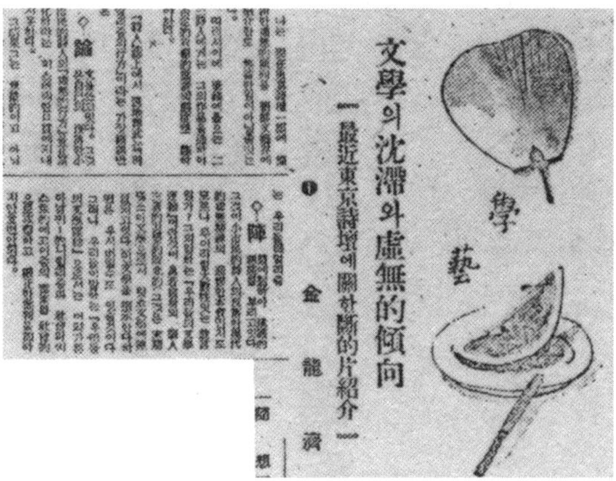

學藝

文學의 沈滯와 虛無的傾向

—最近東京詩壇에 關한 斷片紹介—

金龍濟

「봄의 경고」-프롤레타리아 시의 지속적인 촉구

1936년 3월 거의 4년간에 걸친 형기를 마치고 우쓰노미야 형무소를 나오자 김용제는 『시도표』 36년 4월호에 「봄의 경고」를 발표했다. 1936년 4월 3일이라고 창작연월일을 기입했으니, 출옥 후 한 달밖에 지나지 않은 시기. 이 시의 전문은 입수가 불가능하나, 다이라 하치로平八郎가 「김용제의 시-현실에 사는 문인」(『문학평론』, 1936.6)에서 상당량을 인용하고 있기 때문에, 그 개요를 알 수가 있다. 「봄의 경고」는 아래와 같이 시작된다.

> 나의 친애하는 시인들이여
> 그대들의 숭고한 붉은 정열이
> 싱싱한 인생의 봄을 구가하고 싶다면
> 그대들의 천진하고 밝은 미소가
> 생생한 자연의 봄을 찬미하고 싶다면
> 빛나는 태양을 눈에 지니라!
> 끓어오르는 용광로를 마음속에 지니라!

지금은 위축되어 있는, 전前 프롤레타리아 시인들에게 활력을 불러 일으키려는 시라는 것을 알 수 있다. 다이라 하치로는 이 시를 "우리의 시인 김용제는 격렬하게 움직이고 있는 일본의 새로운 정세에 직면하여 금일을 살아가는, 금일 이후를 살아가기 위해 필요한 자세를 「봄의 경고」 속에서 제시했다."고 평가하고 있다. 이 시를 다이라는 "우리의 작가, 시인, 비평가를 포함한 문인 전체의 자세"이며, 동시에 김용제의 "씩씩하고 의욕에 차 있는 그가 현실을 대하는 태도"를 표명한 것이라 보고 있다.

> 저널리즘의 독부毒婦에게 추파를 던지고
> 재즈 음악에 노오란 목소리를 쥐어짜네
> 멀리서 들려 오는 밀리터리즘의 나팔 소리에
> 고양이에 잡힌 쥐보다도 얌전하고
> 비천한 파시즘, 그 미친 지랄에
> 민중의 악보를 찢어버리고 파랗게 질려 침묵하는
> 그러나 교묘한 제군은 공허한 활자를 빌려
> 자유로운 인간의 자유로운 시도 쓴다.

그가 옥중에 있던 4년 동안 사회는 커다랗게 우右로 움직이고 있었다. 문인 다수는 전향을 했고, 자기 침체의 세계 속에 몰입하거나, 문화주의 혹은 예술지상주의 세계 속에 들어가 폭풍이 지나가기를 기다리고 있었다. "평안한 생활"을 바라보는 많은 문인들이, 옥중 4년 비전향수인 김용제의 눈에는 "몸도 허약하고 마음도 빈한"한 존재로 비쳤을 것이다.

위대한 인생미를 노래하기엔
그대들의 심장은 너무 쭈글쭈글해
강렬한 전기電氣 시詩를 노래하기엔
그대들의 가슴은 너무 닳아뭉그러졌어

그의 시는 비전향의 긍지로 넘치고 있다. 옛 문학 동료들에게 격문을 돌리고픈 생각도 있었을 것이다. 「봄의 경고」에서 그는 더욱 다음과 같이 노래하고 있다.

그 주제에 ……… 시인이란 이름에 미련은 남아
윤리적 비겁엔 시치미 뚝 떼고
인간성이니 예술성이니 적당히 얼버무리고
세계관, 정의감은 공식주의라 몰아버리고
진리를 위해 죽는 건 대 천치
……… 을 위해 싸우는 것은 미친 주정뱅이
민중을 위해 노래하는 건 목만 아파
풍파 속 부초浮草처럼
구름 사이 사이 세상 잘도 건너가는
아아 얼마나 비겁한 영웅주의 경박아輕薄兒냐!

「봄은 꿈 속에서」(『문학평론』, 1936.5)는 "철창 밑에서 선잠에 들었다가 꾼 꿈" 속에서 제비를 보는 장면으로 시작한다. 그 제비는 "희망의 꽃을 피우기 위해" "한 톨의 빛나는 씨앗"을 물고 온다. 제비가 씨를 물고 온다는 발상은, 조선의 고전 소설 『흥부전』에서 착상을 얻은 것일 것이다.

이 나라는 아직 괴롭고 추운 겨울이어서
들도 산도
세상도 감옥도
흰 눈 속에 깊이 파묻혀 있는 거야

라는 상황 판단 아래, 시인은 제비에게 묻는다.

제비야
그 황금 씨앗 대체 어디 뿌릴 셈이냐

하니 제비는 대답한다.

몸은 열 겹 옥 속에 갇혀 있지만
마음 풍요하고 자유로운 용사의
위대한……… 의 희망에 사는
뜨거운 피 물결 끓는 가슴 속에지

그리하여 제비가 시인의 심장 속 깊이 씨를 뿌리자, 겨울의 세계는 순식간에 밝은 봄으로 변하고 붉은 꽃이 활짝 핀다—이런 꿈을 꾸는 것인데, 제목이 그러하듯 시인은 "봄은 꿈 속에서" 찾아온다고 확신하고 있다.

봄의 만기(형기 만료)일을 손꼽아 기다리면서

오늘 하룻밤 밝으면
지금 꾸는 꿈이 생생하게 실현될지도 모른다고
눈을 뜬 채로 즐거운 꿈을 항상 꾼다
……
창문이 하얘지며 밤이 밝는다
창문이 검어지며 날이 저문다
하루 하루 만기가 다가온다
아아 감사하구나 비상하는 시간의 화살이여
봄 하늘에 날개를 펴고
전기 같은 속도로 그날의 표적에로——

드디어 오늘은 만기일
생각하면 괴롭고 긴 세월이었다
그러나 또 의외로 빠르기도 했다
한편 4년간의 내 침묵의 성장이여
없는 듯도 하고
있는 듯도 하다

허나 잘도 참고 강하게 살아 왔다.
악질 감옥병에도 굴하지 않고
나는 몸도 마음도 매우 건강하다!
이는 나 개인의 힘이 아니라
그렇다…… 청년의 길의 위대함이다!

그는 정신적, 육체적으로 "매우 건강"한 채로 형기 만료를 맞았던 것이다. 감옥에서의 마지막 밤은 "참기 어려울 정도로 길다"면서 뜬 눈으로 밤을 새우며 "새벽을 기다린다".

이 쇠와 기와의 요람에 울려 퍼지던
슬프고도 씩씩했던 자장가여
아름답고 즐거웠던 사회의 꿈이여
이상히도 그리운 감옥의 추억이여
지금은 겨울이 봄이 되고
꿈이 아닌 제비도 벌써 오는 3월이다!

36년 3월 출옥을 시인은 이렇게 기대 속에서 기다리고 있었다. "그리운 동료 동지와 손을 잡자", "출옥하는 오늘 꿈이 아닌 기적이 나를 기다린다"라고 "봄은 꿈으로부터"와 결부지었다. 이 상당히 긴 시는, 집필 시간이 1936년 3월이라고 기록되어 있으니 출옥 직후의 것이다.

김용제는 감옥 생활 중에도 출옥 후에도 실로 "몸도 마음도 매우 건강"했다. 시 「봄의 경고」, 「봄은 꿈으로부터」를 봐도 이를 알 수 있으며 평론 「「지하도의 봄」에 대하여」(『문학평론』, 1936.7)를 봐도 알 수 있다.

이 평론은 여성 투사의 애정 문제를 다룬 아사이 하나코浅井花子의 중편 「지하도의 봄」을 평한 것이다.

아사이가, 미우라 치요三浦千代와 오쓰카 야스코大塚安子, 밑바닥 생활을 보내는 여공 두 명의 아지트 동거생활을 그린 부분을 김용제는 높이 평가했다. 동시에 이 두 여공의 연애 대상인 남성들이 둘 다 계급적 타락자이며 배반자로 그려지고 있는 점에 대해서는 "프롤레타리아 연애관을 작자가 높은 견지에서 튼튼하게 포착하고 있지 못한 점이 커다란 실패였다고 생각한다"고 평했다.

두 여성이 배반자인 남자들에게 계급적인 증오를 품게 되는 전개를 기대하는 김용제에게, 작중 여성이 마지막까지 "비계급적인 정염情炎"을 버리지 못하고 있는 점이 불만인 것이다.

작중 여성이 연인에 대해, "사상 — 또는 운동에 대한 태도의 차이에서 오는 것 외에 있는, 보다 인간성의 — 남녀의 — 깊숙한 지점에서 서로 만났어야 했는데 그렇지 못 했던 것"을 느낀다는 문구에 대해, 김용제는 "애정의 문제를 전 계급 생활의 일부로 생각하지 않고, 남녀 간의 성 생활을 더 심오하게 파들고 있는" 점이 김용제에게는 작품의 결함으로 비쳤던 것이다. 여성 작가가 아니면 묘사할 수 없는 델리케이트한 감정 표현을 평가하여 "현재처럼 우리 문학진영 내의 여성 작가들이 지쳐 무기력에 빠져 있는 시기에" 이렇게 적극적인 의욕에 불타는 신진 여류작가의 금후 활동을 기대하면서도, 왜 "비계급적인 감상적 애정"은 묘사하고, 혁명적 연애 묘사는 주안점으로 삼지 않았느냐 하는 것이 김용제의 주장인 것이다.

금일의 관점에서 보자면 김의 주장은 공식적이라고 할 수 있을지도 모른다. 오히려 전 프로 문인들이 "지쳐서 무기력해져" 있는 시기에, 김용제의 비판은 구식이라고 할 수 있을지도 모른다. (분명히 그의 옥중 4년간에 세계는 우右로 급선회하고 있었던 것이다.) 그러나, 이 평론도 앞서 예로 든 시 「봄은 꿈으로부터」와 함께 그의 옥중 비전향을 증명하는 것일 것이다.

나카노 스즈코와의 연애와 강제 귀국

2·26사건으로 계엄령이 발표된 후, 그 여파가 가시지도 않은 1936년 3월 김용제는 우쓰노미야 형무소에서 출옥했다.

4년간의 영양실조와 운동 부족 때문에, 김용제는 27세였음에도 대머리가 되어 있었다. 중앙선 기치조지吉祥寺에서 내린 다음 역전 이발소에서 이발을 했는데, 머리카락이 반밖에 없으니 요금을 반으로 깎아달라고 농담을 하고 쓴웃음을 지었을 정도였다. 김용제는 시내에서 떨어진 곳에 있는 신원 인수인 에구치 간江口渙 댁에 몸을 의

탁하고 에구치 부처의 두터운 보살핌을 받았다. 다음날 김용제는 우선 기치조지 주변에 사는 구 프롤레타리아작가동맹 선배인 오야 소이치大宅壮一, 기시 야마지貴司山治, 가메이 가쓰이치로亀井勝一郎에게 출옥 인사를 돌았다. 호소다 다미키細田民樹 댁에는 에구치 간이 안내를 해주었다. 작가동맹은 이미 당국에 의해 해산되어 있었다. 이전에는 작가동맹의 기관지 『문학신문사』의 간판이 에구치 간 댁 현관의 문설주에 걸려 있었는데, 그것도 사라지고 없었다.

기치조지는 지금도 그렇지만 지식인이 많이 사는 고급주택가로서, 이노카시라井の頭공원에서도 그리 멀지 않다. 에구치 댁은 상당히 넓어서 십 여 종의 상록수와 사철 꽃나무가 심어져 있었고, 화단과 잔디가 10평 정도에 토마토와 감자를 심은 채소밭도 있었다. 김용제는 흙냄새를 만끽하면서 감자를 캐고 손바닥에 물집이 잡히는 체험을 하면서, "이것은 자연의 선물인 자유 때문에 생긴 부상이"라고 감사했다. 그리고 우물물을 퍼서 목욕탕으로 옮기는 등, 운동부족을 해소했다. 청기와를 얹은 에구치 댁의 일본식 서재는 이름이 "세이가린소青瓦林荘"였다.

이렇게 보면 에구치 간도 꽤 자산가였다는 것을 알 수 있다. 이토 신기치도 군마群馬의 지주 집안 출신이고, 군마현청에 근무하던 시기에는 칙임관勅任官으로 있었다. 미야모토 유리코 댁에서 김용제는 처음으로 수세식 화장실에 들어가 봤고, 소비에트 선물 치즈라는 것을 입에 대 본 것도 미야모토 유리코 댁에서였다고 한다. 1930년대 초기 단독 주택에 수세식 변소가 얼마나 있었을까. 진지한 사회주의

자들도 상당한 자산가들이었다. 프롤레타리아트와는 상당한 거리가 있는 존재였다고 할 수 있을 것이다.

에구치 간 댁에서 한 달 정도 정양하고 나서는 근처의 오후장櫻楓莊이라는 아파트의 8첩방으로 옮겨 아동문학가 가와사키 다이지川崎大治와 공동 생활을 시작했다. 김용제는 거기서부터 긴자銀座의 문학 안내사를 다녔다. 문학안내사는 같은 기치조지에 사는 기시 야마지의 호의적인 권유로 근무하게 된 것이었다. 시인 나카노 스즈코와 개인적으로 교제를 시작한 것은 이 오후장 시대부터였다. 나카노 스즈코에 대해서는, 기후岐阜의 오마키 후지오大牧冨士夫 씨의 뛰어난 연구들이 있으므로 생략하기로 한다.

1936년 3월 28일, 구 프롤레타리아 작가동맹을 중심으로 40명 정도가 모여 출옥 환영회를 열었다. 반수 이상은 김용제와 면식이 있었지만, 십여 명은 모르는 얼굴들이었다. 스즈코는 안경 너머로 시종일관 눈물만 흘리고 있었다. 이 후 둘은 급속히 가까워진다.

환영회는 2·26사건 직후이기도 해서 환영회라는 이름은 쓰지 않고 "김용제 귀국송별회"라는 명칭을 썼다. 실제 귀국은 1년 3개월이나 뒤의 일이 되었다.

송별회 석상에서 김은 전향파, 소극파 문인들에게는 듣기 거북한 인사말을 해서 좌석을 긴장시켰다.

일종의 비전향 선언을 하고 옛 동지들을 질타하는 연설을 한 듯싶다. 그에게는 옥중에서 굴하지 않았던 자부심이 있었을 것이다. 전향한 문인들에게는 귀 따가운 이야기였을 것이다.

당시 이미 일본 프롤레타리아 작가동맹은 해산된 상태였다. 그 후 만들어진 신인 사교단체 '작가 클럽'이 열어 준 출옥환영회였다.

『조선일보』 1936년 3월 29일자 학예소식란에는 이 시기의 모습을 이렇게 전한다.

> 김용제 군 송별회
>
> 동경 지우가 개최
>
> 거去 11일 동경서 출옥한 시인 김용제군은 방금 길상사吉祥寺 615 강구환江口渙 씨 가家에 체류 중 불일不日 고토故土로 돌아와서 당분 정양을 하게 될 터임으로 28일 오후 6시 신숙新宿 경왕전차루京王電車樓상에서 강구환江口渙, 세전민수細田民樹, 삼산계森山啓, 천구호川口浩, 원지휘무遠地輝武, 중야령자中野鈴子, 호정영壺井栄, 교본영길橋本英吉, 김두용金斗鎔, 대강만웅大江滿雄, 소웅수웅小熊秀雄, 덕영직德永直, 신정철新井徹 제씨의 발기로 송별위안회를 개최하얏다

송별회 다음날 본국의 신문지상에 기사가 날 정도로 주목을 모으고 있었던 문인이었다는 것을 알 수 있다.

김용제는 또 강제송환에 따른 귀국을 3개월 뒤로 하고 일본에서 원고를 보내 『조선일보』 1937년 4월 6일부터 8일까지 에세이 「이향춘광異鄕春光」(상중하)을 연재, 오후장 시대 전후의 정황을 전하고 있다.

(오후장은) 그 집 이름과 가티 一層 居室의 큼직한 窓으로서는 滿庭의 櫻花를 누운 채로 충분히 看花할 수가 잇섯다. 꼿가지는 窓겨테 노흔 冊床 우까지 꼿 그림자를 던저주엇다. 그러한 봄날에 詩人 中野靜子(前에는 一田아키라는 펜넴을 썻다)가 놀러온 적이 잇다.

花香과 陽光이 뜻는 机邊에서 同僚 川崎 군은 文學談의 氣焰을 吐露한 後에 사벳트 童話集『볏쪼이는 집』에서 그가 絶讚하야 마지 안는『피오닐의 裁判』을 朗讀하야 들려주는 것이엿다. 한데 來客인 彼女氏 갑작이 眼鏡속의 검정눈을 항케취로 부시면서 울고잇지 안헛는가.

"꼿헤 취하얏소? 作品에 感激하얏소?"

우리들의 無理치 안흔 장난스러운 質問에 對하야 그는 별안간 腹痛이 나서 견딜 수 업다고 對答하얏슴으로 우리들도 배가 아프게 爆笑하야서 來客의 急病을 全快시켜 버렷섯다.

오후장은 그의 마음에 든 하숙처였다. 이노카시라 공원도 가깝고 마키모토 구스로槇本楠郎 댁과 함께 공원의 잔디밭에서 벚꽃놀이 모임을 가진 것도 이 즈음이었다. 그러나 봄이 한창을 지났을 무렵 기치조지를 떠나 간다神田의 니혼대학日本大學 앞으로 하숙을 옮겼다. 문학안내사에서 너무 멀었기 때문이다.

그런데 이곳의 하숙 생활도 간다 명물 빈대 때문에 오래 가지 못했고, 한 달도 못 있어 속칭 나프 부락이라 불리고 있었던 가미오치아이上落合 가까운 가시와기초柏木町의 고요光陽장이라는 아파트로 도망간다. 거기는 고요光陽라는 이름과는 달리 북쪽에 면한 창문으로부터 빛 한 줄기 들어오지 않는 축축한 방이었다. 나카노 시게하루, 구보카와 쓰루지로窪川鶴次郎 댁이 가까워서 놀러 가기에는 좋았지만, 다카다노바바高田馬場 일대에 자리하고 있는 도야마가하라戶山ヶ原 연병장 쪽에서 밤낮 기관총 소리가 들려와, 책을 보기에는 좋은 환경이 아니었다.

가시와기柏木로 말하자면 현재는 도쿄도청 가까운 신주쿠新宿의 일등지이지만 당시는 아직 무사시노武蔵野의 옛 자취가 남아 있는 한적한 주택가였다. 고요장은 나카노 시게하루 댁에서 겨우 백 미터밖에 안 떨어진 상당히 편리한 곳이어서 나카노 스즈코도 자주 놀러오곤 했다.

처음 스즈코가 고요장에 머문 날의 일을, 김용제는 "쏴아쏴아 비가 내리고 있었다"고 회상하고 있다. 무슨 말들을 나눴는지는 스즈코가 세상을 떠난 지 오래되어 들을 방법이 없다. 김용제에게 물은 바로는, 소년기에 결혼해서 아내가 있다고 고백했더니, 애인 관계 그대로도 좋다고 했다고 한다. 사실 여부는 알 수 없다. 어쨌든 스즈코는 그 후 조선에서 결혼 생활을 할 각오로 서울로 짐을 싸 갔으니 희망을 갖고 있었음에 틀림이 없다.

조선의 이광수, 중국의 노신, 둘 다 집에서 정해준 배우자는 배우자대로 놓아두고, 생애를 같이할 동반자는 다른 곳에서 찾았다. 이것은 당시 혁신적 지식인 사이에 결코 드문 일은 아니었다. 김용제와 나카노 스즈코도 그런 미래를 꿈꾸고 있었는지도 모른다.

그러나 현실은 그렇게 호락호락하지 않았다.

스즈코가 고요장에 머문 다음날, 아침에 일어나니 문 앞에 "야간의 부인 동거는 삼가해 주기 바람"이라는 집주인의 메모가 놓여 있었다. 그러나 그 후에도 몇 번인가 머물렀다. 잠시 후 문인들 사이에 소문이 퍼지자, 얼마 안 있어 오빠인 시게하루가 알게 되었다. 김용제는 회상한다.

> 어느날 시게하루가 불러 댁을 찾아가니, 이미 스즈코가 오빠 앞에 두 손을 짚고 무릎을 꿇고 앉아 있었다. 그 일이구나, 곧 알아차렸다. 나도 시게하루 앞에 정중하게 앉았다. 그러나 시게하루는 누이동생을 격하게 야단칠 뿐 나에게는 한 마디도 하지 않았다. 나는 그녀를 감싸줄 형편도 못 되고 자기 변명을 할 계제도 아니었으니, 스즈코가 혼나고 있는 옆에 있는 것이 괴로울 뿐이었다. 이윽고 시게하루는 김 군은 정말로 스즈코를 좋아하는가, 하고 물었다. 문학 친구로서 좋아합니다, 이렇게 발뺌을 했다. 그런 뜻이 아니잖나, 스즈코하고 같이 살 거냐, 이걸 묻는 걸세, 하고 화를 냈다. 그래도 마지막엔 한 입으론 먹고 살기 어렵지만, 두 입으론 먹고 산다 하니, 둘이서 열심히 해봐, 하고 허락해 주었다.

이상이 김용제의 회상이다. 나카노 남매가 살아 있었다면 어떤 회상을 남겼을까. 김용제의 회상과 차이가 좀 있을 터이나, 김용제가 사실을 고의로 왜곡하고 있다고는 생각되지 않는다.

이 회상이 사실이라면, 이 시점에서는 시게하루가 김용제에게 아내가 있다는 것을 미처 몰랐던 것으로 보인다. 그렇지 않다면 "두 입으론 먹고 산다"고 두 사람 사이를 인정하는 듯한 말은 하지 않았을 것이다. 처대妻帶 사실을 시게하루가 안 것은, 스즈코가 실의에 빠져 서울에서 돌아온 후 자살을 꾀했던 때라고 보는 것이 타당할 것이다.

나카노 시게하루의 서간집 『사랑하는 이에게』(중앙공론사) 해설에서 사와치 히사에澤地久枝는

> 정말 이해하기 힘든 것 하나는, 나카노 스즈코 문제입니다. 1937년 유산 상속 문제를 정한 유언장 작성 경위, 정상적인 정신 상태가 아니라고 도사쿠藤作(부친)가 아들에게 은밀히 말했고 시게하루도 금방 수긍한 무언가가 스즈코와 관련해서 있었다.

라 쓰고 있다.

이국민異國民, 그것도 유부남과의 연애. 결혼에 대한 희망을 안고 단신으로 서울로 건너간 것이 1938년 5월의 일이나, 이와 관련된 제 상황의 전조를 나카노 부자는 감지하고 있었을 것이다.

김용제는 스즈코에게 작별을 고할 틈도 없이 조선으로 돌아갔다. 그 후에도 1주일에 한번은 소식이 있었다고 한다. 김용제의 답신은 두 번에 한 번이나 세 번에 한 번 꼴이었다. 오마키 씨에 의하면, 김용제에게서 온 편지는 다른 이에게 알리고 싶지 않은 내용이었던 듯, 태워버렸으나, 한 통만은 남겨뒀던 것 같다. 차마 태울 수 없었기 때문이 아닐까. 스즈코가 산부인과에 다니고 있다는 것을 알린 편지에 대한 답장이었다고 한다.[1]

「이향춘광異鄕春光」에 의하면 출옥 후, 그는 에구치 간 댁, 오후櫻楓장, 간다의 일본대학 앞 하숙, 가시와기의 고요장을 전전한 뒤 아스카야마飛鳥山 가까운 곳에 집을 얻는다. 당시 도쿄의 서북쪽에 들어서기 시작한 신시가지다. 같이 동거한, 나메토모行友라는 희귀 성의 화가는 "사상적인 동기로 이어진 우정이 아"닌 도쿄 시대의 유일한 친구로, 이전 신문배달과 우유배달로 한 솥밥을 먹던 사이였다. 그 셋집은 집이라기보다도 아틀리에 중심으로 몇 평의 뜰이 딸려 있어 봄에는 명자나무, 여름부터 가을까지는 다알리아가 만개하곤 했다. 이렇게 두 남자의 자취 생활이 이어졌다.

신쿄新協극단의 「북동의 바람」 공연을 보고 감동한 것도 그때 일이다. "옛날 좌익극장의 극을 기술적으로 세련되게 재현하고" 있다는 감상을 비친 바 있다. 욕실에서 넘어져 다친 나카노 시게하루도 흰 천으로 왼팔을 어깨에 걸고 열심히 보고 있었다. 부인인 하라 이즈미原泉는 극중의 부사장 역으로 출연하고 있었다.

「반휴半休・반업半業」(『동아일보』, 1936.7.1~2, 집필은 6월 25일)도 출옥 직후의 생활과 심경을 알 수 있는 에세이다.

> 나는 4년간을 太陽도 綠陰도 모르는 鐵窓 生活을 마치고 왓다.
>
> 出獄 當時는 아직 日本의 名物—사구라꼿이 겨우 봉오리가 붙어올 적이엇다. (…중략…) 鐵窓 속에서의 하루하루는 그야말로 一日 千秋이엇

---

1 결국 스즈코는 인공 유산을 택했다.

스나 出獄後의 百日間의 社會生活은 참으로 流水같이 빠르다.

그리고 기시 야마지의 "호의적 요구"로 긴자의 문학안내사에 근무하게 되는 것인데, 10년간의 재일 생활 중 처음이자 마지막으로 샐러리맨 생활을 몇 달 보내게 된다. 프롤레타리아 작가동맹 상무常務서기라는 것, 그 생활 수당이란 것은 허울만 좋은 것이어서, 실제로는 가미오치아이의 사무소에서 기거하면서 고구마를 쪄 먹으며 연명하고, 주야로 활동을 계속하고 있었던 것이다. 문학안내사의 일은 꽤 힘들었던 듯, 휴일인 일요일에는 하숙 근처의 이노카시라 공원의 녹음 속에 엎드려서 들꽃 향기를 맡으며 자신의 원고를 쓰곤 했다. 옥중에서 그렇게 동경하던 태양인데도 하숙은 여름 햇살이 내리쪼여 도저히 있을 수 없었기 때문이다.

출옥 후 휴양을 계속하며 문학안내사에 출근하고 있던 즈음의 에세이가 「반휴半休・반업半業」인데, 이 문장에 의하면 옥중에서 천 수 가까운 한시를 썼다고 한다.

이 不自由한 詩形은 저 不自由한 生活 環境에는 或은 適當하엿섯는지도 모른다. 그 證據로는 廣大한 空氣를 呼吸하는 只今의 나의 心臟은 放奔한 自由詩와 小說밖에 쓰이지 안는다.

한시 발표가 16수밖에 안 되었던 것은 일본에는 한시 독자가 적었기 때문일까. 일본보다도 독자가 많았을 본국 조선에서 왜 발표가 불가능했을까. '내지' 일본 이상으로 검열이 혹독했기 때문일까.

1936년 6월 9일 미야모토 유리코는 일기 속에 이렇게 썼다.

> 김이 왔는데 미야宮의 30일자 편지가 2, 3일 전에 도착했다는 이야기였다.
>
> 내가 기다리고 있던 것. 그것이 김 상 쪽에 가 있다.

유리코가 김용제에게 가벼운 질투까지 느낀 "30일자 편지"라는 것은, 미야모토 겐지가 형무소에서 5월 30일부로 김용제에게 써 보낸 편지다. 자신의 출옥을 알린 김용제의 엽서에 대한 답장이다. 이 미야모토의 편지는 『문학평론』 1936년 7월호에 공표되었다.

> **이치가야市ヶ谷에서**
>
> 김 군, 정말 오랜만의 소식 10일 전에 받았습니다. 그림엽서도 좋은 것이어서 기뻤습니다. 군이 건강한 몸으로 상경하게 된 것이 무엇보다도 기쁩니다. 군의 엽서를 읽으면서, 벌써 소식이 올 때였던가 하고, 싱글싱글 웃으며 초여름 햇살로 눈을 옮겼습니다.
>
> 저는 변함없이 건강합니다. 몸 쪽도 체중이 불었다 싶을 정도로 호기를 부리고 있었습니다만, 지난달부터 고장이 나서 지금 수리 중입니다. 금방 나을 듯하니 안심하십시오.
>
> 시와 소설 등 여러 가지 쓰고 있다는 말씀입니다만, 언제나 건재하시고 좋은 일들을 해 주십시오. 군의 친우 이마무라今村 군의 병세는 그 후 어떠

한지요. 요즘 날씨는 긴 병에는 좋지 않을 테니 아무쪼록 건강 잘 돌보시기를.

그럼 이 즈음에서 실례하겠습니다. 친구 여러분께도 안부 전합니다.

5월 30일 오후

김용제 님

이 편지 속의 "건강"은, 육체적 건강과 사상적 건강(비전향)이란 두 가지 뜻을 겸하고 있다고 보아야 할 것이다. 악한 국가권력과 싸우는 이들 사이에 통하는 동지적 우애가, 겐지로 하여금 처 유리코에게보다도 먼저 편지를 쓰게 한 것일 것이다.

이 편지에 나오는 '이마무라'는 이토 신기치, 곤노 다이리키今野大力, 기타야마 마사코, 김용제 등과 같이 프롤레타리아 작가동맹 내의 공산청년동맹 조직에 속해 있는 멤버였다. 이마무라도 고문으로 중병이었던 것을 겐지도 알고 있었을 것이다. 부연하자면, 곤노 다이리키(1904~1935)도 코프 탄압 때 고마고메서駒込署에서 고문을 받고 중이염과 결핵으로 입원했다가 31세로 타계했다.

1936년 가을부터 김용제는 제1시집 『대륙시집』의 출판을 계획했다. 마침 문화운동에도 관여하고 있었던 노동운동가 김호영金浩永이, 간다의 스루가다이시타駿台下에 있던 자영 인쇄소에서 『대륙시집』의 조판을 시작했다.

김호영은 『개조』에 발표한 나카노 시게하루의 시 「비 내리는 시나가와品川역」 중 제목 아래에 "×××기념으로 이북만李北満, 김호영金浩永을 보낸다"라 되어 있는 그 김호영이다. 나카노는 후년 이 시를 대폭 개정할 때, 이 헌사도 지웠다.

『대륙시집』은 그 시점까지 발표한 김용제의 작품을 모아 내려 한 것이었는데, 그해 11월 김용제가 '조선예술좌 사건'에 연루된 탓에 햇빛을 못 보고 유산되고 말았다. 이 시집을 위해 나카노 시게하루가 써준 서문 중 "조선은 대륙이 아니라 반도이지만, 김용제의 시풍은 대륙적이다"라는 일 절을 김용제는 지금까지도 선명하게 기억하고 있다.

김용제는 1936년 11월 '조선예술좌' 사건에 관련되어 네 번째로 검거된다. 경찰은 조선으로 귀국하면 석방하겠지만, 도쿄에서 난동을 부리면 재투옥하겠다고 협박, 김용제로 하여금 귀국을 선택하게 만든다. 그러나 김용제는 여비가 없다는 이유로 귀국을 하루하루 늦추고 있었다. 경찰에 체포되어 있던 사이에 문학안내사도 자연스럽게 퇴직한 꼴이 되어 생활도 곤궁한 상태였다. 그래서, 앞에 나온 "신문배달, 우유배달을 같이 한" 적이 있는 가난뱅이 화가의 집으로 굴러들어간 것인데, 거기에도 결국 형사가 찾아와 귀국을 종용했다. 김용제는 부친이 보내온 여비를 조금씩 축내면서, 청춘의 피를 끓게 한 도쿄 땅에서 떠나는 것을 하루하루 미루고 있었다. 물론 거기에 스즈코와의 사연이 얽혀 있음은 두말할 필요도 없다.

출옥 후 김용제는 '조선예술좌'의 문예 고문으로 영입되었다. 이 극단의 전신은 '도쿄조선어극단'인데, 나프 산하의 일본 프롤레타리아 연극동맹(프로트)에 가맹한 후, '삼일극장'이라 명칭을 변경하여

"일본에 있는 조선민족 연극의 선두 부대가 되기를 기하"는 중이었다. 그 후신이 '조선예술좌'다. 이 극단은 "우리 민족의 고전적 예술(연극)을 올바로 계승하여 널리 일본의 조야 인사에 소개하고, 나아가 조선민족 연극예술의 향상 발전을 위해 진력하며, 이로써 독자성 있는 새로운 스타일을 목표로 하"는 연극단체로서, 1935년 3월 3일 창립총회를 열었다. 창립 시점에는 김용제는 아직 옥중에 있었다.

창립 책임자인 김보현金寶鉉이 제명되자, 대신 김두용金斗鎔이 위원장이 되었다. 김두용, 김봉원金鳳元, 김삼규金三奎 등이 중심을 이루고 있었는데, 김사량도 한 역할을 담당하고 있었다.

조선예술좌의 일제 검거와 관련하여 김용제는 이런 기억을 갖고 있다.

> 어느 날 도쿄의 전차 속에서 김삼규를 우연히 만났다. "어디 가냐?" 물어도 모르는 척을 한다. 이 놈 이상한 놈이네, 생각하고, "김삼규, 너 어디 가냐?" 거듭 물었더니, 김삼규 옆에 앉아 있던 사내가, 서까지 같이 오라고 한다. 내선內鮮계 형사가 김삼규를 연행하는 중이라는 걸 몰랐다. 끌려간 곳이 세타가야서世田谷署. 유치장에 들어갔지만 아무 취조도 없이 방치된 상태로 지냈다. 29일 구류 기간 마감일이 되자 형사가 나타나 "당신이 유명한 김용제 씨요?" 하고 묻는 정도, 심문도 없었다. 혹 조사를 받는다 해도 조선예술좌에 관해서는 아무것도 나올 것이 없을 터였다. 김삼규에게 말을 걸지 않았다면 붙잡히지 않았을지도 모른다. 붙잡으려 했다면 그 날 아침 일찍 내 방으로 쳐들어 왔을 터이니. 휘말려 들었다고 할까, 불

속으로 날아드는 여름 벌레 같은 신세였다.

이것이 그의 네 번째 구류였다. 경찰은 이를 틈타 김용제와 흥정을 하려 했음에 틀림이 없다.

> 나는 세타가야서에서 29일간을 지낸 뒤, "얌전히 귀국하면 기소 유예를 해 주겠으나, 또 도쿄에서 난동부릴 거라면 별장(형무소)에 보내겠다. 어느 쪽으로 할 테냐"고 협박을 받았다. 나는 죄도 없이 재투옥되는 것은 어처구니 없는 일이니, 강제 귀국 추방을 감수하기로 했다. ……… 나는 비전향 그대로 서울 집으로 돌아온 뒤, 역시 내 나름의 문학활동을 할 셈으로, 본의는 아니나 도쿄를 떠나기로 결심했다.
>
> —『친일파의 독립운동』, 1978.6

이 '결심'이, 어쩔 수 없었다고는 하나, 상당한 고뇌를 수반한 것이었을 것이라는 점은 쉽게 상상이 가능하다.

청춘 시대 10년간 어찌어찌 일을 하면서 도쿄 하늘 아래에서 문학활동을 계속해 온 그가, 고국이라고는 하나 새로운 무대임에 틀림없는 곳에서 활동을 계속할 수 있었을까. 하물며 일본 본토보다도 사상 탄압이 혹독한 곳이니 불안하기도 했을 것이다. 그보다도 쓰라렸던 것은 애인 나카노 스즈코와의 이별이었다. 그가 '조선예술좌' 사건에 관련되어 체포되었을 때, 그녀는 후쿠이福井현 사카이坂井군 다카보코무라高椋村의 잇폰덴一本田 본가에 돌아가 있었다. 그녀는 김용제와 살림을 꾸릴 요량으로 모친에게 돈 부탁을 하러 갔을지도 모른다. 김용제가 귀국하게 되었다는 것도 전해 듣지 못한 상태에서, 김용제는 일본을 떠나게 된다.

1938년 5월, 김용제를 만나 영주할 각오로 서울에 왔을 때, 김용제로부터 처음으로 「태양찬」 시를 번역으로 듣고 스즈코는 눈물을 머금었다고 한다.

스즈코의 죽음을 안 것은, 김용제가 한국에서 1959년도판 일본문예가협회편 『일본시집』을 번역하던 중, 그 속에 작고 작가 작품으로서 그녀의 「결별」이 실려 있는 것을 발견하고서였다. 스즈코 사후 2년 뒤의 일이었다.

제6장

귀국 후의 평론 활동

文學의 健康性과 頹廢性 ① 金龍濟

學藝

詩精神과 散文精神
詩文學은 不必要한가
(1) 金龍濟

리얼리즘 문학의 주장

1937년 7월 초 김용제는 조선으로 돌아온다. 돌아왔다고 하기보다는 강제 송환되었다고 하는 편이 옳겠다. 김용제가 일본을 떠나기 힘들어 우물쭈물 하루하루 미루고 있으니 특고 형사가 어느 날 찾아와 전과자용 편도 티켓을 건네며 이걸로 돌아가라, 이렇게 된 것이었다. 만 17세 때인 1927년 정월에 일본에 온 후 10년 반만의 귀국이었다. 보호 관찰 신세여서 승선 전과 승선 중, 하선 후에도 형사가 따로따로 붙었다. 서울에 돌아가 왕십리에 도착한다. 1988년 올림픽 이후는 완전히 변했지만, 당시까지의 왕십리는 서울 동쪽에 떨어져 있는 빈민 지역이었다. 거기 있었던 부친의 셋집에 들어갔다고도 하는데, 어쨌든 가난한 서민들이 모여 사는 빈민가여서 찾아온 형사들도 혀를 내두를 정도였다.

「왕십리 일기」(『동아일보』, 1938.2.3 조간)는, 귀국 후 반년 정도 지났을 즈음의 일기 스타일 에세이다. 쓰레기 하치장, 빈민굴, 윤락녀 무리, 벽돌 공장이 있는 왕십리의 당시 면모를 전함과 동시에 김승구의 3막 희곡 『유민流民』에 대한 독후감을 썼다. 『유민流民』은 최초에는 『표랑漂浪』이라는 제목으로 발표되었던 것으로 조선예술좌에서 상연할 예정이었으나 이후 김승구가 개작하여 조선에서 발표한 작품이었다. 김용제는 이를 2년 전 도쿄에서 읽은 적이 있었다.

귀국 이전부터 그는 『동아일보』, 『조선일보』 등에 문학평론을 써 보낸 바 있다. 1936년 7월부터 37년 7월까지 1년 사이에 원고 6편을 보냈다. 일본 문단 이상으로 조건이 혹독한 조선문학계에서는, 이미 프롤레타리아문학을 입에 올릴 수 있는 상황이 아니었다. 그는 일본의 문학상황에 대해 쓰는 한편, 일보 후퇴하여 프롤레타리아문학 대신 리얼리즘 문학을 주장하며 문학의 퇴폐성에 반대했다.

「문학의 침체와 허무적 경향」(『조선일보』, 1936.8.15~18)은, 당시 도쿄시단에 대두한 허무적 경향을 비판적으로 조선문학계에 소개한 것이고, 「인간성의 문제와 근대적 문학 정신」(『조선일보』, 1937.1.9~15, 총 6회)와 「조선 문학의 신세대－리얼리즘에서 본 휴머니즘」(『동아일보』, 1937.6.11~16, 총 5회)은 전부 백철의 '인간탐구론' 즉 휴머니즘론을 공격·비판한 것이었다.

또 「문학의 건강성과 퇴폐성」(『조선일보』, 1937.5.19~23, 전 5회)에서도, 1930년대 전반까지 프롤레타리아문학의 대표적 작가라 할 수 있는 이기영의 「맥추麥秋」와, 엄흥섭의 「길」 두 편을 높이 평가하면서 "나는 금춘今春 우리 문단에 잇서서의 새로운 광명의 길을 발견하얏다", "이 이작二作은 내용적으로 사회적 인간적 현실 생활의 건강성을 구상具象적으로 표현하여 주엇다"고 하고 있다. 이 두 작품과 대조하면서 채만식의 「젖」이 퇴폐적인 작품이라고 비판한다.

「시 정신과 산문 정신(三)」(『동아일보』, 1937.7.6)에서 김용제 스스로 "출옥과 동시에 3, 4편 장편소설을 썼다. 그러나 5개월간에 시도 역시 10여 편을 써 왔다"고 말했지만, 시는 수 편 볼 수 있으나, 소설은 확인되지 않는다. 혹은 "썼"지만 발표가 불가능했을지도 모른다.

귀국 뒤 전향까지의 사이(37년 7월~38년 여름)에도 평론 5편, 에세이 3편, 시 2편을 남겼다. 앞서 소개한 「왕십리 잡기」도 에세이 중의 하나다.

귀국 후 최초의 평론은 「조선문단 상반기 총결산」으로서 『동아일보』(1937.8.8~13)에 5회에 걸쳐 연재한 평론이다. 이 평론 속에서는 우선 이기영의 중편 「맥추麥秋」가 소작인들이 계급적 증오를 기반으로 자신의 힘을 자각해 가는 과정을 리얼하게 묘사한 작품이라고 높이 평가하고 있다. 그러나 같은 작자의 「산모産母」는 실패작이라 하고 있다.

이어 엄흥섭의 「길」과 「정열기情熱記」에 대해 언급한다. 「길」은 "상반기 단편계에서 가장 뛰어난 작품"으로서 "새로운 시대의 여성의 길이며 후대를 키우는 모성의 길이었으며 따라서 리알리즘 문학의 승리와 발전"의 길이라며 절찬하고 있다.

이처럼 프롤레타리아 작가의 작품은 높이 평가하고, 반대로 모더니즘과 예술지상주의에 속한 작가들은 혹독하게 비판하고 있다.

우선 순수문학파의 거장 이태준의 단편 「복덕방」을 평하면서 "이 작가는 '아름다운' 문장으로서 그의 문명文名을 그려가는 스탈이스트라고 사람들은 말하는 듯하다. 그러나 사회 사상성 없는 문학 내용에 아무런 금관金冠 금의錦衣를 의장擬裝시켜도 그것은 일종의 허수아비며 빗조은 개살구격에 불과하다"라 하고 있다. 혹평이 다소 지나친 감이 있으나 김용제는 그러한 입장에 서 있었던 것이다.

이상의 「종생기」에 대해서도 "요절한 이 신진작가의 존재성은 야릇한 변질變質적 감수성과 괴팍스러운 주술적 표현기술"에 의거하고 있으며 "기준적 주관 없는 지성적 부랑 평론가인 최재서 씨가 그를 찬양함은 알 듯 모를 듯한 이야기다"라 혹평하고 있다.

안회남의 「명상暝想」은 "반동적 회고성과 피血의 미신적 영원성을 감상 애모하는 일 문학 청년의 신변적 수필이다. 이것도 소설의 자격은 없다"라고 외치고 있다.

이태준, 이상, 안회남 3인의 작품을 평한 「조선문단 상반기 총결산, 창작계(2)」의 제목은 「유한有閑 문학의 퇴폐성과 회고성」으로 되어 있다. 김용제의 입장은, 유연성이 부족하며 동의하기 어려운 부분도 있으나 사회성을 전면에 내세우는 문학을 옹호하는 그의 입장은 관철되고 있다.

김남천까지도 혹독하다. 「소년행」의 주인공 봉근의 삶의 방식이 "역사적 선상線上과는 아조 멀고 딴 세계로 방황하는 고로 나는 실망치 안을 수가 없었다"라 평하고 있다. 김용제에게 주저, 준순逡巡과 방황, 미주迷走는 감내하기 힘든 것이었을 것이다. 그는 언제나 달리고 있었으므로.

「창작계(4)」에서는 엄흥섭의 「길」을 "상반기 단편계에서 가장 뛰어난 작품"이라 하고 "조벽암의 「윤리의 일절一節」을 "상반기 작품으로서 가장 사상성이 씩씩한 적극적 작품이었다"라 결론짓고 있다.

조선문학의 상황에는 아직 익숙하지 않았을 터인데, 정력적으로 작품을 읽고 있다. 그 평가 기준은 일본 시대의 그것과 거의 달라진 바가 없다.

『하늘과 바람과 별과 시』의 시인 윤동주는 김용제의 「조선문단상반기 총결산」에 깊은 관심을 표한 바 있다. 김용제의 주장에 전면적으로 찬성을 한 것은 아니나, 그냥 읽고 지나치기에는 아깝다고 생각했을 것이다. 그는 이를 잘라내 스크랩해 두었다고 한다.

「리얼리즘문학 발전론―주관적 자각과 구체적 과제 등」(『동아일보』, 1937.9.14~18, 총 5회)도 상당히 전투적인 평론이다.

'만주사변'으로 더 가혹해진 탄압은 중일전쟁이 시작되자 한층 더 혹독해졌다. '어두운 계곡'의 시대가 찾아 온 것이다. 암흑의 위기가 밀려와 문학은 질식 상태에서 신음하지 않을 수 없게 되어 있었다.

그러한 1937년 9월의 시점에서 김용제는 "객관적 불행에만" 책임을 전가하고 "문학자 자신의 주관적 비활동성을 반성 자각"하지 않는 것은 "일종의 문화적 죄악"이라고 문인들을 질타하고 있다. 창작과 비평의 자유가 없다는 것은 사실이며 갈수록 이를 통감할 수밖에 없으나, 그러한 외부적 요인에 의한 부자유보다도, 내부적 무기력이 조선문학의 발전을 저해하고 있다, 고 그는 보았다. 문학의 재건이니 부흥이니 하는 추상적인 유행어가 떠돌고 있지만, 그에 대한 현실적이고 구체적인 발전책을 제시하는 이가 없다, 이것은 문인의 책임이며 반성을 해야 한다고 그는 생각한다.

말하자면 객관적 정세가 곤란하다는 핑계만 대지 말고 리얼리스트 진영이 자각을 하고 돌파구를 열어보려 하는 데에 주안점이 있다.

여기서 말하는 '리얼리스트'란 1, 2년 전이라면 커뮤니스트라고 썼을 대목일 것이다.

이 평론의 주요한 공격 목표는, 조선문학의 재건방법으로서 김남천이 '고전에의 복귀'를 주장하고, 한식이 '역사문학'의 필요성을 주장한 데 대항하려는 데 있다. 김남천도 한식도 한 때 프롤레타리아 문인으로 활약했던 경험을 갖고 있었기 때문에 더더욱, 그들의 나약한 발언이 김용제의 눈에는 도피로 비쳤을 것이며, 옛 동료의 배신이라고 생각되었을 것이다.

「리얼리즘 문학의 옹호-소시민 작가의 발악상發惡相」(『동아일보』, 1937.10.14~16), 「고민의 성격과 청조의 정신-자기고발의 문학적 허약성을 분석한다」(『동아일보』, 1938.3.17~18)은, 모두 김남천의 문학이념에 대한 비판적 리얼리즘적 입장에서의 비판이다.

전향 전 최후의 평론은 『비판』 1938년 4월호의 「문예시평」이다. 이것은 주로 김승구의 희곡 「유민流民」을 평한 것이다. 『동아일보』 1939년도 신춘문예 희곡부에서 일등으로 당선된 작품으로 많은 이의 호평을 받았는데, 김용제는 그 독후감을 '불만' 보다 '불쾌'했다고 평하고 있다. 이 희곡은 도쿄 근처 항만의 조선인 노동자의 가혹한 생활을 묘사한 것인데 일자리를 구하기 위해 싸움을 벌이는 등 무지한 사내들의 "패잔 유이민의 추악한 장면"을 묘사하고 있다. 계급의식을 목표로 투쟁하는 노동자상을 노래해 온 김용제에게는 불쾌감을 안겨 주었을 것이다. 이 때까지만 해도 김용제는 아직 건재했다.

전향-「태양찬太陽讚」에 스며 있는 좌절

이 「문예시평」이 1938년 4월 26일 발행 『비판』 4월호에 실리고 난 뒤부터 친일문학의 기치를 선명히 올린 1939년 1월까지, 그 8개월 동안, 김용제의 내부에 무엇이 일어났었는가. 그는 후일의 회상 이외에는 아무것도 써서 남긴 것이 없으므로 미루어 생각해 볼 수밖에 없다.

귀국 후부터 39년 1월 사이에 씌어진 「태양찬」은 이 추측 작업에 도움이 되는 중요한 단서 하나가 된다. 1937년 11월 9일 『동아일보』에 실린 이 시는, 그리 길지 않으므로 전문을 인용한다.

억울한 現實에 몸부림치는
사랑하는 동무와 반가히 만나
傷한 손을 서로 어루만지며
답답한 가슴을 아프게 열고
그래도 미덤잇는 눈우슴으로
政治와 文學의 運命을 이야기하고 올제

電燈끈 어둠의 거리에는 개 한 마리 안 짖고
酸素 일흔 밤 空氣가 옷칠한 棺 속과 같다
까스의 夢想에 발앞이 캄캄하다

빗없는 世界에는 萬物이 넉을 일코
形影相弔할 孤獨한 그림자조차 찾을 곳 없네

동무와 가치 맛잇게 씹은 林檎 껍질이
눈물에 저렷던가 시고 쓰게 목을 태운다
할줄 모르는 毒한 藥酒나 함부로 마셔
心臟의 鬱火를 풀가 하는 이 誘惑

맨주먹으로 어둠의 鐵壁을 처는 보아도
아프게 울리는 건 내 가슴 뿐이로다
×××　한양성에 떠러지는 쪼각달이
地上의 悲劇子를 소리없이 嘲笑할 뿐

엷은 달 테의 날카러운 面刀날도
이 거리의 검은 피엔 빗도 힘도 없고나
晩秋의 感傷일까 싸늘한 한숨
時代의 感傷일까 불타는 血管

저 쪼각달에 孤獨한 悲哀와 希望을 싣고
玄海灘 거친 波濤를 건너오랴는……
애달픈 戀文을 보내는 ××의 愛人은
아름다운 空想 속에 나를 생각하련만

달빛도 存在없는 거리를 헤매는 나여!

아 政治와 文學과 戀愛의 運命이며
暗黑한 現實에서 光明의 宣言을 쓰는
地下室의 悲劇에 太陽을 照明하라!

본문 중 두 군데의 복자는 아마도 '식민지', '동지'라 생각된다.

이 시는 물론 암흑을 물리치는 광명을 희구하고 있다. 그러나 그보다 더 중요한 것은 마르크스주의에 대한 회의와 어두운 현실을 변혁할 수 없다는 좌절감이다.

시대는 변해가고 동지들은 방향전환을 하고, 탄압은 한층 더 혹독해지고, 김용제의 사자후獅子吼에 응하는 이는 아무도 없었다.

그래도 김용제는 평론활동을 통해 문인 동료들과 함께 스스로 채찍질을 해가며 투쟁을 호소했다. 그러나 평론보다 시 쪽이 정직했던 것은, 그가 시인이었기 때문일 것이다.

「태양찬」에는 지금까지 그의 시에 나타난 적이 없던 침체가 있으며 무력감과 좌절감이 있다. 자신의 문학 행위를 "암흑한 현실에서 광명의 선언을 쓰는 지하실의 비극"이라 인식하고 있다. "어둠의 철벽鐵壁을 처는 보아도 아프게 울리는 건 내 가슴 뿐"일 뿐, 철벽은 꼼짝도 않는다. "산소酸素 일흔 밤 공기" 속에서 질식되어 고통스러워하는 시인을 덮친 것은, 정치와 문학의 가혹한 힘이 일체의 광명을 빼앗아, "빗없는 세계에는 만물이 넉을 일"었기 때문만이 아니다. 지금까지 모든 활력의 근원이었던 마르크스주의가, 그것을 믿고 그것에 목숨을 걸어 온 마르크스주의가, '악몽'에 지나지 않았다는 자각이 시작되었다. '몽상'에서 깨어나니 "발 앞이 캄캄"한 것이다.

정치와 문학의 운명이 기울었을 뿐만 아니라, 그 위에 연애의 좌절까지 더해졌다. '애달픈 연애 편지'를 현해탄 너머로 보내주는 동지인 연인은, 김용제를 아름다운 공상 속에 있는 존재로 그려 주었지만, 시인의 마음속에는 "달빛도 존재"하지 않았다. 알코올은 한 방울도 입에 대지 않는 시인 김용제는, 맺어지지 않는 연인과 "상한 손을 서로 어루만"져 줄 뿐이었다.

1937년 7월 귀국한 김용제를 따라, 나카노 스즈코는 다음 해 5월 서울을 방문한다. 회상에는 아무 연락도 없이 갑자기 찾아왔다고 되어 있으나, 시 「혼수婚需」(『시건설』, 1939.10)에서 보는 한은, 회상 속에 자기 방어 본능이 작동하고 있는 듯이 느껴진다. 「혼수」 전문은 다음과 같다.

혼수

내 그대의 고향에서
그대와 함께 살랴 했더니
그대를 내 고향에
마지하다니!
얄구진 현실이다.
허나 고맙다.

작년 여름 일이다.

그대를 동경에 남기고

할 수 없이 귀향할 적에

나는 묵묵하였고

그대는 통곡하였었다

괴로운 생각으로

잠 못자는 동창東窓 밖엔

검푸른 하늘이

전기 맷돌같이 돌아갔섰다

무수한 별들은

우주로서 망명하는 유성流星이었다.

나는 서쪽으로……

별들은 동쪽으로……

그 천사의 진주들은

나의 애달픈 마음을 실고

그대를 향하여

어지러이 날라갔었다

아! 그 후로 일년 반

우리들 사랑은 다만—

청춘다운 편지片紙의 생활을
참아 왔었다

그대의 어떤 편지엔
「태양도 어둠도
모든 것이
슬픔의 씨를 뿌립니다」
또 어떤 때에는
「현해탄 저쪽까지도
하늘은 끊지 않고 이어 있을까요?
우리가 떨어져 있음은
생명에의 죄악입니다」

그러나 오늘
온다는 이 전보엔
그대의 뜨거운 기쁨이 뛰고 있고나!

S야!
그대를 기다리는
나는 지금 행복스럽다
그러나 우리들은
가난한 시인

그대는 사랑 때문에
부친의 상속을 차 버렸다.
말 모르고 가난한 이향異鄕에서

S야! 그대의 생활은 괴로우리라
괴롬을 달게 받겠다니
더 할말 있으랴마는
김치 뿌댕이와 고추장 맛을
알 날까지 그대는 쓰라릴게다

S야!
「비 내리는 품천品川역에서」
그 정다운 말로 우리를 석별惜別튼
그대의 오빠가
그대의 전부를 내게 보내는 이날
그의 마음이 어떠했으며
그의 전별餞別의 말이 무엇이더냐!

S야! 부대
차와 배에 조심해 잘 오너라!
나는 가난한 혼수와
「링」을 마추러 거리로 간다.

김용제의 부친은 말썽 많은 자식을 나름대로 걱정하고 있었다. 프롤레타리아문학 시대인 1931년에도 도쿄에 한 번 찾아와, 귀국을 계속 종용한 적이 있었다. 몇 번이나 돌아오라고 편지를 해도 소용이 없었기 때문이다.

일본어도 지리도 모르는 부친이 주소만 의지해 아들을 찾는 것도 쉬운 일은 아니었을 것이다. 그때 용제는 활동에 뒤쫓겨 부친을 모시고 도쿄 시내를 하루 안내했을 뿐, 이틀째부터는 또다시 활동을 하느라 여념이 없었다. 부친은 사회에 반기를 든 아들의 문학활동을 멈추지 못한 채 귀국하고 말았던 것이다.

스즈코가 서울에 도착하자 부친은 사태의 수습을 꾀했을 것이라고 생각된다.

스즈코는 반 달 정도 서울의 보안保安여관 2층에 방 하나를 빌려 체재했다. 효자동이었다. 스즈코는 김용제와 결혼하여 조선에 영주할 각오로 서울에 왔다고 생각된다. 김용제의 기억에 의하면, 당시 돈 500엔을 무리하게 모친에게 타내 들고 왔다고 한다. 그것은 생활비라기보다는 야간학교 설립자금의 성격을 띤 것이었다고 할 수 있을 것이다. 둘이서 고아, 부랑아나 빈민가 아이들이 교육받을 수 있는 야간학교를 세울 셈이었다. 낮에는 일을 하며 직업 생활을 영위하고 밤에는 필요한 교과를 가르치는 강습소 같은 것을 기획했던 것이었다.

그러나 이 계획은 결국 실현되지 못한 채 막을 내리고 말았다. 고등경찰의 눈에는 은밀히 민족의식을 배양하는 운동조직으로 보였기 때문이다. 이 경성소년갱생원의 멤버 세 명이 모두 요주의 인물이었으니 어쩔 수 없는 일이었을지도 모른다. 자금의 일부를 제공한 원장은 원래 중학교 교사인 박재민朴在敏, 작업 담당은 노동운동에 몸담았던 박모, 학과 담당은 김용제였다. 교사校舍는 왕십리의 김용제 집에서 가까운 서울 성동구 금호동, 40평 정도의 건평에 지상 2미터 지하 1미터 정도 되는 간이 교사였다고 한다. 이 계획은 좀 무리한 데가 있었다. 학교 부지도, 미개발 지역이라고는 하나 시市 소유지였다고 하니, 정식 인가가 날 리도 없었다. 학교로서의 설립 신청은 처음부터 생각하고 있지 않았던 것 같다.

이 경성소년갱생원에 관한 기사는 1938년 여름 『조선일보』에 보도되었다고 하는데 아직 미확인 상태다. 지방판 뉴스 기사였는지도 모른다.

결국 38년 11월에 갱생원 불허가가 결정되는데, 이때 김용제는 공적으로도 사적으로도 위기적 상황에 놓여 있었다고 할 수 있다. 사적인 문제는 앞서 술한 바 스즈코가 서울에 쳐들어 온 것이었다. 부인과 이혼하고 결혼을 하는, 이런 약속이 둘 사이에 있었는지 없었는지는 알 수 없다. 그러나 스즈코에게 그것을 기대하게끔 한 사정이 있었던 것임에는 틀림이 없는 것 같다. 김용제의 부인은 명문가 출신인데다가 양가의 조부 명에 의한 결혼이었기도 하고, 더욱이 남편의 부재 중 10년을 줄곧 기다려 준 조강지처와 이혼하는 것도 차마 할 수 없는 일, 진퇴양난이었다.

다음은 공적인 문제, 경성보호관찰소는 경성소년갱생원 계획을 주시하고 있었다. 담당인 혼다本田 보호사로 하여금 김용제에게 시말서를 쓰게 했을 뿐만 아니라, 집이 없는 부랑소년에게 동정을 베푸는 것도 계급사상을 전파하기 위한 술책이라고 보았다. 그리고 김용제에게, 보호관찰 신분이니 법적으로 언제라도 예방 구금이 가능하다는 점을 명심하고 '시국'을 잘 인식하라, 만약 '선량'한 '황국 신문'이 된다면 좋은 직장도 알선해주고 안정된 생활도 마련해 줄 것이라며, 당근과 채찍을 흔들며 전향을 강요했던 것이다. 그것은 김용제에게 투옥의 예고, 그 공포를 전하는 것임에 틀림이 없었다. 「태양찬」과 같이 이미 마르크스주의에 대한 회의에 사로 잡혀 있던 김용제는, 이미 공포와 맞싸워 이길 수 있는 정신적 사상적 지주가 상실되어 가고 있었다고 봐야 하지 않을까.

경성 소년갱생원 계획의 좌절, 나카노 스즈코와의 연애의 파탄, 막다른 골목에 다다른 문학활동, 김용제의 가장 찬란했던 시대는 이제 그 앞에서 사라져가는 중이었다.

1938년 원단 『동아일보』는 2면 전면을 할애하여 「내일의 조선문학. 와야 할 사조와 경향—문단 중진 14씨에게 재검토된 리얼리즘과 휴머니즘」이라는 제목으로, 박영희, 김남천, 김문집, 정인섭, 이헌구, 정지용, 유치진, 김광섭, 임화, 모윤숙, 서항석, 김상용, 최재서 그리고 김용제, 이렇게 좌담회를 꾸몄다. 그 시점에서는 김용제도 중진 14명 속에 포함되어 있었지만, 이후 그가 문단에서 각광받는 일은 결국 없었다.

1938년 7월호 『사해공론四海公論』에 「도쿄 시나가와品川 매립지

기타」를 그는 썼다고 한다. 시나가와 매립지에 사는 사람들의 비참한 생활상을 쓴 르포다. 거기에는 마르크스주의적 관점은 노출되어 있지 않으나, 그래도 빈곤의 밑바닥에서 신음하는 이들에 대한 공감이 가득하다.

그러나 그의 집필 활동은 여기에서 끝난다. 39년 원단에 이르기까지 약 반 년 동안 이어지는 침묵, 다필 체질인 그에게 이 심상치 않은 공백은 무엇을 의미하는 것일까. 그 사이에 무슨 일이 일어났던 것일까.

김용제는 그 사정을 이렇게 직접 설명하고 있다. 1943년 2월호 『국민문학』지의 좌담회 「시단의 근본 문제」 석상에서 한 발언인데, 5년 전을 회상하는 내용으로 되어 있다.

> 에 — 제가 도쿄에서 돌아와서 동아일보하고 조선일보에 옛날 것을 잠시 쓰고 있었어요. 마침 13(1938)년 9월경, 동아일보에 김남천 씨의 고발하는 정신이라는 것을, 역시 옛날 기분으로 비판하기 시작한 것이 있었는데, 그때 5회 예정으로 쓰다가 2회까지만 쓰고는, 갑자기 생각한 바가 있어, 신문에는 큰 결례를 저지르고 그만뒀습니다. 쓸 수 없었지요. ……
>
> 그러고 나서 13년 하반기는 꽤 고생했습니다. 그런 와중에 한 반년 입을 다물고 있다가, 14년 정월에 뭘 좀 해 볼까 하는 기분으로 시를 썼는데, 그때부터 모인 것이 이번 시집입니다.

2회까지 쓰고 그만둔 김남천 비판 평론이 「고민의 성격과 정신,

자기 고발의 문학적 허약성을 분석한다」(『동아일보』, 1938.3.17~18)인데, 상・하로 발표되었던 것으로 생각된다. 실제로 김남천 비판 글을 집필・발표했던 3월과 앞에 인용한 회상문 속의 9월과는 반년 간의 차이가 있는데, 이는 회상하는 측의 기억 착오 탓이 아닌가 생각된다.

그가 말한 "옛날 것", "옛날 기분"의 비평이란, 프롤레타리아문학, 계급적 문학관을 의미한다고 보아도 좋을 것이다. 자신의 의식 속에서는 그것이 1938년 9월까지 계속되고 있었던 것이다.

그러나 「태양찬」 시점에서 이미 그것은 붕괴되고 있었을 터다. 좌절과 패배감 속에서 「태양찬」을 스즈코에게 읽어주고 둘이 손잡고 울었다는 김용제의 회상은 중요하다. 이는 기록으로 남겨 두고 싶다. 그 시점에서는 그도 전향이라는 것의 의미를 곱씹고 있었을 것이다.

창씨는 부친이 신청하였다. 물론 당국의 강요에 의한 것이다. 가네무라 류사이金村龍濟라는 이름이 처음으로 사용되는 것은 창씨개명이 전국적으로 강요되기 시작한 40년 2월 11일부터 꽤 시간이 지난 41년 10월 이후다. 또 그 이후에도 일률적으로 가네무라라는 이름으로 문장을 발표하지 않았다. 42년까지는 아직 김용제라는 이름도 산견된다.

제7장

전향과 친일문학

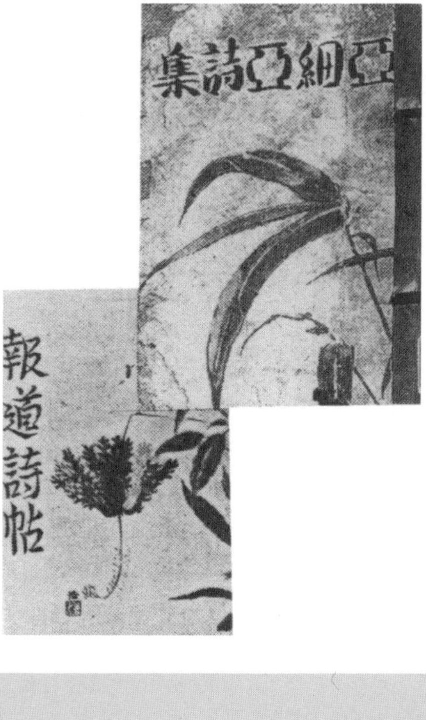

친일문학에의 적극 참여 – 『아세아시집』

1942년 12월 18일 『아세아시집』이 발행된다. 발행소는 경성부 견지정堅志町 111번지, 대동출판사. 이 시집 권두의 「서시」에는 '소화 14년 원단'이라고 창작 연월일이 명기되어 있다. 그의 친일시집의 효시였다.

서시

나의 제1 시집은
불행한 '대륙시집'이었다.
그것은 슬픈 사상 속에서
해의 눈을 아니 보고
추억의 도쿄에서 죽어 주었다.

나는 10여 년 문학생활의,
모든 공죄를 아낌없이
그 낡은 시대의 운명과 더불어
저 아라카와荒川의 물결에 흘려보냈다
나는 이미
그 아이의 나이를 세지 않겠다

그러므로 이 시집은
나의 제2의 그게 아니라
그리운 고향의 흙으로 돌아가는
어머니 아세아의 시신詩神이
나에게 내려주신 사랑스러운 장남이다

이 작은 마음의 꽃다발을
나는 삼가
호국의 영령에게 바친다!
그리고 또한
이 새로운 대륙의 노래를
성전聖戰의 용사에게 위문문으로 보내며
총후銃後의 애국심에 호소한다!

작품 속에 나오는 제1시집 『대륙시집』이란, 김용제 최초의 일본어 시집으로 전편이 프롤레타리아 시였다. 나카노 시게하루의 서문을 받았는데 거기에는 "조선은 대륙이 아니나, 김용제에게는 대륙적 풍격이 있다"는 의미의 글이 씌어 있었다. 그것은 인쇄되지 못한 채 끝나고 말았다. 김용제가 말하는 "슬픈 사상"이란 두말할 것도 없이 마르크주의였다.

그렇다 해도 "이 작은 마음의 꽃다발을 나는 삼가 호국의 영령에게 보낸다"고 했을 때의 "나라國"란 어느 나라를 뜻하는 것일까.

그리고 또한 "이 새로운 대륙의 노래를 성전의 용사에게 위문문으로 보낸다"고 할 때의 "성전"은 조선민족에게 무엇을 의미하는 걸까.

『아세아 시집』 소수의 「아세아의 시」에서는

나는 아세아의 부흥을 위해 싸우고 싶다
동시에 새로운 아세아 정신을 조용히 창조하고 싶다
나는 일본 국민의 애국자로서 일하고 싶다
동시에 새로운 일본 정신을 깊이 배우고 싶다
나는 조선 민중의 참 행복을 위해 일하고 싶다
동시에 그리운 자장가를 천진하게 노래하고 싶다
거기에 나는 감정의 모순을 조금도 느끼지 않는다
거기에는 아름다운 아세아적 조화가 있을 뿐이다

라고도 하고 있다. "일본 국민의 애국자로서 일"하는 것과 "조선 민중의 참 행복을 위해서 일하"는 것이 조금도 모순되지 않는다는 정신구조가 거짓이나 방편이 아니라고 한다면, 일본 제국주의에 항거하고 조선 민중의 행복을 위해 싸워 온, 바로 1년 전까지의 김용제의 정신 구조와는 이것이 어떻게 연결되는 것일까.

많은 프롤레타리아 문인들이 일본 그리고 조선반도에서 전향했다. 그래도 그들에게는 일종의 수치 의식이나 떳떳치 못함이 평생 어깨를 파고드는 하중으로 얹혀 있는 경우가 많았다.

김용제의 경우에는 그 전향이 모순 하나 없는 극히 '순진한' 양상까지 보여준다.

전향의 과격함은 역으로 그만큼 과거 반역이 컸음을 드러내는 것이기는 하다. 작은 반역자는 작은 전향을 하면 그걸로 끝나는 것이니까. 그런 의미에서 김용제가 커다란 전향을 하지 않을 수 없었던 필요성도 이해는 가능하다. 그러나 도대체 이 구김살 없는 밝음은 어디에서 오는 것일까. 내적 갈등 같은 것이 전혀 없다.

이것은 그의 시의 체질 자체에 원인이 있는 것인지도 모른다. 과거 프롤레타리아 시 시대, 당국의 탄압에 공포는커녕, 한 점의 의기소침도 없이 반역의 선두에 섰던 그가, 한 바퀴 구르자 친일의 최전선에 서 있다. 걷는 방향은 반대지만 나팔 소리는 똑같이 힘찬 행진곡이었던 것이다.

「꽃이라 제題하여」는 제2차 세계대전시 중국대륙의 일본 군대를 노래한 것으로, 일본군이 "이 아세아 대륙의 꽃밭을 어지럽히는 난폭자를 꺾는 정의의 사士"이며, "전첩戰捷의 봄을 드높이 찬양하라!"고 부르짖고 있다.

이 시집은 창작 연대순으로 배열되어 있으며, 장章은 연대별로 되어 있다. 「소화 14년집」에는 「서시」를 포함해서 19편, 「소화 15년집」에 5편, 「소화 16년집」에 6편, 「소화 17년집」 25편, 그리고 「후기」, 이런 순으로 되어 있다.

「소화 14년집」의 대부분은 전투시다. 빈발하는 '적병'은 중국병을 가리킨다. 저자명이 없다면, 독자는 일본인 병사가 쓴 시라고 착각할 것이다. 김용제가 군부대와 함께 중국 대륙을 돌아다닌 경험이 없으니, 이 시 소재들은 라디오나 뉴스 영화, 신문 기사 등을 재료로 해서 이미지를 부풀려 나간 결과물일 것이다. 조선 시인이 아니라면 쓸 수 없는 시가 아니라는 것이 슬플 뿐이다. 프롤레타리아 시 시대에는 그것이 농후하더니.

소화 15년집의 「전쟁 철학」에는

철학 속의 오아시스 물줄기는
한 방울 수통 물의 값어치도 없다
철학 속의 진주 구슬은
참새 쏘는 공기총에도 쓸모가 전혀 없다

라고 하고는 전쟁 시에는 모든 논의와 이성이 무의미하다, 이렇게 전쟁을 찬양하고 있다.

「소화 15년집」의 「바람의 언어」는 두만강을 건너 당시 '만주'령 도문図們에 들어갔을 때의 시다.

도문에서 목단강까지
우리의 열차는 대륙을 간다
역마다 헌병의 눈이 총검과 함께 빛나고
객실마다 무장한 경찰이 움직이고 있다.
그들의 귀한 고생 밑에
대륙의 평화로운 건설이 꽃피고

여객의 평안한 꿈이 결실을 이룬다

(…중략…)

검은 흉조 같은 비적 떼도

황군의 위력으로 그림자를 감추고

태양과 대지의 은혜 아래

태양의 황금지대를 일구고 있다

일본 제국주의의 군대가 '황군'이고 그와 싸우는 중·한 항일 연합군이 "흉조 같은 비적 떼"라 지칭되고 있다. 심하다면 충분히 심하다 할 수 있는 변모일 것이다.

태평양 전쟁이 시작되자, 김용제는 「선전宣戰의 날에」를 썼다.

아아, 2601년 12월 8일!

역사의 어머니 커다란 시련試鍊의 불을 낳았도다

황송하옵게도 말씀 받잡는 감격의 광영光榮

우리는 조국과 평화의 적을 멸해야 하리

님 지키는 소명 목숨 돌아보지 않으리

— 제3연

지금 또한 우리 신국神國을 노리는 치인癡人의 꿈을 꾸는가

너희 영미인의 제국주의를 심판하는 새벽에

은은한 태평양의 포성은 최후의 언어를 발하였노라!

아아 성전聖戰의 깃발 불꽃 휻날리며 가는 곳
아세아 십 억 잠든 사자 또한 일어서려네!
하늘을 찢고 바다 삼키는 이 노래
태평양의 파도 이읏고 아름다운 동양의 거울이 되어 빛날 때까지
인류를 구원하는 신神들의 아들 죽어도 끝까지 가리

— 제7, 8연

옛 프롤레타리아 시인 김용제는 어디를 보아도 조선의 시인이었다. 그러나 『아세아시집』에 이르러서는 극소 부분을 제외하고는 민족의 숨결이 사라지고 없다. 과거의 '생기生氣' 속에는 조선민족과 흙이 있더니, 『아세아시집』의 '생기'는 일본 군국주의 시인의 호전시好戰詩의 그것과 다를 바가 없다.

「소화 17년집」의 「신년송」은 신년을 맞아 "일억 적자赤子"가 "성수만세聖壽萬歲의 수사壽詞를 받들어 올리는" 시다.

유구한 2602년! 무궁을 봉축하는 원단元旦의 한 때. 일억의 적자赤子도 뭇 생명과 더불어, 지성지충至誠至忠의 호흡 한 줄기로 모아 받들어 모시어
성수聖壽 만세萬歲 봉축 드리네
(…중략…)
대동아 성전의 연초年初에 임하는 이 위대한 역사의 원단, 일 개인, 일 가정의 안락한 신년을 즐김에 취해서는 아니 되리. 일억 국가의 엄숙한 운명의 아침을 기도해야 하리.

조선에 징병제가 실시되던 무렵이었던가, 싱가폴이 함락되던 때였던가, 거대한 정치적 사건이 일어나던 시기, 전시戰時의 시인은 본인의 의지는 무시한 채 "봉축"시를 써야만 했다.

김용제는 조선인에 대한 징병제 실시에 임하여 「영예榮譽의 별들」을 쓴다.

> 조선 동포에 징병제 실시!
> (…중략…)
> 나는 신령스러운 환영에 마음 떨리어
> 경건히 눈을 내려 감았더라
> 허니 2천4백 만의 머리 위로
> 영광스러운 별들이
> 님의 밑으로 찬연히 내려 온다……
> 아아 수백 만 방패의 봉화를 올리고
> 그것은 사랑하는 우리 청년들의
> 씩씩한 머리와 어깨 위에서 빛나고 있었다

이러한 관념적인 시풍에 대해 최재서나 김종한은 비판적 태도를 갖고 있었다. 특히 김종한은 임화의 프롤레타리아 시에 대해서도, 김용제의 전의戰意 앙양 시에 대해서도, 관념만이 선행하고 예술적 감동을 수반하지 않는 작품에 대해 "언어 자체의 미를 떠나서는 어떤 사상도 공허한 관념에 지나지 않는다"(「시문학의 정도正道」, 『문장』,

1939.10)라 비판한다. 동양극장에서의 전의 앙양 시낭독회에서 낭독된 김용제의 시에 대해서도 "시인은 이러한 시대가 되면 사회적으로 책임이 있다고 생각한다. 저 낭독된 시 속에는 상당히 무책임한 시도 있었던 것 같네요"(좌담회 「시단의 근본 문제」, 『국민문학』, 1943.2)라는 등 아주 혹독하다. 김종한의 말을 빌리자면, 시인이 "혁신"된 심정을 노래한다면, 그 시인이 어떤 괴로움을 거쳐서 혁신했는가, 그 경로, 발전하는 심리적 과정을 독자 앞에 분명히 하지 않으면 안 된다, 는 것이다. 전 프롤레타리아 시인으로 현재 시국적인 시를 쓰는 이들에게는 정문頂門의 일침一針이었을 것이다. 재조 시인 스기모토 나가오杉本長夫도 "김종한 씨의 시적 태도라는 것 …… 그것은 김촌용제 씨의 삶의 방식과 정반대로서, 즉 생활을 틀어잡고 생활 그것을 취급해 가는 삶의 방식이 아니면 진짜가 아니라고 생각합니다(좌담회 「국민문학의 일년을 말한다」, 『國民文學』, 1942.11)"라고 비평하고 있다.

1939년부터 만 4년 동안 김용제는 60편의 시와 장편 풍자가극 「배뱅이의 무도회巫禱會」를 썼고, 그중 55편의 시를 묶어 『아세아시집』을 펴냈다. 그 시들은 당시 전쟁시라 불리다가 애국시로, 더 뒤에는 국민시라고 불렸다.

전시 색채가 농후한 이 시집 속에서 이질적인 두 편이 독자를 안도하게 한다. 「고향의 구름」과 「가을의 속삭임」이 그것이다. 「고향의 구름」은 김용제가 자기가 태어난 고향과 고향 사람들을 노래한 전전戰前의 유일한 시다.

이름도 못 떨치고 비단옷도 못 두르고 표연히 찾아 온
이 초라한 향당을 반가이 맞아 준
기억에 없는 노인이 족장族丈이라 불러줘 당황했다
안절부절 늘어놓는 서울 사투리 내 입가에.
"할매"라 부르라고 손을 흔들어 황송했다

고향의 지비천知非川과 팔성산, 김씨 댁의 묘당廟堂, 모친 묘에의 참배, 소년 시절 고향을 떠났던 때의 기억, 그리고 마지막 연에서는 소꿉친구와의 우정을 노래한다.

밤을 굽는 아이들의 나이를 헤아려 보며
떠나 있던 긴 세월을 손꼽는 소꿉친구들은
내 자랑도 후회도 바닥까지 아는가 모르는가……
돌아오고 싶으면 돌아오게, 돌아오고 싶지 않아도 돌아오게
누우런 황소도 괭이도 빌려준다 따뜻이 말하네

조건없이 고향에 몸을 맡겼을 때, 시인의 마음은 간신히 긴장을 풀었던 듯하다. 시인의 가슴에 오고간 '자랑'과 '후회'란 도대체 어떠한 것이었을까.

『아세아시집』 후기에서

내가 이 시집으로 새로운 문학과 사상의 생활을 결의 실천했을 때, 나

는 당시 문단에서도 옛날 문학 동료들로부터도 완전히 이단자가 되어, 극심한 고독을 느끼지 않을 수 없었다.

고 술회하고 있다. 이것은 김용제가 친일문학의 길로 급선회한 것에 대한 문인들의 반응으로서는 당연한 것일 것이다. 고향의 옛 친구들은 그러한 사정을 알고 귀농을 권했던 것일지도 모른다.

『아세아시집』 출판에 즈음해서는, "경성보호관찰소 소장 나가사키 유조長崎祐三 선생"의 "외람된 뜻을 받아'라고 감사의 말을 술하고 있다. 나가사키는 경성대화숙京城大和塾 회장도 겸임하고 있었다. 경성대화숙의 아사노 시게코長崎茂子 추도시를 썼을 때도 나가사키 유조의 "권유를 못 이겨" 썼다고 한 바로 보아도 취재, 집필활동은 엄격한 보호관찰 아래에 행해지고 있었다는 것을 알 수 있다.

『아세아시집』에 대해 발간 당시 논평 몇 개가 있었다. 이중 서로 대조적인 김종한의 「시인 폐업기」(『신시대』, 1942.12)와 데라모토 기이치寺本喜一의 「국어에 대하여」(『신시대』, 1943.2) 두 편을 예로 든다.

나도 시는 쓰고 있지만, 내가 만약 독자였다면, 자기가 쓰고 있는 시 같은 건 이상하니까 안 읽을 거다.

이와 똑같이, 내 주위에 우글대는 시를, 시인을, 나는 경멸하고 있다. 유명, 무명을 막론하고 내심으로 경멸하고 있다.

이게 뭔 말인고 하니, 작금 시라는 이름으로 발표되고 있는 분행 산문에서는 소위 시란 걸 만끽한 적이 없다. 신문기자의 현지보고 쪽이 훨씬

더 신선하고 시적이다.

승리 뉴스를 제재로 한 시 창작을 강요받는 시대, 김종한은 스스로 시인 폐업을 선언했다. 그때 개인 실명까지는 들지 않았지만, 김용제 등의 분행 산문 속에는 시가 없다고 혹평했던 것이다.

한편 조선국민총연맹 문화과장 재조 일본인 시인 데라모토 기이치는 「아세아시집」을 절찬한다.

> 이 시집은 아마도 반도계 사람의 손에 의한, 국어 국민시집으로서는 최초의 것이라 해도 될 것이다. (…중략…) 씨에게는 극히 풍부한 어휘가 있고 유려한 격조가 있으며 구상 속에 극히 풍부한 상상력이 있다. (…중략…) 씨는 반도의 새로운 모습을 극히 순수하고 솔직하고 밝게 노래하고 있다

이리하여 국어문예총독상을 받게 된 것이었다.

1943년 3월, 『아세아시집』은 제1회 국어문예총독상을 수상했다. 일본인을 포함하여 조선반도에서 일본어로 씌어진 문학작품에 대한 총독상이다. 수상 시 금융기관 창구에서 총독부 공무원과 이런 이야기가 오갔다 한다.

> 국방헌금 얼마나 해 주시겠습니까
>
> 얼마입니까

정성껏 하시면 되겠습니다.

이리하여 상금 천엔 중 태반을 강제적으로 기부하게 되어, 또 하나의 미담이 추가되기에 이르렀던 것이다.

『서사시 어동정敍事詩御東征』과 『보도시첩報道詩帖』

일본어 제2시집은 『서사시 어동정敍事詩御東征』이다. 1943년 5월 30일에 발행된 이 시집은, 장편 서사시 어동정 외에 단시 6편을 포함하고 있다. 이 장편시는 『녹기綠旗』 1943년 2월호에 발표되었는데 당시의 표제는 단순히 「어동정」이었다. 이 시집의 후기에 따르면 "이 서사시는 결전하의 기원절을 봉축하기 위한" 작품으로서, "신무천황의 성업을 찬앙하고 기리는 서사시편"이라고 씌어져 있다. 고증과 관련해서는 모리타 요시오森田芳夫의 조력을 받았다. 모리타는 『녹기』편집실에서 책상을 나란히 하던 사이였다.

「어동정」이란 서장부터 시작되어 제9장에서 끝나는 고어체 시로, 김용제의 많은 시가 구어체인 것과는 다르다. 이 특수한 고어체는 경성제대의 하기와라 아사오萩原淺男의 감수를 받았다 하는데, 기본적으로는 기타하라 하쿠슈北原白秋의 시집 『해도동정海道東征』을 기반으로 한 것으로 보여진다. 『해도동정』은 「황기皇記 2600년」을 기념하여 1940년 10월 15일에 간행되었다. 하쿠슈의 서사시는 전 8장으로 되어 있다.

제1장 다카치호高千穗의 앞머리 부분을 인용하면 다음과 같다.

하느님 앉아 계시네 창공과 더불어 드높이
당신께서 앉아 계시네 천황님의 조상님
　아득토다 우리 하늘
　무한 뻗는 천황 혈통을 낳는 영이시여
　자 고개 들어 보라 이 세상 모든 이여
　하늘 높이 계시는 드높으신 생명을

국토 생기다. 해조海潮처럼 젊고 부드럽다가
굳어졌도다 이 국토
　무궁한 나라가 태어났도다
　위력 무한한 하늘의 옥창玉槍
　자, 들어라 와아와아 소리에
　전 일본이 들끓어 오르는 굉음을

천황의 핏줄이여 아마테라스오미카미天照大神의 후예여
대대로 계셔 온 히무카日向에 이미
　아득토다 우리 다카치호高千穗는
　끝없이 천리 뻗는 해원海原

자아 경축하라 태양이 직사하는
산과 바다에서 빛나는 궁전을[2]

하쿠슈는 1940년에 『해도동정』을 발표했고 김용제는 1943년에 「어동정」을 발표했다. 하쿠슈는, 『해도동정』의 시풍을 스스로 평하여 "한가운데를 흐르고 있는 것은 일본 정신이며, 율조는 만요萬葉 이전의 고조古調에 가깝고, 대개 4음, 5음. 6음의 연쇄"로 되어 있다고 하고는, 스스로 이를 창고조蒼古調라 이름붙였다.

이를 김용제의 「어동정」과 비교해 보면 제재인 '일본 정신'으로부터 '창고조蒼古調'에 이르기까지 양자에 유사한 바가 많음을 알 수 있다. 하쿠슈 이후 3년이 지난 1943년에 용제는 집필했다. 하쿠슈의 『해도동정』이 음반으로 발표되어 화제를 모은 그해였다.

어동정御東征—진무神武 천황의 성업에 찬양 올리는 서사시편

천황님 기원紀元 열려
지금부터 2603년 그 옛날의
아름다운 광채 빛나는 2월
천황님 신민인 나 새로 기도 올리네

---

2 아마테라스오미카미天照大神 : 일본 창세 신화의 주신主神.
휴가日向 : 현재의 미야사키宮崎현 북부 지역.
다카치호高千穗 : 천손天孫이 강림했다고 알려져 온 산.

새 기도 드리는 아침
백설白雪에 마음 때 씻어내고
전쟁 천지 저 멀리
아시아 평원에 서 보았네

—서장

(…중략…)

신유辛酉년 초하루
아침 해 붉어 빛나는 대지의 아침
넓은 평야 벼이삭 여무는 나라에서
천신天神님 즉위식이 거행되었네

하늘 나라 자손이신 증거
3종의 신기神器를 정전正殿에 모시고
온 국민 도읍에 와
황위皇位에 만수무강 수사壽詞 올리니

「우네비畝傍산 기슭 가시하라橿原에
거대한 초석礎石 위 두터운 궁전 기둥 세워
다카마가하라高天原 천목千木의 높이를 알고
시작된 천하를 통치하시는 천황님」이라고

아아, 이리하여 무궁한
천황의 위位를 이어받아
천신님 즉위하신
기원 1년, 역사가 여기서 시작되었네[3]

— 종장

김용제는 「후기」에서

> 이렇게 존엄, 웅대하면서도 소박한 정신미의 극치인 건국 사화史話를 감동적 신앙으로서 노래, 찬양할 수 있다는 것은 역시 일본 시인의 행복이다

라 하고 있다.

보호관찰 중이라는 사정도 있고 하니 씌어진 활자 내용을 그대로 믿을 수는 없다 하더라도, 조선인이 일본의 건국 사시를 노래하는 것이 일본 시인으로서의 행복이라고 단언하는 이것을 어떻게 생각해야 할까.

제3의 일본어 시집은 『보도시첩』(동부東部서적 경성지점 간, 1944.6.10)이다. 『아세아시집』, 『서사시 어동정』과 마찬가지로 저자명은 김촌

3 우네비산 기슭 가시하라 : 초대 진무神武천황이 즉위한 가시하라橿原궁이 있었다는 곳.
다카마가하라高天原 : 신이 산다고 하는 천상의 나라.
천목千木 : 지붕 위 양끝에 X자 형으로 교차시킨 긴 목재로서 요즘은 신사의 지붕에만 쓰임.

용제로 되어 있다. 이 시집은 속표지에

> 조선 징병제의 명예를 걸머진 백만 청소년에게 이 책을 보낸다

라 되어 있으며, 목차 앞에 조선군 보도부장인 육군소장 나가야 쇼사쿠長屋尙作의 추천사가 붙어 있다.

> 체험은 귀하다. 나는 김촌용제 씨의 시집『보도시첩』을 읽고 적지 않게 감동을 받았다. 문법적으로 완전무결하다고는 할 수 없으며 표현도 극히 소박하긴 하나, 그럼에도 불구하고 사무치게 우리의 가슴을 치는 바 있음은, 무엇보다도 작품 한곳 한곳이 모두 작자의 피와 땀의 소산이기 때문이다.
>
> 전시戰時하의 시란 이래야 한다.

이 시집의 제1부 32편은 1943년 5월 말부터 6월까지 조선군 보도반원으로 제1회 보도연습에 참가했을 당시의 "실제 체험과 감동"을 노래한 것이다. 작품의 배열은 체험의 시간적 순서를 따르고 있다. 보도반원으로 뽑힌 감격을 노래한「기원祈願」, 처음 군복을 입었을 때의 기쁨을 노래한「초상肖像」, 보도 전사戰士의 문무文武를 기원하기 위해 신사에 참배하는「출발」, 지급받은 군화를 노래한「군화」, 그리고「행군」, 이런 식으로 되어 있다.

"행동은 그대로 시"는 프롤레타리아 시 시대와 다른 데가 없다. 감

격벽도 달라진 바 없다. 속필速筆 다필多筆 또한 그러하다. 달라진 것은 시의 내용과 방향성, 그리고 사상성이었다.

이 시집의 제2부는 '바다의 시 기타'로 되어 있는 바대로 바다와 해군과 관련이 있는 시를 중심으로 소년을 독자 대상으로 한 전투시가 실려 있다. "그러하여도 만약 미영 귀축鬼畜 무리가 이 신성한 바다를 범한다면" "미천한 몸"이나마 방패가 되어 혈전을 벌이겠다는 맹세를 담은 시 「바다 앞에서」라든가.

우리는 바다의 아들, 우리는 신풍의 아들
미영의 원수의 물결 휘몰아치는 지금 세상에
아아 빛나는 야마모토山本 제독의 뒤를
Z 旗가 명령하는 빛은 저 물 위

―「바다 빛나리」

식의 일본 해군 찬가가 대부분이다.

「위대한 전사戰死」에서는

"야마모토 제독의 장렬한 기상機上 전사戰死!"
돌연한 이 소식에 나의 귀는 끓는 물을 뒤집어 썼다
그러나 격렬한 놀람과 슬픔의 다음 순간
나의 눈은 적 아메리카의 해안을 쏘아보았다
나의 이는 일억의 적개심을 되씹었다.

이렇게 야마모토 이소로쿠山本五十六의 죽음을 노래하고 있다.

당시 총독부는 싱가폴 함락이나 야마모토 원수의 전사 등 전쟁 뉴스를 노래하도록 모든 시인에게 압력을 넣고 있었으며, 많은 유명 시인들이 내키지 않는 채로 그에 응했다. 김소운도 「야마모토 이소로쿠 원수 국장國葬일」에서

> 오늘부터는 해뜨는 나라의 수호신으로 계신다
> 원수 야마모토 이소로쿠
> 아아 그 이름!
> 일억一億 상喪을 치르며
> 지금 더욱 새로운 결의決意 마음에 새긴다.

이렇게 야마모토의 죽음을 찬미하고 있다.

다른 시인들도 야마모토의 죽음을 소재로 작품을 썼으나 김용제의 경우는 다른 시인보다도 좀 화려하게 영탄했다.

"이것은 나의 제3신민臣民시집"이라고 그는 후기에서 썼다. 이 책은 인쇄와 용지 사정이 극단적으로 나빠져서 교료 이후 반년이나 지나 간신히 출판되었다. 지질도 엷은 선화지仙花紙여서 이면의 글자가 비쳐 보일 정도였다.

『아세아시집』, 『서사시어동정』, 『보도시첩』 세 권의 일문 시집 외에, 『청년시집』을 펴낼 예정이었던 것으로 생각된다. 예를 들면 『동양지광』 1944년 3월호에 「청년시집(2)」로 「빙상 비행氷上飛行」, 「올

봄」 2편의 시를 싣고 있다. 잡지에 발표하는 시에 번호를 매겨 두었다가 후일 번호 순으로 배열하여 단행본으로 만드는 수법은 『아세아 시집』을 답습하고 있다.

『보도시첩』 이후의 작품은 제4시집에 수록될 터였다.

45년 8월 10일 시집 『아름다운 조선』의 견본쇄가 2부 완성되었다. 제본 중이던 이 시집은 8월 15일 전부 파쇄되고, 견본쇄 2권은 소각되는데, 43년 이후 작품은 대부분 이 『아름다운 조선』에 수록될 예정이었던 것으로 생각된다.

이 즈음의 작품으로 주목되는 것은, 소설 「장정壯丁」(『국민문학』, 1944.8)과 기행문 「동서 단상」(『국민문학』, 1945.3)일 것이다.

「장정」은 해방 전 김용제가 쓴 것으로 현재 확인된 것 중에서는 유일한 소설이다. 하왕십리의 아주머니 댁에 사는 '나'의 아주머니의 아들, 즉 사촌이 징병검사를 받고 제일을第一乙로 합격된다. 어릴 때부터 알고 있는 '나'도 기쁘다. '나'는 "북조선 각지의 징병검사 상황을 참관하"는 여행에 나선다. 젊은 장정들과 이야기를 나눈 '나'는 '발랄한 장정들이 황국 일본의 군문軍門에 들어서서 이 대 결전의 중임重任을 나누려 일어선 것, 그 커다란 역사적 현실의 장관壯觀 전체 그것이 훌륭한 세계적 미담'이라고 인식한다.

여행에서 돌아와서는 조카의 전사 소식을 듣고 "전쟁이 바로 여기 있다"고 새롭게 자각한다.

이 작품이 김용제의 유일한 소설이므로 그의 일본어 실력을 알기에는 더할 나위 없이 좋은 자료다. 그의 일본어 실력은 김소운, 김종

한, 이광수를 빼고는 발군이다. 이석훈이나 최재서처럼 이상한 일본어 표현은 적다. 꽃창포에 대해 "커다란 금빛 나비가 나는 듯한 꽃은 아직 피려고도 하지 않는다金色の大きな蝶が舞ふような花はまだ開こうともしない"라는 표현이라든가, "눈이 창포꽃잎 끝에 박힌 채 미동도 없었다目が花菖蒲の葉の切っ先に刺さって動かなかった" 등의 표현을 보아도 어중간한 수준의 일본어가 아니라는 것이 느껴진다.

그래도 "나는 묵묵히 이는 다물린 채私は黙ったまま、歯は食いしめられ"라든가 "종제는 입영, 이윽고 출정할 테지. 나는 그것을 생각하니 근성에서 오는 격려를 받는從弟は入営、つづいて出征するだろう。私はそれを思うと、土性骨から励まされるのである" 등의 예처럼 무리하게 일본어를 구사하고 있음도 알 수 있다. 10년 동안 일본에 살며 일본어로 작품 활동을 계속한 그도 이러하니 언어라는 것은 실로 무서운 것이다.

해방 전 마지막으로 씌어진 것이 「동서단상東西斷想」이다. 1944년 12월 20일, 「공습하의 문화활동」 시찰 차 관부연락선으로 도일, 설날 고마高麗신사에 참배했던 때의 기행문이다.

"공습이 심한 내지"로 건너올 때는, "만약의 경우 승객들이 생사를 같이할 운명으로 묶여 있"던 시기의 일이었다. 구명구를 차고 연락선에 오를 정도로 긴박한 상황이었다. 시모노세키下關에 상륙하여 기차를 타는데, 식당차도 문을 닫았는가 하면 한겨울인데도 스팀이 들어오지 않았다. 열차에는 2등과 3등석밖에 없고 1등도 없어진 상태였다. 역무원은 여학생 중심으로 소녀들이 맡고 있었다.

이 기행문은 전쟁 말기의 시모노세키나 오사카의 거리 모습을 보여주고 있어 흥미롭다. 소설이나 시와는 달리 김용제의 이 미완성 기행문은 차곡차곡 앞으로 나아가고 있다. 아마 후반부에는 도쿄의 모습이나 사이타마埼玉의 고마신사를 참배하던 때의 심경 등이 씌어졌다고 생각되는데, 『국민문학』지가 1945년 3월호로 인쇄 사정과 용지 사정으로 정간되어 볼 수가 없다.[4]

김용제의 시에 대해 장혁주는 "가네무라 씨의 시는 꼬인 데가 없고, 직선적이시네요"(좌담회 「금일의 반도문학」, 『녹기』, 1943.5)라 평하고 있다. 그 자신도 이 말을 받아서는 "저는 누구나 알 수 있는 이야기를 쓰고 싶어요. 아까 진실誠이라는 말이 있었는데, '시詩란 생각志이라' 마음속에 가득 찬 것을 그대로 밖으로 드러내면 된다고 생각합니다"라고 스스로 밝히고 있듯이 그의 시는 『서사시어동정』을 빼고는 극히 평이하다. 그 점은 출발점부터 금일까지 변함이 없다. "행동은 그대로 시"라는 시와 행동의 정합성整合性도 변함이 없다.

'신성神性문학'의 제창과 조선문인보국회 활동

1940년 1월이 되자 그는 「신성문학의 대도大道」라는 평론을 쓴다. '소화 19년간의 조선문학계 개평'을 시도해 본다는 것이었는데,

---

4 현재, 『국민문학』은 1945년 5월호까지 출간된 것으로 알려져 있다. 4월호는 발견되지 않고 있다.

그와 동시에 그의 문학 이념, 즉 신성문학을 주장한 것이기도 하다.

1944년 12월에 국민총력조선연맹 주최로 '결전문화의 신 구상' 좌담회가 열렸는데, 김용제도 여기에 참가했다. 석상에는 수원에서 유아사 가쓰에湯淺克衛, 평양에서 김사량, 도쿄에서 에타지마 이치지로穎田島一二郎가 왔고, 최재서, 유진오, 하기와라 아사오萩原淺男 등이 이들을 맞이하는 형국의 모임이었다. 김사량과 김용제는 일견 정반대의 길을 걷고 있는 것 같기도 했지만 실제로는 동시대의 숨막히는 공기를 호흡하며 살아온 동행자로서의 측면도 갖고 있었다. 그러한 시대를 둘은 살았던 것이다.

「신성문학의 대도」 중에서 김용제는 김사량에 대해 이렇게 언급하고 있다.

> 김사량 씨는 또 이 말과 공통되는 점을 다음과 같이 정직한 체험적 고백으로서(씨 자신이 그렇게 설명한 바 있다) 말하고 있었습니다. 매일신보에 연재한 장편소설「바다의 노래」속에, 80년 전 조선의 해군에 관한 내용을 썼는데 옛날 것은 쓰기 쉬웠지만, 최근의 것일수록 아무래도 생각대로 붓이 나아가지 않아 고심했다는 것입니다. 사실 가장 잘 아는 시기의 것이 오히려 쓰기 어려웠다는 그 지점에, 커다란 고민이 있다는 의미, 저는 실로 가슴 아프게 잘 알 수 있는 느낌이 들었습니다.

라고 김사량이 처해 있는 상황과 그의 고뇌에 일단 공감을 제시한다. 그리고 김용제는 이렇게 주장한다.

그러나 현재 이 시점, 나의 일체를 버리고 필사적으로 싸운다는 것, 이보다도 더 큰 진실에서 산다는 것이 있을 수 있는 것일까. 우리는 작가의 뱃속에 모든 현실(그 속에는 부정해야 할 어두운 것도 많다)을 삼켜넣고, 그것을 이상理想의 불로 계속 태워, 더욱더 커다란 문학을 꿈꾸고 싶은 것이다. '나'적인 일체의 것을 잘라 버리고, 나아가 문학이라는 아름다운 하나의 무기를 통해 자아를 더욱더 훌륭하게 실현할 수 있는 대도大道로 나아가고 싶다

김사량의 '쓸 수 없다'는 고민은 개인적인 것이며, 이를 해결할 수 있는 길을, 더욱더 "커다란 진실" 속에서 찾아내어 "'나'적인 것을 잘라 버리고" "'나'를 더욱더 훌륭하게 실현할 수 있는 대도"에로 나아가라고 설하고 있다.

그러면 김용제가 믿고 있는 문학이란 무엇인가. 그 자신은 그것을 '신성문학'이라 이름 붙인다.

유무형의 사악한 현실을 격파하는 아라타마荒魂[神이 지닌 엄격한 징벌적 측면]의 엄격한 비판정신과, 그 투쟁 작용을, 그 동기부터 목적까지 대범하게 포애抱愛하는 니기타마和魂[신의 자비롭고 포용적인 측면]의 창조 정신, 이것이 즉 신성문학의 원리이며 창작방법이라고 믿고 있다

여기서 말하는 "유무형의 사악한 현실"이란 구체적으로 "아메리카의 실력"과 "국내의 고난스러운 생활조건과 국민도덕의 저하"를

가리키고 있다. 그리고 "생사귀일生死歸一 신인일여神人一如의 신神 그대로의 세계상"을 지향하는 것이다. 그리하여 이 "신성문학"은 "경신敬神 존황尊皇이라는 관념적인 것으로부터 오는 것이 아니라, 도저히 마음속에만 간직해 둘 수 없는 신민臣民의 진실한 "모노노 아와레(인간과 세계에 대한 깊고 섬세한 감정이나 미의식. 일본문학의 본질로 불리고 있음)"라 말한다.

좀 신비적인 내용이어서 이해하기 어렵다. "신성문학"이라는 용어는 김용제가 창의적으로 주장한 것이다. "내가 조용한 목소리로 제창해 온 신성문학"이라는 그의 말 속에는 자부심이 있다.

> 신성문학에의 비원. 많은 친우들은 필히 손을 붙잡아 줄 것이다. 혹시나 혼자만의 기도로 끝날지 모른다 해도 나는 결코 후회는 없을 것이다.

이 주장을 보아도, 신성문학의 주장은 누구에게도 받아들여지기 어려웠을 것 같다. 그는 여기서도 고립적으로 선두에 서 있었던 것이다.

같은 시기에 『국민문학』 주간 최재서는 "일본문학과 대동아문학은 화합 원리에 기반한 문학이어야 하다"고 했는데, 이렇게 화합 문학을 주장하는 편이 좀 속스러운대로 이해하기 쉽다.

1938년에는 조선에서 육군특별지원병제가 '내선일체의 결정結晶'으로서 시행되어, 42년 징병 실시가 결정되고 학도 동원도 시작된다. 그러한 사회 형세에 부응하여 문인들도 1939년 10월 '조선문인협회'를 조직, 이것이 43년 4월에는 '조선문인보국회'로 결집된다. 문인보국회 회장은 야나베 에이자부로矢鍋永三郎(不二興業 사장), 이사장 가라시마 쓰요시辛島驍(경성제대 교수), 상무이사 데라다 에이寺田瑛, 사토 다케오佐藤武雄, 유진오, 데라모토 기이치寺本喜一였다.

1940년 5월, 김용제는 『동양지광東洋之光』 편집주간으로 영입된다. 『동양지광』은 1939년 1월에 창간된 월간잡지로 사장은 박희도朴熙道. 그는 1919년 3·1독립운동시 민족대표의 한 명이었으나, 방향전환을 한 인물이었다. 『동양지광』 창간사는 이렇다.

> 이즈음 반도 2천만 동포의 심흉心胸에 일본 정신을 철徹하고, 황도 정신을 앙양하고 폐하의 적자로서, 황국 일본의 공민으로서, 예외 없이 국체의 존엄을 체득하고 황국 일본의 대사명을 준봉遵奉하고, 황도의 선포, 국위의 선양에 정진함으로써 동양의 평화는 물론 이른바 팔굉일우의 일대一大 이상理想을 펼쳐, 세계 인류문화의 발달과 그 강녕康寧 복지 증진에 공헌할 것을 기期하지 않으면 아니 된다고 믿습니다. 생각건대 이 대의를 이해하고, 이 이념을 체득할 때, 일본 국민으로서의 광영과 긍지를 감득하지 않는 자가 어디 있겠습니까.

1941년 12월 8일, 태평양 전쟁 개전 직후인 12월 13일, 경성부민관에서 열린 결전 대강연회 석상에서 김용제는 자작 「선전宣戰의 날에」를 낭독한다.

1942년 2월 22일에는 「반도 응징사應徵士 격려위문」을 위해 정인택과 함께 도일한다. 4년 반만의 일본행이었다. 과거 신원 보증인이었던 에구치 간이 그때 김용제의 연설을 듣고서는 "너무나도 변한 나머지 발도 못 떼고 그 자리에 서 있었다"는 내용의 회상을 전후에 남겼다.

42년 9월 5일, 『동양지광』을 그만두고 조선문인협회 총무부 상무가 된다. 이어 같은 해 말인가 43년 초엽엔가는 『녹기』 편집에도 참가하여, 모리타 요시오와 책상을 나란히 하고 있다. 모리타 요시오는 조선사 연구자이며 전후에는 법무성 관료, 그 후에는 한국에서 일본어 교육에 종사했다.

『녹기』는 1933년에 결성된 녹기연맹의 월간 기관지로, 이 연맹은 "우리는 일본 국체의 정신에 의하여 건국의 이상 실현에 공헌할 것을 기한다. 우리는 인간 생활의 본질에 기반하여 각자의 인격 완성에 노력할 것을 기한다"(강령 2, 3)는 강령을 가진 사회 교화 단체다. 생활 풍습과 사고방법까지 일본화하는 작업을 시도했다. 녹기연맹은 민간단체이긴 했으나 '국고 등 보조금'을 받으면서 관이 용이하게 실천할 수 없는 사회활동을 민간 입장에서 추진했다. 그들의 최대 목표는 '반도의 심전心田 개발'에 공헌하는 것이었다. '심전 개발'이란 조선인의 정신을 생활과 감정 차원에서 '황도'에로 이끄는 것이었다.

그에게는 계속 보호관찰이 붙어다녔다. 그 경성보호관찰소의 2층 강당에서, 천장절天長節인 4월 29일, 경성대화숙이 주는 "모범 사상 전사戰士" 표창을 받았다.

같은 해 5월 말부터 6월 상순까지 조선군 보도원으로 제1회 보도 연습에 참가, 당시 작품을 후일 단행본 『보도시첩』으로 묶었다.

1943년 8월, 도쿄에서 열린 제2회 대동아문학자대회에 참가했다. 당시 교통 사정은 불편했다. 8월 19일 서울을 떠나, 8월 20일 시모노세키에서 '몽강蒙疆 북지北支'대표, 21일에 '만주 중지中支 대표들을 만나 22일 입경했다." 22, 23, 24일은 메이지신궁, 야스쿠니靖國신사를, 견학 및 인사차 순방했다.

25일부터 열리는 대회를 앞두고 김용제는 나카노 시게하루 자택을 찾아갔다. 나카노도 김용제도 당국에는 요시찰 인물이었고 이것이 상당한 위험을 수반한 일이기도 했으나, 김용제에게는 그를 찾아가야 할 이유가 있었던 것이다. 문인 시게하루와 만난다는 의미도 있었겠지만, 그보다는 나카노 스즈코의 오빠와 만난다는 의미 쪽이 더 컸던 것이 아닐까. 시게하루는 "경성부 김촌 씨 내방"이라고 8월 24일 일기에 썼다.

8월 25일 오전 9시부터 제국극장에서 회의 제1일 개회식이 열렸다. 한 자리에 모인 문인들은 "만주 6명, 화중 12명, 화북 6명, 몽고 4명, 조선 5명, 대만 4명, 내지 측 90명의 대의원을 비롯하여 소설가, 시인, 평론가 약 700명"이었다.

아모天羽 정보국 총재, 야하기谷萩 육군보도부장, 구리하라栗原 해군보도부 과장, 미즈노水野 대정익찬회 흥아興亞 총본부 총리 등이 출석하여, 궁성 요배부터 시작한 이 대회는, 25일은 의식만 거행했고, 실제는 26일부터 시작되었다. 말만 실제지 발언 시간도 1인당 10분을 넘지 않았다고 생각된다. 유진오가 오전 여섯 번째로 「결전 문학의 이념 확립에 대하여」라는 제명하에 발언을 했고, 최재서가 오후세 번째로 「징병에 따른 조선문학의 전환」이라는 제목으로 열변을 토했다. 『녹기』연맹의 지도자이며 『녹기』 발행인인 쓰다 고津田剛는 「대동아 문학자의 총결기決起 운동」이란 제목하에, 12월 8일을 총궐기의 날로 하여 각지에서 대회를 열고 "전장戰場 정신의 앙양"을 할 것을 제기했다.

3일째인 27일 오전 중에는 세 분과로 나누어 토의를 진행했다. 유치진이 제2분과에서 「연극문화에 있어서의 복고 정신」이라는 제목으로 발언을 했고 오후에는 재차 전체 본회의에 들어가 각국 문학활동에 대한 보고가 있었다. 김용제는 「최근 조선의 문학운동」에 대해 보고했다. 그 발언 요지는 『문학보국』 제3호(1943.9.10)에 「황민 생활의 강화—국민운동으로 들끓는 조선문단」이라는 제목으로 실려 있다. 조선 문인 단체의 조직 경위와, 이석훈의 소설 「고요한 폭풍」, 최재서의 평론 『전환기의 조선문학』 소개가 주 내용이다.

이리하여 「대동아문학자 결전대회」는 8월 27일 폐막되고, 28일에는 사관학교 견학, 9월 1일부터 나고야名古屋의 미쓰비시三菱 중공업의 비행기공장, 이세伊勢신궁, 나라, 교토를 참배, 견학하는 길로 접어들었다.

9월 2일, 우지야마다宇治山田 도착, 이세신궁을 참배하던 중에 "대동아문학자 대회의 논의가 너무나도 피상적이고 형식적이어서 깊은 신념이 부족함을 느끼던" 김용제는 "신성神性문학이라는 감사한 숙어를 감격적이게도 발견했"던 것이다.(「신도神都 참배기」, 『녹기』, 1943.10)

조선대표 일행은 9월 8일에 부산으로 돌아왔는데, 김용제는 9월 11일 서울의 체신회관에서 열린 귀국보고 강연회 석상에서 「신성문학에의 비원悲願」이란 제목으로 강연을 행한다.

『녹기』 1943년 11월호의 좌담회 「근황勤皇의 도통道統과 조선」에서도 김용제는 열변을 토하고 있다. 그는 조선문학이 '국민문학'으로 전환되는 것만으로는 모자라며, 문인들에게 '진지함이 부족하다'고 불만을 내비치고 있다. 그는 나가사키 유조長崎祐三의 "천황 폐하께서 쓰시는 언어이므로 그런 자세로 배우는 것이다"라는 「국어 보급의 이념」을 빌려, 일본어 습득은 기술의 문제가 아니라, 정신의 문제라 하고 있다. "시국조차도 따라가지 못하는 사람들이 아직도 있다"고 느끼는 그는, 역시 시대의 첨단을 간다는 자각이 강하다. 그러나 더욱더 악질적인 것은 일본인 쪽이었다. 같은 좌담회에서 가게야마 마사하루影山正治 같은 이는 다음과 같이 말했다.

> 조선의 제군은 우러러 보아야 할 길이 있다. 즉 이토 히로부미伊藤博文, 우치다 료헤이内田良平의 정신에서 출발하여 사이고西郷당黨, 진푸렌神風連, 그리고 요시다 쇼인吉田松陰의 정신으로 간다. 더 나아가 마사시게正成, 기요마로清麿, 다지마모리田道間守로 가서는, 스사노오노미코토素戔鳴尊로 그리고 아메노무라쿠모노쓰루기天叢雲劍까지에 이른다.

이러한 분위기 속에서 김용제는 움직이고 있었다. 아니 움직여지고 있었다.

김용제의 전향에 대하여

김용제에게는 대체 전향을 했다는 자각이 있었던 것인까. 그는 하야시 후사오林房雄의 『전향에 대하여』를 논하면서

"하야시 후사오 씨처럼 국민문학의 길을 걸으려 하는 조선 출신의 인간으로서, 또한 그렇게 말할 수 있다면 한 사람의 전향자로서 씨에 대해 한 마디 충언을 허락 받고 싶다"(『국민문학』, 1942.7)고 하고 있으니, 전향자임을 자임하고 있었다고 볼 수 있다. 그러나 오마키 후지오 씨의 뛰어난 논문 「자괴의 언어는 없지만—김용제론을 위하여」(『환야幻野』 31호, 1989.8)가 지적하고 있듯이, 그에게는 '자괴의 언어'가 없었으며 전향했다는 의식도 희박하다. 원래 희박했던 데다가 전후 35년이 지난 지금은 풍화라도 되어 버린 것인지 상당히 희박하다.

증언(6 · 25 회상시)

젊었던 50년 전
동경 유학 시절에
일본 공산당과 손을 잡으면
민족 독립의 길이 빨리 트인다
그런 전략 의식에서
당시 유행의 마르크스 보이가 됐었다

전시 일제의 투옥 등 강압으로
마지 못해서 위장 전향을 했고
해방 후에는 현제명이 작곡한
「보도연맹가保導聯盟歌」의 반공시를 썼고
6·25 만행으로 생명의 원수가 되었다.

—『기러기』, 1980.6

이 시에 보이는 바와 같이, 프롤레타리아문학, 친일문학, 반공문학은 하나의 선으로 이어지면서 굴절이 없는 것처럼 후일 정리되고 있다. 민족문학이 중심 축에 있고 프롤레타리아문학은 민족주의 문학의 방편이며 친일문학도 지하 민족운동을 전개하기 위한 위장책이었다는 사고법이다.

그는 자신을 '사과 공산주의자', '사과 친일파'라 자칭하고 있다. "껍질은 빨간 공산주의지만 속맛은 흰 민족주의"였다는 것이다. 이것은 좀 변명에 가까운 듯한 데가 있긴 하지만, 일면의 진실도 있다. 보다 정확히 표현한다면 공산주의자, 친일파이긴 했지만, 조선민족의 일원이 아닐 수는 없었다, 라 해야 할 것이다.

한 인간의 입장에서 본다면, 개인의 생은 연속되고 있으며, 변화하고 있는 것은 사회다. 인간은 그 사회에 적응하며 살아가지 않으면 안 된다, 는 식이 되는 것일까. 그러므로 '전향'이 아니라 '변화'일 것이다.

그래도 프롤레타리아문학의 경우는 반권력 쪽에 선 것이고, 친일문학과 민족문학(이라고 자칭하고 있는 문학)은 권력 편에 선 것이라는 명확한 차이가 있다. 반권력 쪽에서 권력 쪽으로 옮겨갔을 때, 그것이 '전향'이 아닌 것일까. 그 '전향'이 진짜인지 위장인지는 신만이 알고 있을 것이다. 제3자는 객관적 기록으로 남겨진 것에서 말고는, 판단할 방도가 없다. "빵을 원하는 독자에게 돌을 주었다"(『문학시표文學時標』, 1946.1, 발간사)면, "'성전聖戰' 문인들은 이것을 수치"로 여겨야 할 것이다. 설사 지하에서 독립운동을 했다 하더라도, 독자에게 돌을 던졌다는 사실은 말소되지 아니하고 남는다.

단 김용제의 경우는 사정이 좀 특이하다. 아라 마사토荒正人, 오다기리 히데오小田切秀雄, 사사키 기이치佐々木基一 등이 '성전 문인'을 윤리적으로 비판한 바처럼, 우리 일본인이 김용제를 질책할 수는 없다. 후퇴 중이던 일본 프롤레타리아문학의 맨 앞에 그를 세워 격렬하게 싸우게 하고 패배를 맛보게 했으며, 그 패배 후에 다시 격렬하게 친일문학에로 달려가게 한 것도 일본이기 때문이다. 해방 후 한국에서 김용제는 시종 문단 표면에 나오는 일이 없었다. 나올 의지가 없었던 것이 아니라, 나올 수 없었던 것일지도 모른다. 어떻든 친일문학으로 나아갔던 김용제는 그 나름으로 대가를 치렀던 것이다. 죄의식, 수치 의식이 있었든 없었든 간에, 그는 남은 반생을 빛이 들지 않는 한국 사회의 구석에서 살아감으로써 그 나름으로 책임을 진 것이다.

민족주의자였던 자신이 왜 전향해서 친일 행위를 했는가, 조선 근대문학의 개조라고도 할 수 있는, 김용제보다 한 세대 선배인 이광수는, 해방 후 반민족행위처벌법으로 재판에 처해졌을 때, 법정에서는 다 이야기할 수 없다고 하고는, 그 생각을 『나의 고백』이라는 책으로 꾸몄다.

자신이 친일파로 옮겨 간 것은 시국 현실을 직시하고 미래의 역사를 예상해서 내린 선택이다. 강대한 일본의 정치, 군사, 경제력에 대해, 우리 민족의 현실의 힘으로서는, 항일 투쟁은 희생을 낼 뿐, 해방·독립의 가능성이 없다. 이때 일본에 협력 혹은 협력하는 척을 해서, 민족의 실리를 꾀하는 편이 득책이다. 지금 일본은 중국대륙 경영을 앞두고 그 역부족을 우리 조선민족의 도움을 빌려 보충하려고 내선일체라는 간판을 서둘러 내걸고 있다. 이 기만 정책을 역이용해서 민족 차별을 철폐시키자.

이러한 이광수의 해방 직후 발언은 결국 『나의 고백』이 아니라 나의 변명으로 타락해 버렸지만, 거기에 그 나름의 친일철학이 있었다는 것은 확실하다.

김용제는 『나의 고백』 같은 것을 남기지 않았다. 그러나 발상 면에서는 양쪽이 비슷함을 느낀다. 일본의 힘을 과대평가하고 일본의 조선지배가 앞으로 50년, 60년 적어도 자신이 살아 있을 동안은 지속될 것이라고 생각했다면, 그때 그 문인은 어떠한 행동으로 나왔을까. 본의 아니게 친일문학의 구렁 속에 빠지는 이가 적지 않게 나타났을 가능성이 높다.

제8장

동아연맹東亞聯盟

김용제와 동아연맹

김용제는 「고백적 친일문학론」(『한국문학』, 1978.8, 저자가 붙인 원 표제는 「친일문학자의 고백」) 속에서, 동양지광사를 비밀본부로 하고 박희도를 대표로 하는 위장친일파의 지하독립운동을 조직했었다고 말한 바 있다. 그중에는 일본인 두 명도 있었는데, 그중 한 명이 경기도 경찰부 고등과의 경부警部(후일 함경북도 경찰부장)인 나카지마 메이몬中島命門이라고 이름까지 들고 있다.

도쿄에서 오래 동안 일본 정신과 황도 사상을 연구하고 있던 강영석姜永錫이라는 전향자가 동양지광사의 객원이 되어, 동지에 「황도조선」이라는 긴 논문을 연재하기 시작했다. 강영석은 조선공산당의 중견 멤버로 활약을 한 적도 있고, 내선일체운동을 추진함으로써 조선민족의 실리와 자치를 획득하려는 이론을 일본 황도학회에 인식시키려고 했다. 강영석은 동아연맹운동의 지도자인 이시하라 간지石原莞爾 중장의 신뢰를 얻어, 동 연맹의 조선문제 요원 중의 한 명이 되었다.

김용제는 동아연맹 조선본부는 동양지광사라는 간판으로 위장되어 있었다, 동 연맹의 책임분담은 다음과 같았다고 주장했다.

대표	박희도. 동양지광사 사장
부대표	장덕수. 보성전문학교 교장, 동양지광사 고문

조직책임자	강영석. 동양지광사 객원
재정책임자	나경석羅景錫. 언론인, 실업가
정보책임자	나카지마 메이몬. 경기도 경찰부 고등과 사상경부思想警部
연락책임자	후지타 겐타로藤田健太郎. 일련一蓮주의자, 광주 거주
맹원	유진희兪鎭熙. 의사
간사	김용제. 동양지광 주간

이상 8명이 맹원이었다 한다. 그 외에 포섭 대상으로는

송진우宋鎭禹	동아일보 사장
김대우金大羽	도산업道産業 부장
김홍량金鴻亮	황해도 대지주

이 3명의 이름을 들었다.

김용제는 동아일보 사장실로 찾아가 송진우에게 동아연맹 가입을 권했는데, 송진우는

지금 우리 신문이 죽느냐 사느냐 위기에 직면해 있습니다. 언제 무슨 구실로 폐간될지 모르는 것이 지금의 정세입니다. 그래서 저는 지금 민족을 지킬 각오로 신문을 지키고 있으니 신문 이외의 것은 시간과 힘을 쓸 여유가 없습니다.

하고 정중히 거절했다고 한다. 이러한 디테일은 당사자 이외에는 알 수 없는 것이어서 지어낸 이야기는 아니라고 생각된다.

김용제 자신의 이야기를 좀 더 들어 보자.

일련日蓮에 신앙이 두터운 나카지마 메이몬은 그 관계로 이시하라를 숭배하고 있었으며 후지타 겐타로와도 친교가 있었다. 전황이 일본 쪽에 불리하게 기울면서 총독부에서 요要시찰인 총 예비 구속, 대량 학살, 블랙리스트 작성 중이라는 소문이 퍼질 무렵, 나카지마 메이몬 경부는 김용제에게 이렇게 충고했다.

> 김 상은 총독문학상을 탈 정도로 친일문학을 했지만, 그래도 당국은 아직 의심을 하고 있습니다. 때가 이러니 작품활동을 더 활발하게 하세요. 그것이 김 상한테 가장 좋은 보신책이에요.

김용제는 이것을 동지적 호의에서 제공한 정보로 보고 있다.

비밀조직이었기 때문에 전원이 모이는 회의는 없었으며, 두 명, 세 명이 개별적으로 연락을 취하는 방법을 취하고 있었던 것 같다. 강영석이 조선에서 동아연맹 운동을 하고 있다는 혐의로 광주지방 검사국에 검거되자, 후지타가 일본으로 날아가 이시하라를 만나 사태 수습을 꾀했다. 이시하라가 고이소小磯에게 압력을 넣고 해서 강은 석방되는데, 그 후 강은 조직을 떠나 1945년 8월까지 도쿄에서 살게 된다.

이상이 김용제의 회상의 주 내용이다.

이 속에는 당사자만이 알 수 있는 디테일이 있다. 그렇긴 하지만 주관적인 판단이 지나쳐 기본적인 사실 인식 면에 문제가 있는 것 같다.

이시하라 간지의 동아연맹 구상과 조선

동아연맹을 이끈 이시하라 간지(1889~1949)는 육군대학 졸업 후 육군의 엘리트 코스를 밟았다. 관동군 작전 주임참모로 '만주' 경영에 나서나, 만주 개혁안을 둘러싸고 육군 주류파와 갈등이 생겨 일선에서 물러났다. 청년기부터 일본의 국가 개조에 관심을 갖고, 일본이 아시아, 나아가 세계의 맹주가 되는 '대동아공영권'을 독자적으로 구상했다.

1931년 10월 1일, 그가 쓴 「만몽통치방안」을 보면, "일본의 무력으로 동북 4성의 통일·안정을 확보하고 그 엄호하에 적절한 인물로 하여금 간명한 정치를 행하게 한다"고 되어 있다. 전쟁 지도과장指導課長 시대에는, 미래의 전쟁에서는 항공전이 승패를 가르게 된다는 점에 일찍부터 주목하고, 비행기의 개발과 생산 방도의 연구에 몰두하는 군인으로서의 선견도 갖고 있었다. 그의 「국방국책대강大綱」의 제1조는 "황국의 국책은 우선 동아의 보호 지도자로서의 지위를 확립함에 있으며 이를 위해 동아에 가해지는 백인의 압박을 배제

하는 실력을 요"함에 있다고 되어 있는데, 이야말로 일본을 '맹주'로 하는 '대동아공영권'의 구상에 다름 아니다.

동아연맹 구상은 '만주국' 건설기에 발단이 이뤄지는데, 동아연맹 사상은 '만주국협화회協和會'에 충분히 반영되지 않았기 때문에, '만주' 경영 방도 면에서 모순을 낳는다. 그는 가까운 장래에 '세계 최종전'이 발발할 것을 예측하고, 소련 · 아메리카와 대적하기 위해서는, 중국을 '맹주 일본'의 지도하에 두고 중국에 어느 정도의 자치를 허용하려는 방책을 구상했다.

1941년 도조 히데키東条英機 육군대신은 동아연맹을 해산시키려는 의지를 내보였지만, 이를 완전히 실천하는 데까지는 이르지 못했다. 그러나 이시하라는 예비역에 편입되며 육군의 제일선에서 물러나고 만다.

전후 1946년 1월 4일, 동아연맹 동지회(동아연맹 후신)는 미 점령군에 의해 우익단체로 지목받고 해산된다.

동아연맹은, 기본적으로는 침략적이지만, 아시아의 일부 인사들에게 공명을 얻은 이유는, 아시아 민족을 말살하는 게 아니라 그 민족의 자주권, 독자권을 어느 정도 인정하려고 한 점에 있다. 1941년 12월 12일, '대동아전쟁'이 시작되고 나서 얼마 지나지 않았던 시기, 이시하라는 「대동아전쟁과 동아연맹」이라는 제목의 강연 속에서 이렇게 말했다.

> 동아연맹 혹은 동아공영권 혹은 흥아동맹이라 불리는 일본의 이상과,

중국 민족의 독립운동은 동일 방향을 지향하고 있다고 생각된다. 그러므로 양자를 만족시킬 수 있는 방법을 발견할 필요가 있다.

그러나 단순히 두 민족의 이상이 동일 방향에 있다는 것만으로는 의미가 없다. 이를 같이 받들지 않으면 안 된다. 진실로 타민족의 이념을 존중·실천하지 않으면 안 된다.

중국의 이상을 구체적으로 말한다면 조계租界의 회수回收다. 관세 자주권이다. 치외법권의 철폐다. 조차지의 반환이다. 만약 일본 민족이 왕조명汪兆銘 정권을 도와 중국 민족의 이상을 존중·궁행·실천한다면 두 민족의 이상은 함께 받들 수 있게 된다.

이렇게 분명히 이시하라는 중일간의 관계를, 100퍼센트 힘으로 굴복시키는 방책에 반대하고 협화, 상호의존을 입에 올리고 있다. 그것은 왕조명 정권이나 '만주국'을 통한, 보다 교묘한 방법으로 아시아 인민에게 환상을 지속적으로 전파하면서 지배하려 하는 것이었다.

동아연맹 협회강령에는 "본 협회는 왕도王道에 기초하여, 국방의 공동, 경제의 일체화, 정치의 독립을 조건으로 하는 동아연맹 결성을 창도한다"고 되어 있다. '정치의 독립'에 아시아 제국이 현혹되기 쉬운데, "국방의 공동"이 "구미 제국주의자"의 침략 및 식민지 지배로부터의 국방인 것처럼, "정치의 독립"도 맹주 일본의 주도를 기반으로 한, 구미 제국주의로부터의 독립이었다.

이 동아연맹 건설의 의욕을 지닌 야마토 민족의, 국체의 본의本意 위에 선 민족운동이, 금후 더욱 활발하고 맹렬하게 국내에 전개되는 한편, 이것이 뻗어나가 한漢민족 혹은 회교回教 민족을 움직이고 나아가 인도 민족에까지 이르는 것, 이것이 바람직하다. …… 일본 국내의 동아연맹 운동도 결국 일본 제국신민의 한 익찬翼贊운동이다. 즉 대동아공영권의 확립이라는 대목적을 위해 일억 인사人士가 불덩이처럼 변화되어 가는 것, 이것이 대정익찬회의 의도라고 생각되는 것이다.

— 스즈키 데이이치鈴木貞一, 「동아연맹 운동에 대하여」, 동아연맹 기관지 『동아연맹』, 1940.12

이시하라 자신도 1942년 5월 동지에 발표한 「유신기維新期의 동포에 호소함—동아연맹협회 선언의 의의」 속에서 이렇게 말한다. "연맹의 국가들은 원칙적으로 평등해야 한다. 그 통제는, 각 국가의 마음속에서 우러나온 협의와 이해, 그 위에서 행해지는 것이다. 그러나 각 국가가 천황을 신앙하게 되기까지, 천황을 모시는 일본이 연맹의 중핵적 지도국가여야 한다는 것은, 국체의 신비를 믿는 우리의 움직일 수 없는 신념이다."

1941년 4월의 「전국 지부 일람표」에 의하면 국내에 28지부, 「대륙관계동아연맹협회」에 "북지北支, 남지南支, 만주, 중지中支" 네 지부가 있다. 국내 28지부 중 27개는 부현府縣 단위이며 나머지 한 곳이 남양南洋지부(지부 소재지 파라오섬)이다.

이것이 1943년 4월이 되자, 도호쿠東北지방에 13, 간토關東지방

(호쿠리쿠北陸 포함) 20, 주부中部지방에 5, 간사이關西지방에 7, 산요山陽지방에 1, 산인山陰에 1, 규슈九州에 4, 시코쿠四國에 6, 이렇게 국내 총 57지부, '만주'에 6지부, 중국(왕조명 정권) 10지부로 확대된다.

국내외를 통틀어 봐도 조선 지부는 없다. 연맹은 '일 · 지 · 만' 3국부터 시작하여 장차 인도, 기타 아시아 전역으로 확대할 것을 생각하고 있었던 것 같으며, 조선에 지부를 둘 구상은 애초부터 없었던 것 같다. 조선은 이미 식민지화되어 버렸기 때문에 대상 밖으로 밀려나 있었던 것일까. 혹은 조선에서 연맹운동을 전개하면 이것이 독립운동에 이용될까 두려웠기 때문일까. 공식적으로 조선 지부 이야기는 어디에도 나오지 않는다. 물론 이시하라의 이야기 속에 조선 문제가 나오지 않는 것은 아니다. "조선인, 몽고인, 중국인도 뛰어난 민족이다", "인적 자원의 활용, 생산적 능력의 발휘"를 기대한다고 하는 부분은 있다. 그러나 그 이상의 언급은 보이지 않는다.

이렇게 본다면, 조선 지부가 있었다고 한다면 그것은 지하 비밀조직이었음에 틀림이 없다. 동아연맹 자체는 항일단체가 아닌 것이 분명할 뿐 아니라, 오히려 "대동아공영권" 이념을 적극적으로 실현하기 위한 단체였다. 그것도 아시아인에 해방과 독립이라는 환상을 주입하려 했으므로 노골적인 침략보다도 더 악질적이었다고 할 수 있다. 정보가 부족했던 차에 심신이 곤궁한 지경에 놓여 있었던 김용제는 동아연맹을 항일조직이라고 착각했음에 틀림이 없다.

도조 군벌은 무력을 통한 폭학을 극대화하여 아시아 제국을 침략했는데, 이시하라는 같은 일본 육군 내에서도 좀 더 교묘한 방법으로

아시아 제국 사이에 신뢰의 망을 가설하려 했다. 도조는 동아연맹을 "미영의 제5열", "빨갱이" 등으로 매도하고 탄압을 가했다. 이 때문에 이시하라는 중장에서 예비역으로 쫓겨났다.

동아연맹에 대해서는 우익 측에서도 일부 반대론이 있었다. 그중에서 조선문제에 관련이 있다고 생각되는 것을 골라보면, 가다 데쓰지加田哲二의 「동아건설 이론의 재음미」(1941.1, 동아해방논문)가 있다. 가다는 말한다. 동아연맹이 아시아 제민족 사이에 활발한 독립운동을 촉진시킬 것이라는 경고다.

> 민족협화의 자유평등론은 이미 동아의 소민족들이 권리로서의 자유 평등을 요구하게끔 자극하고 있으며, 독립 능력이 없는 민족 사이에 독립운동 같은 것을 지속적으로 발생시키고 있는 상태는, 우리가 심각하게 주목해야 할 바다.

동아연맹 지부는 처음에는 일본과 '만주'밖에 없었다. 이어 왕조명의 남경정부를 더해 '일 · 지 · 만' 지부를 만들고, 장래에는 동남아시아 제국으로부터 인도에 이르기까지를 그 구성 요인으로 생각하고 있었다. 조선은 밀려나 있었다. 아니 그보다는 이미 일본의 일부가 되어 있으므로 연맹의 대상이 아니다, 이렇게 생각되고 있었음에 틀림이 없다. 조선 지부가 존재하지 않는다는 것은 그렇게 생각한다면 납득이 가능하다. 그럼에도 불구하고 만약 조선 지부가 있었다고 한다면 그것은 비밀 지하조직 형태로 존재했을 수밖에 없다.

그리고 마르크스주의 이데올로기로 민족해방을 꾀하다가 좌절된 후, 동아연맹이 내건 '민족의 독립' 이념에 마지막 희망을 품은 조선인들이 모여들었다. 김용제는 그중의 하나였다고 보아도 될 것이다.

실제로 일본 국내에서 "동아연맹을 이용하는 재교토 조선인 민족주의 그룹" 사건이 발생했다. 그 기록은 내무성 경보국 『특고월보』에 실렸고, 그 후 태평太平출판에서 나온 『소화 특고特高 탄압사』 제7권에도 재록되어 있다. 이것은 교토에서 일어난 사건인데 중심 인물은 후일 대한민국 거류민단 단장까지 지낸 바 있는 조영주曹寧柱였다. 동아연맹에 기대를 걸고 그것을 조선의 독립과 자치에 유효하게 이용하려고 했을 것이다.

그럼에도 불구하고 동아연맹 그것은, 어디까지나 '대동아공영권'을 실현하기 위한 침략적 구상의 일환 단체의 하나였다는 것도 부정할 수 없는 역사적 사실이다.

이상의 사실로 미뤄보면 동아연맹의 조선지부가 조선독립투쟁 지하비밀조직이라는 논리는 성립할 수 없다. 제2차 대전 말기가 되면 도조 히데키에 의해 동아연맹 그 자체가 거의 비합법화된다. 그러니 문헌상에 나타나지 않는 동아연맹 조선지부 혹은 서울지부는 지하 조직이었을 가능성이 높다. 이시하라는 그 나름으로 각지에 정보 수집망을 깔아두었음에 틀림이 없다. 김용제가 거론한 두 일본인 장교가 지하독립운동 멤버였다고 하는 것은, 실은 그런 정보원이지 않았을까 생각된다. 어쨌든 동아연맹은 참된 의미에서 아시아 민족 독립을 추구한 단체는 아니었다.

제9장

해방 후의 활동

1945년 8월의 김용제와 반민특위의 심문

일제 식민지하를 살았던 한 시인의 궤적을 좇는 것이 본서의 주요한 목적이긴 하나, 일본의 패전, 한국의 독립 후 김용제의 행동과 문학활동에 대해서는 간단히 기술해 두는 데 그치고자 한다.

1945년 8월 10일, 제4 일어 시집 『아름다운 조선』의 견본쇄가 두 권 만들어졌다. 출판처는 녹기연맹이었는데 제본 중 8월 15일을 맞는다. 김용제는 8월 16일 제본소에 가 파기를 요구했다. 제본소에서는 제본료 청구가 불가능하다고 거절했으나 김용제가 발행처인 녹기연맹에 전화를 걸어 쌍방의 양해를 얻고 폐기 처분했다. 두 권의 견본본은 저자 자신에 의해 화장되었다.

『아름다운 조선』을 지금 볼 수는 없으나, 재단・파기했다는 것은, 역시 친일적 내용의 작품이 많았다는 증거일 것이다. 일문 제3시집 『보도시첩』 이후의 주요 작품이 실려 있었다고 보아도 좋을 것이다. 그러나 거기 실린 모든 작품이 친일적이라고는 하기 어렵다. 제1회 조선총독문학상을 수상한 『아세아시집』 중에 실린 「가을 좋도다」 등의 일부 시는, 조선의 풍토와 생활 속에서가 아니면 태어날 수 없었던 것임과 마찬가지로, 『아름다운 조선』 중에도 조선의 민속미와 자연미를 노래한 시가 있었을 것이다. 「아름다운 조선」이라는 표제에도 그러한 의미가 포함되어 있었을 것이다.

또 『아름다운 조선』이라는 제목의 문제. '조선'이라는 말은 제2차

세계대전 말기에는 기피되는 진귀한 현상이 있었다. '일선日鮮' 혹은 '선인鮮人' 등, 이런 말이 모욕감을 동반한 채로 사용되고 있었고, 그것도 아닌 경우에는 '반도'가 사용되었다. '조선'은 오히려 민족정신을 불러일으키는 이미지를 동반하고 있었기 때문에, '조선'을 쓰지 않는 것이 바람직한 상황하에서 『아름다운 조선』이란 이름을 붙인 데에는, 김용제 나름의 생각이 작용했을 것이다. 이 시집의 표지는 화가 미키 기요시三木淸가 그렸는데, 복숭아꽃 피는 조선 농촌의 우물가에서 댕기 머리를 한 소녀가 물동이를 머리에 인 칼라 풍경화였다고 한다.

친일 인사라 해도 100퍼센트 일본에 혼을 팔아 넘겨 민족혼이 0퍼센트 상태가 된 인간일 리는 없다. 혹독한 환경 속에서 자기 존재를 유지하기 위해 몇 개의 가면을 쓰던 차에, 가면인지 맨얼굴인지를 구별할 수 없게 된 존재가 친일파의 심상 풍경이었을 것이다.

해방 후 김용제는 1948년 9월 22일에 국회를 통과한 대한민국법률 제3호 「반민족행위처벌법」에 의해 일시 투옥되었다.

그 경위를 우선 보도록 하자.

1945년 8월 15일, 김용제는 서울 종로에 지금도 일부가 남아 있는 한청빌딩 소재 조선문인보국회 사무소에서 회의의 사회를 보고 있었다. 문인보국회로부터 '산업전사위문단'을 파견하게 된 일로 10여 명의 회원을 모아 회의 중이었다.

그날 정오 '중대 방송' 뒤 바로 종로 거리에는 군중이 쏟아져 나왔다. 시 중심가는 "독립 만세", "해방 만세"의 도가니로 변했다.

그날 마침 히로시마 원폭에 의해 희생자가 된 이공우李公㻒 장군의 조선군 사령부장이 서울운동장에서 행해지게 되어 있었다. 문인보국회로부터는 모윤숙과 김용제가 초대받고 참석하게 되어 있었는데, '옥음玉音방송' 때문에 다음날로 연기되었다.

8월 15일부터 문인보국회의 책임은 그가 지게 되어 버리고 말았다. 김기진이 선임 상무이사였는데, 김용제는 1945년 3월 1일부로 상무이사로 가假임명되었다가 8월 1일 정기 총회에서 상무 이사 취임이 정식으로 결정되었다. 따라서 정식으로는 15일밖에 상무이사 일을 보지 않은 셈이다. 15일 이후 김기진은 행방을 감추고 사무소에 얼굴을 내밀지 않았고, 일본인 회장과 이사는 생명의 위협을 느끼던 차여서 사후 처리 같은 일이 가능한 상태가 아니었다.

16일 오전, 왕족이면서 친일파 군인으로 이용당해 불행한 최후를 맞이한 이우공 장례식에 개인 자격으로 참가한 용제는 그 속에서 자신의 모습을 발견했던 것이 아닐까.

오후에 문인보국회 사무소에 얼굴을 내미나 여기도 장례식장보다도 쓸쓸한 풍경. 3층 창문에 서서 보니, 종로 거리에는 만세 환성이 들끓고 있었고 시전市電 지붕에까지 올라가 태극기를 흔들고 있는 사내가 있었다. 폭동화될 것이 두려워 일본군이 출동했고 공포를 쏴 진정을 꾀했다.

8월 17일에는 친일무용가 조택원과 과거 프롤레타리아 연극인 무라야마 도모요시가 사무소에 찾아온다. 민중 데모 구경을 하다가 들른 참이었다.

1945년 8월 16일에는 구 카프 소장파인 임화, 김남천 등이 조선문학건설본부를 결성하고, 문학건설운동을 위한 광범위한 통일전선을 호소했다. 해방 전의 프롤레타리아문학을 지향하는 것이 아니라, 종래의 프롤레타리아문학의 경직성을 자기비판하는 것이었다. 좌로부터 좀 더 폭 넓은 통일전선 쪽을 지향하는 것이었다.

박종화, 김진섭, 이하윤, 양주동 등 민족주의 진영이 '중앙문화협회'를 조직한 것은 1945년 9월 18일의 일이다. 8월 16일부터 9월 18일 사이는, 이른바 문학단체란 좌파계의 '조선문학건설본부'밖에 없었다.

조선문인보국회의 재산을 일찌감치 접수하러 온 것은 이 조선문학건설본부였다. 8월 18일, 건설본부를 대표하여 '적산 접수'를 위해 임화, 김남천, 유진오 세 명이 문인보국회를 방문했다. 임화, 김남천 두 명은 1930년부터 좌익문학의 길을 걸어 온 문인들이기 때문에 당연하다면 당연하겠지만, 김용제가 놀란 것은 유진오였다.

유진오는 경성제국대학 제1기를 수석으로 졸업한 수재로 법학을 전공했는데, 전전에는 문학작품도 많이 남겼다. 제2회 대동아문학자 대회에도 참가하여, 조선문인보국회 평의원이기도 할 정도로 적극적으로 친일문학을 벌이고 있었다. 그가 접수를 하러 왔으니 놀란 것이다. 기회를 엿보는 데 민첩한 재인才人이었다.

조선문인보국회 회장 대리, 상무 이사 김용제는, 조선문인보국회의 모든 서류, 사무소의 제 설비, 집기, 도서 기타 일체의 재산을, 임화, 김남천, 유진오 세 명에게 인도하고 양도증서를 쓴 것이었다.

김용제는 "나는 운명의 세 손으로부터 유혹을 받았다. 하나는 재생 조선공산당으로부터, 하나는 재생 좌익작가동맹으로부터, 또 하나는 일본 망명에 동행하자는 지인의 권유였다"(『친일파의 독립운동』) 고 회상하고 있다. 좌익작가동맹이란 임화 등을 리더로 한 조선문학가동맹일 것이다. 어느 권유에도 응하지 않았던 것은 그에게 있어 현명한 일이었을 것이다.

조선문학가동맹이 은밀한 상담을 원하니 조선은행 건너편 모퉁이에 있는 청목당青木堂(일본인 제과점) 2층 이용악을 찾아가도록, 하는 내용의 연락이 있었으나 결국 김용제는 가지 않았다.

1945년 아직 더웠던 여름날 『내선일체』지의 사장 박남규朴南奎가 김용제를 집에까지 찾아와 가족을 데리고 일본에 가니 같이 가지 않겠느냐, 친일파 문제가 당분간 귀찮을 테니, 하며 망명을 권유했으나 이것도 거절한다.

이런 판단들은 모두 올바른 것이었다고 할 수 있다. 그러나 일상생활은 편치 못했다. 부모는 동생이 보살펴 주었으나, 가족 6명의 굶주림을 면키 위해 콩나물 가내 공장을 시작했다. 다섯 되들이 배양기 8대를 준비해서 연탄 난로를 때고 우물물을 길어 올렸다.

콩나물 공장은 방한 설비가 나빴다. 연탄 온돌이 새서 콩나물 생육이 나빴던 탓인지 바닥부터 썩어 올라와 서생書生의 장사는 실패로 끝나고 말았다. 그러던 차에 박영희가 서대문구 천연동天然洞에서 시의 동쪽 외곽 왕십리까지 8킬로나 되는 거리를, 애용하는 스틱을 짚고 걸어와 격려를 해 주었다. 콩나물 공장 안에서 동상에 걸린 김용제의 손을 잡아 주었다. 프롤레타리아문학에서도 친일문학에서도 박은 김용제의 선배였다.

1946년 봄부터 김용제는 국립중앙도서관에 다니며 그곳의 문헌을 이용하여 익명 혹은 무기명으로 원고를 써서는 출판사를 돌며 입에 풀칠을 했다. 그런 생활이 4년이나 계속되었다.

1977년 8월, 『계간 삼천리』에 필자가 처음으로 「시인 김용제의 궤적」을 썼을 당시는 김용제의 모습을 확인해 볼 수가 없었다. 본명으로 쓰는 경우가 없었기 때문에, 칩거 생활을 보내고 있는 중인가 생각하고 있었다. 그러나 실제는 생활고 때문에 처참한 매문賣文 생활을 하며 뛰어다닐 수밖에 없는 상황에 놓여 있었던 것이다.

해방 후 처음으로 얻은 직업이 1949년 봄 국민보도연맹 문화국 편집국 상임고문이었다. 동 연맹은 좌익 전향자를 교육하는 조직으로, 김용제에게는 반공 운동의 제일보였다.

해방 직후의 친일파 단죄 문제는, 처음에는 많은 문인이 심사 대상이 되었으나, 점차 범위가 좁혀지면서 문단에서는 이광수, 주요한, 최재서, 김용제 4명으로 좁혀졌다. 반민족행위처벌법이 1948년 9월 8일, 한국 국회를 통과했다. 한일병합으로부터 조선 해방에 이르는 35년간 자행된 친일행위를 처벌하려는 것이었다. 그 4조 11항에

> 종교, 사회, 문화, 경제 기타 각부문에 있어서 민족적인 정신과 신념을 배반하고 일본침략주의와 그 시책을 수행하는 데 협력하기 위하여 악질

적인 반민족적 언론, 저작과 기타 방법으로써 지도한 자

라 되어 있다.

이 반민법에 의거하여 반민족행위특별조사기관 조직법과 반민족행위특별재판부 부속기관 조직법이 1948년 11월 말에 국회를 통과했다. 당시는 이미 해방으로부터 3년 반 가까이 지난 시기인 데다가, 미군정 이후 48년 8월 수립된 대한민국 정부, 이승만의 시정하에서는 친일파 숙청보다는, 반공과 질서 유지 쪽에 역점이 두어져 있었다. 그래도 김용제는 자수하고 반민법에 의해 수감되었다. 그때 장모張某 씨는 김용제의 부인과 함께 반민특위와 내무부를 찾아가고 원고료 미수 출판사를 돌았다.

취조를 받은 임시 청사는 일본계 제일은행 경성지점의 흑벽돌 건물이었다. 홀에 조사관들의 책상이 몇 개 놓여 있었으며 칸은 나눠져 있지 않았다. 김용제 옆에서 최재서가 취조를 받고 있었다. 김용제와 최재서는 수갑 한 개에 오른손과 왼손을 차인 채로 같은 지프차로 호송되어 마포형무소에 도착했다. 그러나 둘은 별도의 감방에 입감되었다.

최재서는 5일째에 석방되었고 김용제는 7일째에 석방되었다. 옥문을 나서자 검은색 승용차가 김용제를 왕십리 자택까지 데려다 주었다 한다. 그 차가 누가 주선한 것인지 아직 본인도 모른다.

김용제는 그날 석방되자마자 다시 소환되는 일 없이 불기소 처분을 받았다. 이윽고 반민법 자체도 유명무실해져 버리고 말았다.

이때 이광수도 투옥되었는데, 그는 3개월간 옥고를 겪었다. 그 사이에 반민특위의 심문에 대해 자신의 친일행위는 민족 보존을 위해 어쩔 수 없는 선택이었다고 항변, 그간의 심경을 「나의 고백」 속에 썼다.

그 후의 김용제

그 후의 김용제의 족적을 간단히 쫓아가 보기로 한다.

국민보도연맹에서 1년 일했고, 1950년 4월에는 흥사단 기관지 『동광』 복간에 즈음하여 편집장에 취임한다. 주변은 모두 흥사단원이었고 김용제만이 비단원이었다. 이광수, 주요한, 장리욱, 김주흥 등과 다시 함께 '민족부흥운동'의 오랜 전통에 빛나는 흥사단의 새로운 문화운동을 시작했다. 김주흥金柱興은, 흥사단을 창립한 안창호가 입안한 '이상농촌건설'을 지방에서 실천한 면장이었다. 공개석상에서 고이소小磯 총독에게 조선 민족의 민심을 얻어 신뢰받을 수 있는 정책을 신속히 제도화할 것, "일체의 차별 대우"를 철폐하고 문자 그대로 '내선일체'를 제도적으로 실천할 것을 주장한 젊은 인재였다.

『동광』의 복간 창간호는 1950년 6월 25일 한국전쟁 발발로 인해 제본소에서 재가 되어버렸다. 김용제는 서울이 인민군 수중에 들어

가자 지하로 잠적했다가 한 달 후에 탈출, 충청북도 고향에 숨어 나무꾼으로 위장한 채 풀베기 등을 하며 두 달을 보냈다.

숨기만 했던 이유가 있었다. 좌익 전향자를 선도하는 '국민보도연맹' 일을 하고 있었던 것도 그렇고, 50년 6월 25일, 국방부 정훈국의 의뢰를 받아 "적군 남침에 대한 군민 격려"의 방송시 「적적赤敵 격멸」을 하룻밤 철야로 썼던 일 등이 있기 때문이다. 그의 시는 27일에 방송되었는데, 28일 서울은 이미 인민군 수중에 들어갔던 것이다.

한 달 후 아사餓死 지옥이 된 서울을 탈출하여 가족을 이끌고 산길을 8일 걸어 고향에 도착했다. 고향이라 해도 집이 국도에서 가까웠기 때문에 처가댁에 몸을 의탁했다.

9월 말, 미군을 위시한 유엔 16개국의 군대가 3개월 만에 서울을 탈환하지만, 중국 인민지원군의 참전으로 한국은 다시 남쪽으로 밀리게 된다.

김용제는 1950년 10월에 서울로 돌아와 미 제8군의 국군연락장교 이영순李永純 대령이 조직 중인(남녀 대학생 중심) 문화공작대에 불려가 고문으로 참여했다. 동 고문에는 서양화가 구본웅, 현재 재일 만화가인 김용환金龍煥이 있었다. 고문 자격 덕택에 다음 해 2·4후퇴 때는 사전에 가족이 가재까지 싣고 트럭으로 남하할 수 있었다.

부산 시절에는 미군이 가족이 살 수 있는 대지 40평에 방 2개짜리 집을 마련해 줬고, 그는 미군 병사가 운전하는 지프차로 출퇴근을 했다. 1952년 봄 주요한을 통해 미8군 심리작전국 전속작가직에 응했기 때문이다.

이윽고 유엔군이 서울을 수복하자 김용제도 상경한다. 서대문구 냉천동冷泉洞 언덕 위 건물이 미8군 심리작전대의 일터였다. 그는 2년간 여기서 일했다. 당시 그의 밑에는 서정범徐廷範이 조수로 있었다. 지금은 국문과 교수를 하고 있다. 한국 내에 유포된 팸플릿 같은 것 외에 북한 전역에 비행기로 산포하는 삐라 등도 작성하고 있었던 것 같다.

한국전쟁 정전으로 자연 퇴직을 맞은 그는 전란으로 잿더미가 된 복간『동광』의 후신『새벽』의 편집장으로 돌아왔다. 그의 밑에 김후란金后蘭이 있었다. 김후란은 여류 시인, 수필가, 부산일보 논설위원을 거쳐 현재는 정부 기관에서 여성으로서는 꽤 요직 자리에 있다.

『새벽』은 4년 나오고는 휴간되었다. 장리욱張利郁이 귀국해서 제2기『새벽』을 복간했다. 제1기『새벽』시대에 김용제는 흥사단 이사에 취임,『흥사단 50년사』의 집필 책임자가 되어 일부를 직접 집필했다. 이 책의 서문에서 흥사단 이사부장 주요한이 "집필 책임을 맡아 준 편찬위원 김용제 동지의 노고를 감사하며 그밖에 편찬위원 김여제金輿濟, 최희송崔熙松, 박현환朴賢煥 제 동지, 및 미주단소美洲團所 김대연金大淵 동지의 협력"에 감사의 뜻을 바친다고 술하고 있다.

흥사단과의 관계는 깊었다. 1954년부터 86년까지 장기간 이사로 있었다. 일본의 재단법인 수양단修養團과 격년제로 상호 방문 교류가 이뤄진 1980년, 김용제는 흥사단 이사 겸 일본어 통역으로 방일했다. 10일 간의 일정이었다. 그 후에도 수양단과의 격년 방문 협정에 의해 82년, 84년, 86년 3번을 방문했다. 86년 2월에는 해외 제1호

수양단 명예단원으로 추대되었다.

같은 해 2월 11일, 수양단 창립 80주년 기념식전에 초대받은 김용제는 자작 한시를 낭독하고 이를 직접 묵서墨書하여 세로 1미터 액자에 넣어 수양단에 증정했다.

明魂破暗四海闢　　명혼明魂은 어둠 부수고 사해四海 여네
熱汗積善八十年　　뜨거운 땀으로 적선積善하기 80년

1988년 8월 일본의 노 여배우 하라 이즈미가 옛 친교를 되살려 방한했다. 두말할 필요도 없이 하라 이즈미는 나카노 시게하루의 부인. 나카노 스즈코 연구의 제1인자인 오마키 후지오 씨도 동행했다. 김용제는 1주일간 그들의 관광을 안내했다.

1990년 2월 1일, 부인 권희증權稀曾이 82세로 타계했다. 명문가에서 태어나 시집온 현모양처의 귀감이었다. 남편은 결혼하자마자 유학, 옥중 4년을 포함 10년간 돌아온 적이 없었다. 체일 중에도 귀국 후에도 정열의 길을 내달린 남편의 애인 몇몇 때문에 마음 고생이 심한 가운데 가정과 자식을 지키며 3남 2녀를 교육시켰고, 남편을 내내 떠받쳐 온 심지강한 여성이었다.

해방 후의 저작

해방 후 저작에 대해 술해 본다.

1946년에 낸 『독립혈사』 제1권에는 헌시 20편이 실려 있다. 이 책은 1956년 4월 20일, 18편을 추가하여 1, 2편 합본을 냈다. 모두 대한문화사정보사 간이다. 이 책은 가로 조판으로 한 명에 한 페이지씩 할애하여 독립을 위해 목숨 걸고 싸운 '영령의 유방遺芳을 기리고 있다. 헌시는 충무공 이하 "선열의 유영, 유필, 유품, 당시 신문의 전사轉寫" 등과 함께 수록되어 있다. 말하자면 찬讚이다.

38편 중 작자 서명이 들어 있는 것은 제2편 말미의 「이윤재 선생의 유방遺芳을 추모하여」 쓴 이동기의 한 편뿐이고 나머지는 무서명인데, 그것이 김용제가 쓴 것임은 작품이나 본인의 증언을 볼 때 틀림이 없다.

무서명으로 쓴 이유는 친일파 시인이라는 세간의 평가를 받고 있었기 때문임에 틀림이 없다. 해방 후 최초로 착수한 작업이 민족을 위해 생애를 바친 순국자에 헌시를 바치는 일이었다는 것은 주목해도 좋을 것이다. 생활비 조달을 위한 측면도 없지는 않았을 것이나, 그보다도 내적 욕구가 강했기 때문일 것이다.

제1회 국어문예연맹상을 수상한 이석훈李石薰도 해방 후 일찌감치 『순국 혁명가열전』을 1947년 9월 1일에 출판했다.

친일 행위와 순국 혁명과는 모순되는 것이나, 같은 인간이 극히 짧은 기간에 그 두 문학에 종사한다는 것을, 친일문학 행위에 대한 자기 비판이라 해석해 볼 수는 없는 것일까.

1954년 3월 대신문화사大新文化社에서 『산무정山無情』을 낸다. 이 한글 시집은 해방 후 김용제의 최대 최우수 작업이라 해도 될 만한데, 1956년, 판을 거듭했다. 해방 후 나온 최초의 시집이 『산무정』인데, 실제로는 한국전쟁이 없었다면 두 권의 시집이 더 나왔을 터였다. 하나는 『산무정』보다 분량이 많은 『고백의 노래』다. 형우출판사螢友出版社에 있었던 청년시인 임견직林見稷이 시편을 맡아 보관하고 있었는데 불행히도 폭사하고 말았다.

다른 하나는 15장으로 되어 있는 서사시 『춘향전』, 이것은 안기영安基永, 임동혁任東赫 공동 작곡으로 추진되고 있었다. 그것을 오페라로 만들려고 한 성악가 신막愼幕이 안기영과 함께 납북(혹은 월북)되어, 이것도 원고가 행방불명되었다.

이러한 경위가 『산무정』 서문에 씌어 있다. 『고백의 노래』가 어떤 시집이었을까. 출판되었더라면 김용제의 해방 직후 심정을 보다 뚜렷하게 알 수 있었을 것이다.

『산무정』의 서문 속에서 저자는 이렇게 말한다.

> 다시 회상하면 해방 전에 낸 다섯 권의 시집은 자연 폐판廢版되었다. 그리고 그것들의 영원한 소멸은 나도 원하고 있다. 그러나 그리고보면 나의 26년간의 시야詩野 방황 끝에 겨우 남은 것은 이번 『산무정』 단 한 권밖에

없게 된 셈이다. 생각하면 너무도 싱거워서 슬프기 짝없는 노릇이다.

그러나 과거의 나의 문학의 죄는 두 차례의 옥고보다도 더 아픈 이런 벌을 마땅히 받아서 쌌다. 그 죄원罪源은 '내 문학'을 하지 않고 두 시대나 주책없이 '남의 문학'을 하였다는 데 있었다. 그래서 오십이 가까워 오는 이제 와서야 '내 문학'을 해 보려고 읊은 것들이 이 『산무정』이다.

이 문장은 꽤 깊은 의미를 갖고 있기 때문에, 약간의 해설이 필요할 듯하다. "26년간"이라는 말은 그가 일본에 건너가 곧바로 시작을 시작한 시기로부터 1945년 해방까지를 가리킨다. "다섯 권의 시집"이란 프롤레타리아시집인 『대륙시집』, 친일시집인 『아세아시집』, 『서사시 어동정』, 『보도시첩』, 『아름다운 조선』을 가리킨다고 할 수 있다.

그리고 이 두 가지 경향의 문학은, 그에게는 통산 4년간의 프로문학 관련 옥고, 1주일간의 친일문학 관련 구속, 이 두 번의 옥고보다도 더 괴로운 마음의 상처였다. 그리고 이전의 두 경향의 "남의 문학"을 좇아갔던 지점에 근본적인 오류가 있었다고 그는 보고 있다. 프롤레타리아의 승리를 위해라든가, 일본과의 친화를 위해서라든가 하는 외부적 요구에 기반을 둔 문학이 아니라, 자신의 내적 요구나 자민족의 내재적 감정을 노래하는 것, 이것이 이제부터 해야 할 "내 문학"이라는 것일 것이다. 『산무정』이야말로 "내 문학"의 출발점이라는 것이다.

『산무정』 권두의 「비둘기」는 자성自省의 시라 불러도 좋을 것이다.

비둘기

너의 태생인 평화의 푸른 날개가
무슨 악마의 꾀임에 속아
맹조猛鳥의 활개로 건성 춤추었던고

이제 쭉지 상한 양심의 아픔에서
잊었던 노래로 구구 사랑 부르면
군 대추의 단 향기가 그리웁지 않으냐

너의 태생인 슬기의 동근 눈동자가
무슨 요부妖婦의 거울에 흐려
흉조兇鳥의 저주로 행운을 빗보았던고

이제 진주 알 다시 닦는 눈물 흘려서
비취쟁반 연蓮 잎에 맑게 고이면
방울 방울 수은이 아름답지 않으냐

다소 미사여구적이고 서정敍情이 과하다. 피해자 의식이 강하고 변명에 근접해 있는 점이 거슬리나, 그래도 김용제는 참된 시인으로 출발하고자 하는 지점에서, 자성의 시를 간직하지 않을 수 없는 양심을 갖고 있었다고 할 수 있을 것이다.

『산무정』 소수의 「손수건」은 멋진 시다. 좋은 세상을 만났더라면 김용제는 이러한 멋진 서정시의 세계에서 일가를 이루었을 것이다.

손수건

그대와 만날 시간이 닥아 오면
시계 바늘도 심술이 나서
오뉴월 소걸음 처럼 지루만 하다

세수랑 면도랑
거울 보는 사나이 꼴을
구름이 엿보다가
눈이 시어서 우두커니 하얀가

헌 구두야 암만 닦아도
윤은 그리 안 나도
손수건만은
오늘도 새것을 접어서 넣자[5]

그대도 거울 앞에서
머리를 연신 매만질 적에
하늘이 역시 시기하면

---

5 원문은 '집어 넣자'. '접어서 넣자'는 저자 본인에 의한 정정 내용임.

하얀 구름쪽을 달래서

그냥 손수건으로 접어 드는가

『산무정』은 애정 편 22편, 피난 편 9편, 산수山水 편 6편, 풍류 편 5편, 명상 편 15편으로 되어 있다. 애정 편은 주로 평양 태생의 모 피아니스트와의 연애를 노래한 것이 많고, 피난 편과 산수 편, 풍수 편은 한국전쟁 당시의 피난생활을 노래한 것이다. 시집 제목인 『산무정』도 전쟁 뒤의 황폐한 산하와 인간의 목숨의 허망함을 다루고 있는 것이다. 풍류 편의 '풍류'란 것도 소위 현실과 멀리 떨어져 있는 풍류가 아니다. 구호물자에 떼지어 몰려드는 굶주린 피난민의 생활, 비참 그대로인 그것을 필사적으로 풍류의 세계로 승화시키려 한 것이다.

아아 나물 먹고 물 마시며

봄까지 먹었으니 풍류風流의 배장구 칠까

(…중략…)

그도 피난에 거지가 된 사십객四十客이

이것도 집이라고 찾아 준 게 반가워서

내가 담배 한 개피를 선사했다가

그것은 안 받아서 무안만을 더 샀소

(…중략…)

'사흘 굶어서 안 될 도둑놈 없다'는

슬프게도 정당한 아귀餓鬼의 철학이여
나는 겁쟁이라 그것조차 못하니
사흘을 굶은 뒤에 극락極樂 등선登仙하겠소

—「餓鬼聲」

슬픔 속에서 웃는 유머는 한국의 전통적인 것이다. 그것은 그가 사랑해 마지않는 조선조의 방랑시인 김삿갓과도 상통하는 바가 있다.

『산무정』 명상 편에 있는 「만세」는 주목을 요한다.

8・15해방의 감격기에도
나는 한 때 친일한 문학의 죄로
대한민국 만세 부를 염치조차 없었다
태극기 흔들며 뛰는 내 어린것들의[6]
그 소리가 가슴을 찔러 부끄러웠다

그래서 6・25동란까지도
나는 스스로 예절을 지킨답시고
모든 집합에는 얼씬도 안 했으므로
군자君子들과 더불어 만세를 함께 못했다[7]

---

6 원문은 '흔들며'가 아닌 '흔들고'. 저자 본인의 정정 내용에 따랐다.
7 원문은 '함께'가 아닌 '같이'. 상동.

아아 나의 아명을 만수萬壽라고 했지만
그 시절에도 소녀보다 수집은 탓에
글방에서도 학교에서도 '반병어리'란 별명[8]

그러니 나는 아직 만세윤리학에는
처녀와도 같지만 벙어리와도 같다
아마 천지신명께 백 년쯤 수도修道해야만[9]
나 스스로 아름다운 인간만세를
아무런 거짓 없이 불러 보고 죽을 것 같다.[10]

이것이 「만세」의 전문이다. 여기서는 일제 치하에서 어쩔 수 없이 저지른 친일행위를 부끄러워하고 있다. 해방을 기뻐하는 자식 앞에서 부끄러움을 느끼고. 다른 사람들과 만세를 부르지 않았던 것도 그 수치감 때문이었다. 수많은 친일문인들은 해방 후 민족주의 문인으로 세상에서 활개를 치고 있었다. 그 실상은 임종국의 『친일문학론』이 폭로한 바대로다. 그러나 김용제는 수치스러워했다. 적어도 1954년이라는 시점까지는 수치스러워 사람들 앞에 나와 만세를 부르지 않았다.

순국 열사를 기리는 시를 쓰면서도 작자명을 쓰지 않았으며, 민족

8 원문은 '별명'이 아닌 '별명이었다'. 상동.
9 원문은 '께'가 아닌 '앞에'. 상동
10 원문은 '죽을 것 같다'가 아닌 '죽을 것'. 상동.

의 해방에 환희하면서도 만세를 부르지 않았던 김용제에게 나는 마음이 끌린다.

한편 이 「만세」라는 시는 저자 자신의 번역이 있다. 1988년 역인데 『산무정』(1954)의 원문과는 차이가 있는 듯하다. 번역이라기보다 개작이라 하는 것이 나을 듯하다. 김용제 역 2, 3연(번역은 전 3연)을 소개한다.

6·25한국전쟁까지도
4년간 세상을 피해 도서관에 숨었다
그러나 표면상의 친일은 위장이어서
지하에서는 목숨 건 독립운동을 했다
그 비사秘史를 공표하지 않은 것은
동지와 약속한 신의信義 때문이다

그러므로 나의 양심은 하늘에 맹세코
일제 시대에는 비겁한 흉내만 낸 하룻밤 애국자보다는
해방 만세를 외칠 바른 자격이 있었다
그래도 '나의 인간 만세'로 참았다

해방 후의 기타 저작에 대해서 간단히 언급해 둔다.

이백李白 관련 서적으로는, 1955년 5월 인간사간 『이태백 시선』과 1957년 제일문화사간 소설 『이태백 방랑기』가 있다. 전자는 1955

년 6월 2일 『동아일보』에 최일수崔一秀의 서평이 있다.

중국문학 번역으로는, 그 외에 『삼국지』 5권(『三國演義』, 규문사奎文社), 『홍루몽』(정음사正音社, 1956), 『금병매』(정음사, 1955), 『손오공』(『西遊記』, 학우사學友社, 1953), 『손자병법』, 『오자병법』, 『두보』, 임어당林語堂 「붉은 대문」이 있다. 『시주詩酒에 풍류 싣고—당시唐詩 일화』는 정음사, 1975년 8월 30일 발행으로 당시와 당시인과 관련된 일화를 소설풍으로 엮었다. 김용제 자신이 한시를 지을 정도로 소양이 있는 데다가 일본어 역도 참조한 듯하다.

단행본 외에도 「소동파의 애서愛書론」(『현대문학』, 1955.7), 「도연명의 점누찬点婁讚」(『새벽』, 1956.3) 등이 있다.

일본문학을 한국어로 번역한 것도 많다. 『파계』(지문각知文閣, 1967), 『설국雪國』(지문각, 1968), 『산의 소리』, 『춘금초春琴抄』, 『도련님』, 『세설細雪』, 『태양의 계절』(청춘사, 1960) 등이 있다.

역자만의 특정한 기호나 경향이 없었던 것으로 보아 출판사 측의 뜻에 따른 번역물이었던 듯하다. 이 중에서 주목에 값하는 것은 『탁목啄木시가집—혼자 가리라』일 것이다. 1960년 12월 10일, 신태양사 출판국 간이다. 다쿠보쿠의 시와 단가를 번역한 것인데, 새로운 단가 번역 시도를 하고 있다. 원문의 5, 7, 5, 7, 7 음률을 그대로 한국어 음수로 되살려 31자로 옮겼다. 내용을 옮기며 같은 자수로 번역했다고 해서 전부 그대로 성공했다고 보기는 어렵다. 그래도 양국의 언어 생리와 구조를 고려한 참신한 시도라 하지 않을 수 없다.

예를 들면

東海の　小島の磯の　白砂に

われ泣きぬれて

かにとたわむる

를 이렇게 번역했다.

동해 바다의 / 조그만 섬의 하얀 / 모래밭에서

나는 눈물에 젖어

게 한 마리와 논다

원문의 중첩적인 리듬, "…の의…の의…の의"가 충분하게 한국어로 재생되어 있지 않은 것은, 역자도 신이 아니므로 어쩔 수 없을 것이다. 오히려 이러한 시도가 가능한 것은 양국어에 충분히 능통한 역자만이 할 수 있는, 예술의 오묘함 때문이다. 김용제가 정치에 농락당하는 시대를 살지 않고 좀 더 일찍 혹은 늦게 생애의 태반을 살 수 있었다면 번역을 통해 한일 양국의 문화 교류에 커다란 족적을 남겼을 것임에 틀림이 없다.

그 외에 1960년 11월 5일 서울 청춘사 간 『일본시집』이 있다. 일본 문예가협회 편 1959년도 판, 즉 1958년도 우수 작품을 모은 것으로 그중에 작고 시인 나카노 스즈코의 「결별」이 있었다.

한국 책을 일본어로 번역한 것에는 『나무들의 속삭임—원종성 수필집』(가나가와神奈川 신문출판국, 1984.3), 『시베리아 탈출기』(1954),

『6 · 25참전용사 수기』(정부 홍보부, 1961), 『한국의 무속』(서정범 저, 1975) 등이 있다.

한국 서적의 일본어 번역이라는 면에서는 가진 재능을 충분히 발휘하지 못한 듯한 느낌이 있다.

1945년 이후 김용제의 문필 활동의 중심은 앞에 든 『홍사단 운동』(홍사단, 1955.9), 『홍사단 50년사』(홍사단사 편찬위원회 편, 대성大成문화사 간, 1964.5)(양쪽 다 공저)를 제외하면 실용서, 전기, 대중물이다. 『애정 서간문범書簡文範』(대신大新문화사, 1954.9), 『현대서간문』(성봉각聖峰閣, 1961.9)은 실용서, 『조만식 전기』(평남민보사平南民報社, 1966.3), 거기에 선문사宣文社 간으로 문교부 추천도서가 된 『이순신』, 『세종대왕』, 『이율곡』, 『안창호』 등의 전기가 있다. 대중물 중 김삿갓 관련서로서는 다음 세 종류가 있다. 1950년 6월 15일, 문예서림 발행의 『김삿갓 방랑기』는 필자가 아는 한에서는 46판까지 나왔는데 장기 베스트셀러가 되어 영화화되기까지 했다. 조선조 후반기에 갓을 쓰고 전국을 표박한 반세속 풍자시인 김삿갓의 생애를, 그 시와 에피소드를 이용하여 소설로 만들어낸 것이다. 김삿갓에게 네 명의 애인을 등장시키는 등, 역사적 사실보다도 흥미 위주의 이야기 전개에 비중을 둔 것이다.

『중앙일보』에 김용환(현대 재일 만화가)의 삽화와 함께 연재한 『돌아온 김삿갓』은 1958년 초판, 74년에 협신協新문화사에서 중판이 나왔다.

또 한 권, 1958년, 9년쯤 『이색異色 김삿갓』이라는 것이 『아리랑』지에 연재되었는데, 단행본화되지는 않았다.

『방랑시인 김삿갓』(범우사, 1958.7.20 초판)은 『김삿갓 방랑기』를 제목만 바꾼 것이다.

소설 『이태백 방랑기』(제일문화사, 1957), 소설 『소월 방랑기』(상록常綠사, 1985), 『임꺽정』(선진先進문화사, 1961)도 같은 식으로 시와 시인의 에피소드를 흥미롭게 이야기화한 것이다. 이런 종류의 책은 집필에 익숙해져 있었다고나 할까. 붓이 유려하고 핵심을 잘 파악한 집필 방식으로 되어 있다.

1982년 늦가을, 한국의 흥사단과 일본의 수양단과의 격년 상호방문 협약에 따라, 전후 처음 일본을 방문한 그는, 바쁜 일정 중에도 와카和歌 6수를 지었다. 그중 두 편을 소개해 둔다.

> 젊은 날의 사랑 울린 나의 죄여
> 　　그대 고향과 시비詩碑도 못 가보고
>
> 세월 흘러 그이는 가고 세상도 변하네
> 　　제2의 고향 땅 밟는 80세

나카노 스즈코의 모습이 그의 가슴 속을 오갔을 것이다.

후기

김용제에 대해 처음 논문 비슷한 것을 쓴 것은 1971년 8월 월간 『아시아』(아시아평론사)에 쓴 「좌절의 조선 문인－이광수와 김용제」였다. 그때부터 헤아려 20년, 그 사이도 물론 이 문제에 전념해 온 것은 아니나, 김용제라는 존재는 내내 마음에 걸렸다. 1990년 여름 오사카에서 열린 제3회 조선학국제학술토론회에서 「1945년까지의 김용제」라는 발표를 한 후, 그 요지를 한국의 『현대문학』 1991년 2월호에 실은 적도 있었다.

조사 작업의 진전에 따라 약간의 변화는 있었지만, 김용제에 대한 문제의식은 그렇게 크게 변하지는 않았다. 프롤레타리아문학과 친일문학 시대를 살아온 이 시인의 문제에 하나의 결론을 짓지 않으면 다른 문제에로 나아갈 수 없다는 생각이 들어, 이번 출판을 생각하게 되었다.

이 책은 당초, 일본어와 조선어로 씌어진 1938년까지의 작품을 모아 『사랑하는 대륙이여－김용제 시집』으로 제목을 정하고, 동시대를 산 시인인 이토 신기치 씨가 회상기를, 오무라가 해설을 쓸 예정이었는데, 결국은 오무라 혼자 책임을 지게 되고, 해설 부분이 부풀어 이 책의 본문이 되고, 원래 중심이 될 예정이었던 김용제의 작품이 권말 자료가 되어버렸다. 이 책에 수록된 권말 자료 1은 시 「태양찬」만 빼고는 모두 원문이 일본어다.

이 책의 출간을 맞아, 지금까지 일부 자료를 흔쾌히 제공해 주신 오마키 후지오, 임전혜 두 분께 감사드린다. 또 본인이 조선사연구가이기도 하신 다이와大和서방의 오와 가즈아키大和和明 사장께도 많은 신세를 졌다. 그리고 반복된 질의에 응해주시고, 14년간 2백 통 가까운 왕복서간 속에서 일일이 질문에 응답해 주신 김용제 선생께 심심한 사의를 표하고 싶다.

그렇기는 하나, 김 선생과 나의 견해가 완전히 일치되고 있는 것은 아니다. 특히 태평양전쟁 중의 문학활동이나 동아연맹에 대한 기술은, 김 선생의 뜻과는 현저히 어긋나고 말았다. 괴롭지만 연구자로서의 입장을 관철하지 않을 수 없었다.

본문 중의 문헌의 인용이나 권말 자료 부분은 원칙적으로는 초출 그대로 놓아두었다. 부자연스러운 일본어나 오식이라 생각되는 곳도 그대로 놓아두었으나 하나하나 '원문 그대로'라고 표기하지는 않았다. 단 명백한 오식, 탈자로 인해 원뜻이 통하지 않는 경우에 한해 정정을 했다. 『산무정』 수록 시중 본인이 후일 재수정을 가한 경우는 그 내용을 반영했다. 가나 표기는 당시 그대로 했고, 한자 모두에 독음을 단 시의 경우는 일부만 남기거나 루비를 없애거나 했다.

한자는 상용 한자체를 사용했다. 김용제金竜済도 원래는 김용제金

龍濟라 써야 마땅하나, 인쇄 사정상 상용 한자체를 따랐다.

김용제 연구 관련 자료는 많지 않다. 윤여탁의 「1930년대 서술시에 대한 연구—백철과 김용제를 중심으로」(서울대 국어국문학회, 『국어국문학』 101호, 1989.5)와 임종국 『친일문학론』(평화출판사, 1966.7)이 한국에 있고, 오마키 후지오 씨의 「자괴의 언어는 없지만—김용제론을 위하여」(『환야幻野』 31호, 1989.8), 그리고 소론인 임승만 「친일문학자의 자기 변호」(『조국통일신문』, 1978.12, 근년 신영상의 『분단극복과 한국문학』에 재수록)가 일본에 있다.

이 책은 김용제의 평전적 측면에 중점을 두고 쓴 것이므로, 일본 및 조선반도의 문학사적 배경은 충분히 다루지 못했다. 한국 프롤레타리아문학의 전체상을 알 수 있는 좋은 책은 아직 나와 있지 않으나, 친일문학에 대해서는 임종국 『친일문학론』이 도쿄의 고려서림에서 번역 출판되어 있으므로 참조하길 바란다.

이 책은 기본적으로 자비 출판이지만, 와세다대학에서 출판비의 30퍼센트 정도 출판 보조금을 받았음을 명기해 둔다.

1991년 11월

역자 후기

『사랑하는 대륙이여』 속에는 이런 귀절이 있다.

> 해방 후 한국에서 김용제는 시종 문단 표면에 나오는 일이 없었다. 나올 의지가 없었던 것은 아니다. 나올 수 없었던 것일지도 모른다. 어쨌든 친일문학으로 나아갔던 김용제는 그 나름으로 대가를 치렀던 것이다. 죄의식, 수치감이 있었든 없었든 남은 반생을 빛이 들지 않는 한국 사회의 구석에서 살아감으로써 그 나름으로 책임을 진 것이다.

한국인 독자인 나는 자꾸 이 대목에 눈길이 간다.

해방 후 한국사의 공간이란 지식인의 집단윤리를 시험하는 거대한 장이기도 했다. 일제에 협력한 문인 지식인 상당수가 결연하게 얼굴빛을 바꾼 채 남북 공간을 살아갔던 것을 우리는 기억한다. 그리고 70년이나 흘렀다. 생의 애환을 노래하는 서민적 트로트 가요 같은 것이 우리 문학지성사의 한가운데를 눈물겹게 흘러내려왔다고 해도 될 것이다.

사회적 생존을 위해 곡예曲藝적 삶을 산 많은 문인 지성인들을 생각하면, 김용제의 생애 속에는 오히려 영웅적인 데가 있지 않을까. 얼굴빛을 신속히 바꾸는 것이 상식인 세간 속에서 그는 즉각 그늘 속의 삶을 택했다. 반제국주의 문학의 영웅이었다가 제국주의 친위대의 영웅으로 돌아섰던 김용제, 그는 해방 직후 자신에게 신속히 찾아온 '복귀'의 기회를 마다했다. 그리고 긴 세월을 대중물 원고를 들고 출판사 사이를 헤맸다. 그리고 마지막까지 한국 사회의 대낮 공간 속으로 나오지 않았다. '속죄'란 가볍게 쓰기 어려운 말이지만, 아마 한국의 친일 문인들 중에서는 그가 이 세계에 가장 가깝게 다가가 있는 인물 중의 하나일 것이다.

김용제는 한국이 철저하게 외면해 온 문인이다. 친일문학과 한국 작가가 쓴 일본어 작품이 적극 연구되고 있는 요즘조차도 그렇다. 오무라 마스오 교수의 『사랑하는 대륙이여』는 한국문학사에 아직도 무겁게 드리워져 있는 윤리의 장막帳幕을 새로 들춰보는 계기를 제공해줄 것이다.

역자의 게으름과 일본어 능력의 부족 때문에 저자에게 막심한 폐를 끼쳤다. 허다한 오류들이 저자의 면밀한 지적으로 바로잡혔다. 깊이 감사드리고 또 축하드린다.

2015년 9월

역자

자료

1. 프롤레타리아 시인 시대의 저작

붉은 별 농민야학을 지켜라 / 현해탄 / 봄 아리랑 / 답을 기다린다–감옥 안에서 / 그 전야–조선의 동지들로부터 / 자랑스러운 행렬 / 리포! / 새벽의 노래 / 젊어지신 어머니 / 실업 반대 시화詩畵 전람회 투쟁 약기略記 / 이별 / 선혈의 기억–9월 1일을 위하여 / 불길의 거리로 / 사랑하는 대륙이여 / 진재의 기억–9월 1일을 위하여 / 맑음 / 위험 신호 위에 아침 햇살이 / 국경–14주년 혁명 기념일에 / 우유 배달의 아침 / 레–닌 만세 / 철창의 봄 / 3월 1일 / 해녀들 / 우리의 5월을 / 옥중에서 / 옥중 통신 / 붉은 꿈 / 봄은 꿈으로부터 / 옥중 시집–사랑하는 동지에게 / 옥중 시집–성장한다는 것 / 「지하도의 봄」에 대하여 / 옥중 한시선 / 검은 태양의 날 / 위대하고 행복한 죽음 / 연돌 / 태양찬

2. 김용제와의 교류

① 다키 요사쿠多木要作, 「빼앗긴 동지의 옆 얼굴–김용제 점묘」
(『프롤레타리아문학』, 1932.10)

② 기타야마 마사코北山雅子, 「우리의 시인 김용제를 돌려달라!」
(『문학신문』, 1932.9.25)

③ 다이라 하치로平八郎, 「김용제의 시–현실에서 사는 문인의 태도」
(『문학평론』, 1936.6)

3. 재판 자료

대심원 판결문(1933년 12월 11일) — 『대심원 형사판례집』(법조회 발행)에서

1. 프롤레타리아 시인 시대의 저작

붉은별 농민야학을 지켜라!

(청계 소작쟁의에서 용감하게 싸웠고 강제 폐쇄 폭압과 투쟁하는 붉은별 농민야학의 젊은 동지 53명에게)

야윈 어머니의 굶주린 배 속에서 나오며
차디찬 지푸라기 속에서 빈자貧者의 울음을 터뜨렸던 우리여!
가난한 부모들의 괴로운 투쟁 속에서
피투성이로 부대끼며 배짱좋게 자라나
욕심쟁이 지주를 저주하는 참된 증오 속에서
살아있는 소작쟁의 전술 금방 배웠지
— 지주, 부자 나쁜 놈들 다발로 묶어
꽝하고 해치우는 소작인의 튼튼한 아들이 되는 거라고……
처음부터 의기 충만했던 붉은 별 —
그렇다 붉은 별의 믿음직한 피오닐이야!

이번 청계농장 소작쟁의 한참일 때
우리 붉은별 농민야학 피오닐은
청계소작인동맹 소년부의 붉은 × 밑에서
우리 53명 어린 전사들이
한 개의 커다란 포탄으로 뭉쳐 일어선 거야!

리포도 전단도 삐라는 물론
곡창穀倉 ×격 데모 때도 맨 앞에서 밀어닥쳤어!

피비린내 나는 수많은 희생에도
잘 견디고 분발한 덕으로
청계소작쟁의는 요구의 8할을 쟁취해냈다.
그렇다 힘껏 싸우면 꼭 이긴다
지금껏 숨죽이고 계시던 늙으신 할아버지가 말씀하신다
  정말 잘 싸워 주었네
  다섯 섬 소작료가 석 섬으로 끝났으니……
하니 손녀 정희가 이렇게 외치는 거다
  그건 정말 기쁜 일이에요
  하지만 하나 더 생각해 보세요
  석 섬이든 서 말이든
  아니 아니 세 톨이든!
  왜 일도 안 하는 나쁜 놈들한테
  피땀 배인 쌀을 빼앗겨야겠어요!
오오 그렇구나 열 두 살 가난한 딸이
이리 똑똑해진 건 전부
우리 붉은별 농민야학 덕택이구나

퍼렇게 멍든 복동이를 사랑스레 껴안고
뜨겁게 복받치는 눈물어린 목소리로 어머니는 말하네
  고×과 추위 때문에 감옥 생활
  죽을 듯이 힘들었지

그때 복동이가 뭐라 대답했느냐!
　그보다도 지주 부자 앞잡이질하는
　깡패놈들이 미워 가슴이 뒤끓어요
　빨리빨리 친구들한테 따뜻한 차입을요!
오오 그렇구나 열 다섯 살 가난한 아이가
이리 강해진 것도 모두
우리 붉은별 농민야학 덕택이구나

우리 피오닐의 눈부신 활동에
파랗게 질려 거품문 놈들은
이번에 또 우리 신성한 학교를
사벨[긴 칼]로 위협하며 없애려 하는 거다
이 얼마나 아름다운 말투냐—
　볼셰비키의 알을 부화시키는
　괘씸한 불온 교육은 안 돼
　불령한 ××당원의 건방진 누이동생이 선생이니 안 돼
흥, 대체 그게 왜 안 된다는 거야
우리의 불타는 눈을 멀게 하려고
우리의 외치는 입을 막으려고
그런 미친놈 같은 난폭한 짓거리는
타는 불에 기름 끼얹기밖에 안 돼

오오 우리의 사랑하는 붉은별 농민야학을
빈자貧者들의 참된 학교를 지켜내자
투쟁해 나가는 53명 피오닐 뒤에는

전 조선 전 세계 수천만 프롤레타리아의 뜨거운 악수 사슬이 굳게 이어져 있다.

그렇다. 어떤 폭×의 폭풍도 물리치고
붉은별 농민야학을 지켜내자!
붉은별 농민야학 ××폐쇄 절대 반대다!!

현해탄

오오, 현해탄의 거친 파도는
오늘밤도 얼굴에 진눈깨비 맞으며
무거운 감정처럼
어둠 속에 검게 너울거리며
멸망해가는 고국의 곶을 씹고는
회백색 물연기를 토하며 일렁거린다
머얼리 부웅—관부연락선 소리 들리고
분주한 퐁퐁 증기배 순경이 든 적赤전등이
미친개의 눈알처럼 깜빡거린다.

나는 지금 이 노예 풍경의 바닷가에 서서
모자를 젖혀 쓰고
오버 깃을 세워
잔뜩 웅크리고는
오늘밤 집회에 화살처럼 서두른다.—
속 주머니 삐라와 뉴스가

스며드는 진눈깨비에 젖지 않도록 조심하면서

오오 수만 동포가 이산離散의 눈물 흘리며
작년 '조선방직' 파업에서 진
투쟁하던 가여운 누이들의 상처투성이 노래가 울려 퍼지던
우리의 바다! 현해탄은 일렁인다.
오오, 잠들어 본 적 없는 현해탄의 거친 파도여!
우리의 괴로운 투쟁의 노래도
이 바다처럼 퍼져나가 이 물결처럼 높아질 것을 아는가?
—'3·1'을 ×××이크로 기념하자!
이 투쟁의 지령을 간직하고 있는 나의 뜨거운 가슴은
이 출렁이는 우리의 바다를 따라
진눈깨비 어둠을 뚫고 집회로—

봄 아리랑

아리랑 아리랑—이 음조는 그 애조 띤 흙의 울림으로, 전 조선의 농민에게 사랑받고 있는 빼어난 민요의 운율이다. 굶주린 제국의 들판에서, 솔잎을 긁어모으는 아이들과 풀을 베는 시골 소녀들의 애달픈 노동 동작과 조화되는 리듬을 갖고 있다. 그러나 모든 민요예술이 그렇듯이, 이 아리랑 노래도 역시 자연발생적 영역을 벗어나 있지 않다.

졸고는 이 형식을 차용하여, 투쟁하는 빈농에게 보내는, 노래할 수 있는 시로서의 아리랑을 시도해 본 것이다. 또 '아리랑 소녀' '아리랑 나라' 등의 가사에 일부러 의미를 붙인다면 "우리의 소녀" '우리의 나라"라는 의역도

가능할 것이다.

앞의 두 줄이 선창, 뒤 네 줄이 제창이다.

아리랑 아리랑 아라리요
아리랑 소녀 뭣 때문에 우노?
　아리랑 나라 젊은이를
　아리랑 어여쁜 그 사람을
　쇠사슬 채워
　어두운 감옥에 쳐박았다네

× ×

아리랑 아리랑 아라리요
아리랑 할아버지 어디에 가노?
　아리랑 고향에선 살 수 없어
　추운 만주로 쫓겨 간다네
　아리랑 아리랑 정처도 없이
　아리랑 국경을 넘어 간다

× ×

아리랑 아리랑 아라리요
아리랑 동포는 무엇을 먹누?
　아리랑 나라는 쌀의 나라
　아리랑 동포는 좁쌀도 없네
　악귀 같은 왜놈한테 빼앗겨서
　오소리 같은 지주놈한테 빼앗겨서

× ×

아리랑 아리랑 아라리요

아리랑 봄이 왔다 뉘 그랬노?
　아리랑 고개 봄 바람에
　꽃 피든 새 울든
　놈들이 살아 있는 한
　우리 인생에 봄은 없다네
×　　×
아리랑 아리랑 아라리요
아리랑 우리 싸움은!
　타국의 늑대들을
　아리랑 나라 지주놈들을
　아리랑 적기 펄럭펄럭
　아리랑 나라에서 쫓아내라
×　　×
아리랑 아리랑 아라리요
아리랑 우리의 봄날 노래!
　아리랑 적기 펄럭펄럭
　아리랑 밭에 씨 뿌린다
　이 세상 토지는 농군의 것
　아리랑 우리가 만드는 ××

답을 기다린다—감옥 안에서

철창은 높고
돌벽은 두텁고 차갑지만

독방의 밑바닥에
뼈 속 스미는 썩은 공기는 무겁게 가라앉지만
투쟁의 날日을 열심히 산다
우리 가슴은 기쁨으로 외친다
　오오 감옥 속에도
　메이데이가 온다!
밀려드는 파도다—격렬한 투쟁의
넘쳐 흐르는 숨결이다—오월의 노래의
오오 근질근질 파도치며 솟는 피는 뜨겁고……
5월 1일은 다가온다
미끈미끈 ×칠된 놈들의 쇠사슬이
상처투성이 반半 ×체體를 갇힌 우리를
얼마나 단단히 동여매고
얼마나 끌고 다니다
이 독방에 쳐넣었던가!
두고 보자!
적의 폭풍이 아무리 미쳐 날뛰어도
원한의 나날이 아무리 반복되어도
오직 승리의 그날에로……
투쟁의 생명을 담대하게 키워가는
대중의 발걸음
해와 달의 흐름
우리의 태양을 가둘 수는 없다
오늘 갇혀 있는 우리는
모든 고통과 굴욕을 떨쳐내는 반항으로 불타며

빛나는 희망 속에서
돌아오는 메이데이를
터질 듯한 생기 속에서 기다린다
오오 저 3월의 피를 뒤집어쓰고
3년여나……
우리는 어둠 속
그대들은 폭풍의 바깥
두 번의 메이데이와는 떨어져 지냈지만
그리고 올해 그날에도
우리는 아직도 미결인 채 그대로……
모두와 씩씩한 팔 함께 두르고 데모할 순 없지만
오오 할 수 없지만
투쟁의 전선에 맥박치는 피 물결은 한 줄기
생사는 함께 ×기旗의 그림자
그렇다 그대들은 밖에서 우리는 안에서
이번 캄파[대중투쟁]야말로
필히 우리 식으로 해 보일 테다
오오 이 소식 듣기 위해 생각은 내닫는다
　고난스러운 지하조직은……?
　바로 우리의 지도 밑에—
　메이데이 대중 동원은……?
그러나 우리는 굳게 믿는다
그날의 노래 소리가
울리는 발 소리가 돌격의 고함소리가
그것을 초조하게 기다리는 갇혀 있는 우리에의

그대들의
힘찬 승리의 함성, 그 '대답'인 것을!
그리고 기뻐해달라 바깥의 모든 이여
감옥으로부터의 메이데이 뉴스는
단식 투쟁이란다

오오 다가오는 투쟁의 날을 앞두고
갇혀 있는 우리는
바깥의 동지들을 생각하며 기쁜 눈물 머금고
미움을 원한을 분노를
단 한 줄기의 커다란 기쁨으로 바꿔
5월 1일의!
멋진 '바깥의 답'을 열심히 기다릴 테다

그 전야前夜—조선의 동지들로부터

오오 내일이야말로
우리의 5월 1일 내일이야말로
만국의 데모 폭풍이
전 세계를 흔들고
백만 시위대가 일떠서는 날이다
모든 나라의 모든 이와
똑같은 희망에
똑같은 정열로

가슴을 불 태우며 내일을 기다리는 우리
우리는 조선 태생——
저주받은 식민지의 프롤레타리아다.
고향에서 ×겨나
적국의 노예 시장에서
생활이 짓밟히고
피땀 빨리우는 우리다.
그러나
친애하는 ××의 동지들이여
그대들은 언제나 우리의 유일한 편
같은 하나의 ×를 물리치기 위해
서로 지켜주고
서로 사랑하고
함께 일하고
함께 싸워 왔다
그리고 쉬임없는 피투성이 투쟁 속에서
우리의 날 내일의 메이데이를 기다리는 전야
오오 우리의 피 물결血潮은
우리의 투쟁의 가슴을 한 줄기로 뜨겁게 흘러
맥맥히 파도 치며 치끓어오르는 거다
그리고 우리의 암구호는
그대들의 동지애를 북돋우고……

그렇다
우리는 조선 태생

그대들의 언어를 잘은 못하지만
어떠냐
들어 달라 같이 노래하자
거칠어진 사내의 단단한 가슴에 울리는 외침을!
투쟁 속에서 직접 배운 이 노래를!
메이데이, 적赤 × 인터—의
자랑스런 가수다—우리는

오오 모든 산업계 동지들 모두!
계획과 전술을 맞춰보는 태풍 전야다
벨트를 잘라 내고 보일러를 끄고
모든 부서를 박살낼 각오 돼 있느냐?
새벽 바람은
오싹오싹 투쟁의 숨결
오오 걷혀 가는 동틀녘 안개 틈새로
연기 뿜지 않는 굴뚝을 보라!
새벽 노을 5월 하늘에
펄럭이는 진홍빛 깃발 색을 보라
그리고 들으라!
시바芝 공원으로 쳐들어가는
일선日鮮 프롤레타리아
백만 시위대의 발 소리를!

자랑스러운 행렬

지금 시바[芝]공원에서
거리로 눈사태지는 군중은
거대한 육탄 데모 행렬!
그것은 높이 일렁이는 노도 같이
파도치며 시커먼 소용돌이 치며
엄청난 큰 파도 치며 나아간다
붉은 조합기는 뒤섞이고
꼬리 무는 슬로건 깃발은
피어오르는 전진戰塵에 뒤섞여
오로지 전진한다 백만의 머리 위에서 펄럭인다

강한 힘으로 내딛는 발걸음은
놈들의 빌딩 사이 울리고
놈들의 거리를 덜컹덜컹 뒤흔들고
오오 이 데모 행렬이야말로
프롤레타리아의 5월의 노래
목숨의 강물
살과 피로 쌓아 온 성채다
씩씩한 팔뚝을 서로 끼고
거칠어진 가슴판 서로 부비며
먼지를 들이키고 땀을 흘리며
싸우며 나아가는 이 힘
오오 얼마나 한량없는 대중의 압력이냐

모든 비겁한 장애물 밀어젖히고
데모 행렬은 오직 앞으로—
증오로 오른쪽 보라
놈들의 오만한 빌딩
그리고 왼쪽을 보라!

이 오물 더미를
상쾌하게 물리치는 그날을
우리의 눈부신 건설, 그 최초의 날을
바라지 않는 이가 한 명이라도 이 행렬에 있겠느냐

에이타이교永代橋다!
늘어진 구경꾼 속에서
삐라 불꽃이 퍼억 튀어 올라
(턱× [턱끈, 경찰대]이 순식간에 몰려드는 순간)
행렬을 목표로 몰려오는 돌격대
  우리는 함성을 지르며 동지를 맞는다
  동지를 지켜라!
  놈들 손에 넘기지 마!
  힘과 힘이다……
× 투성이 난亂 ×을 되풀이하며
밀어젖히며 오로지 전진만 하는 힘
×× 훈련의 5월의 흐름은 강하고
새카만 데모 행렬은
불타는 전진戰塵 속을 앞으로—

리포!

검붉게 녹슨 고철 쓰레기터에도
푸른 풀은 봄 힘으로 자라고
매연에 그을린 공장 뒷터 나무에
어느새 새잎 춤추고 뜨거운 햇살 빛난다
투쟁을 숨겨주는 그 숲 속 그늘에서
작업복 차림 형제들이 뭉쳐
땀과 분노의 호흡 거칠고
놈들의 계략을 폭로하고
돌아오는 메이데이를 논의하는
요즈음!

오오 타오르는 투쟁의 불길에
나의 부서—
리포터의 움직임은 부산하게 활기띤다.

리포다! 리포!
이 손을 태워 투쟁의 불덩이를
필히 상대방의 가슴 속에!
거친 태풍과 맞싸우며
가두 연락에
비밀의 하늘을 용감하게 나는 자—
오오 목숨 건 이 부서는
프롤레타리아 조직의 동맥을 잇는

볼셰비키의 붉은 날개다!

뛰어다니는 이 다리는 단단한 쇠
흔들리는 거리의 아스팔트를 내딛으며
피투성이 전열을 서두를 때—
명랑한 '×기'의 휘파람에
피로의 땀은 씻기고
봄바람을 가르는 씩씩한 가슴에
투쟁의 피는 활활 불타오른다

길 모퉁이 함석 담장의
낡은 삐라를 보면서
되살아오는 산 추억—
3·15 기념 전단을 붙이러 가선
돌아오지 않는 그 녀석!
동그란 눈동자 로이드 안경 S

오오 그 녀석은 요즈음
몸을 찢는 끔찍한 ×문을 견디며
씩씩하게 버티고 있겠지……
그 힘든 감옥 속 투쟁을
수도 없이 생각하며
그 복復×의 이를 갈며
나는 이제 리포를 움켜 쥐고
그 녀석 대신 온 신참을 만나러 간다!

그가 공장 거리에서 수백 번이나 건너다닌
저 스미다강隅田川의 ××교橋 초입으로——
끈적끈적 탁한 저녁 강물 위
어른어른 등불 빛 흔들거린다

(…중략…)

고맙네!
기쁨과 사랑이 스며나오는 사내의 목소리!
—틀림없이 수령했소
그렇게 말하고 리포를 우겨넣은 검은 사내는
어스름 강변 저편으로 사라져 간다
오오 길 서두는 투사의 앞길에
오늘밤 집회의 꽃은 피어오르고
내일은 필히 파업의 불길이!
이윽고 그날 최후의 폭발이!

새벽의 노래

새벽 다섯 시 동 트기 전
이슬에 젖은 잡초를 차고
아라카와荒川 철교 근처에 모인 네 명의 젊은이
우리는 선발된 새벽 돌격대
북부지구 Y의 행동대!

아지트에서 삐라를 기다리는 사이
힘 실린 저음으로 합창한
　깨어나라 우리 형제여!
　새벽은 온다……
아침 노을에 걷히는 엷은 안개 흐트리는 노래 소리는
오지王子 공장가에 보내는 아침 인사다.
아직 잠에서 깨지 않은 조용한 강물 위로 울려퍼진다
사랑하는 일터―오지王子 지대!
늘어선 굴뚝은 일찍부터 무럭무럭 연기를 뿜고
기적을 불어 올리는
오오 노동과 투쟁의 거리!
이제 돌격대는 거기로 파고드는 거다
공장, 공장의 담장 너머로
Y의 선전지를 우겨 넣고!
묵묵히 철문 안으로 빨려드는 형제 자매의
시커멓고 거친 손에
상처투성이 손에 창백한 손에
투쟁의 피의 뜨거움 나눠 쥐고 격려 나눈다―
아버지[공산당]의 삐라를 직접 뿌리는 거다!

강변 모래를 힘껏 웅켜 그 놈을 비누 삼아
손에 묻은 프린트 기름을 비벼 씻는 동지
듬뿍 강물을 퍼서
수면 부족 얼굴을 기분좋게 씻는 동지들이여
아침 노을 하늘색 비치는

아라카와 풍경이 아름답다 말하는 거냐!?
보라 커다란 돌 풍덩 던지는
이 소리에
아라카와의 깊은 원한 다시 들어라!

달려온 삐라 책임자가 가까워질 때까지
M의 팔은 푸른 도리우치[사냥모]를 흔들어댔다.
노래 소리는 새벽 아라카와를 울리고—
　아아 인터내셔널
　우리의 것

젊어지신 어머니

1
6년 만에……
불령한 죄와 몹쓸 병을 무겁게 이고
폭우 쏟아지는 한밤중을
고향 언덕 넘어 가난한 우리 집에 돌아왔을 때—
피곤에 문드러진 온몸은
흠뻑 젖어 으스스 떨리는데
오오 썩어가는 폐를 지닌 내 가슴 속에
그저 타올라
울고 싶도록 뜨겁게 되살아오는 것이여!
육친의 사랑의 숨결이여!

——아아 만약
연로하신 어머니 사랑스런 누이의!
  (맛없는 죽을 같이 훌쩍이고 있을 테지
  (피 섞인 괴로운 눈물과 깊은 슬픔을
정말로 위로할 수 있다면……

2
이젠 고향은 멋진 전장戰場
그렇게 완고했던 마을 소작인들은
여기서 힘차게 싸우고 있을 것이다
오오 늙으신 어머니까지도
놀랍도록 젊어지셨을 것이다.

눈물 투성이 어둠 속이었던 우리 집을
나는 경탄의 눈으로 눈부시게 바라본다
  (아이 때 자주 코를 풀어 문지르고 야단맞던
  이 거친 통나무 기둥에 늠름히 붙어 있구나)
오오 "○○소작인 조합 사무소" 간판이여!
그 앞에서
어머니는 닭에 모이를 뿌리시면서
생기 있는 목소리로 나를 격려해 주신다
  "참 잘 돌아왔다
  몸은 금방 나을 거다 그리고
  피묻은 마을 조합을
  모두와 함께 든든히 지켜 다오!"

어 어머니!

나의 가슴은 기쁨으로 터질 듯

감사합니다……

당신은 훌륭한 "빈자貧者의 어머니"입니다

3

여동생은 착한 농민의 아내가 되어 있다

그리고 벌써 젊은 어머니의 몸

신랑은 뛰어난 투사 그 아들은 건강하게 자라는 피오닐

남편에게 보낼 차입물을 꿰매는 여동생의 무릎을 자로 찌르며 조카애는 묻는다

"저 예쁜 깃발 단 큰 자동차 타고 간 아빠는

어디 갔어?

왜 안 돌아 와?

나도 같이 갔으면 좋을 텐데!"

누이동생의 눈 언저리는 물기를 머금은 듯

그러나 어머니는 침착하게 이야기를 해주신다

………………………………

금년 봄

'출입금지立禁'에 반대해서 공동 경작으로 싸웠던 모습을!

그때 수십 개 적기와 함께 마을 청년들을 몽땅 잡아가버린 검속檢束 트럭의 일을!

"아빠는 전쟁에 갔단다

아빠는 힘이 세니까
나쁜놈들 무찌르고 이길 거야
그리고 저 예쁜 깃발에
아주 많은 선물을 싸서 돌아올 거야
얌전히 기다려요 착하지
빈자貧者의 아이는 절대 안 우는 거란다……"
오오 어머니!
그것이 손자를 어르는 당신의 자장가—
당신의 그 강한 마음
당신은 훌륭한 피오닐의 할머니십니다

실업失業 반대 시화詩畵 전람회 투쟁 약기略記

우선 이 보고 비판의 기관지상의 발표가 이렇게 늦어진 점을 사과하지 않으면 안 되겠다. 그러나 그 원인이 휴간 등 어쩔 수 없는 쓰라린 사실 때문이었다는 점 어쩌겠는가.

시화 전람회! 이 캄파[대중투쟁]가 우리와 동일 전선에 있는 우의友誼 단체와 공동으로 투쟁해 온 것은 실로 의미깊은 일이었다.

지난 4월 19일—우리 노동자 지역인 고토江東 지구 야나기시마柳島에서 "제대帝大 세틀[settlement]"의 노동학교를 회장 장소로 쓰기로 하고 대중 앞에서 첫날의 막을 올렸다. 그러나 유감스럽게도 우리의 기대는 충족되지 못했다. 입장자 수가 겨우 52명, 이렇게 낮은 실적의 원인은 어디에 있었는가. 준비 활동에 회원 동원이 원활하지 못했던 점, 선전이 불충분했던 점, 회장의 위치를 알기 어려웠던 점 등등……… 그러나 총인원의 과반수 30명이 노동자 여러분이었던 점은 우리의 기쁨이었다.

이 노동자 여러분이 전람회에 대해 기탄없이 투고해준 비평 감상문은, 우리를 부끄럽게 하고 감사하게 하고 또 기쁘게 해 준 대중의 소리였던 것이다.

거기에서 우리의 예술이 얼마나 많은 요청을 받고 있는가 지지받고 있는가를 이 실천을 통해 배울 수 있었다.

어쨌든 만약 보다 조직적으로 준비 투쟁을 할 수 있었다면, 우리 지구에서 4, 5백 명의 노동자 여러분을 맞을 수 있었을 텐데…….

×

25, 26 양일 — 신주쿠新宿 기노쿠니야紀國屋에서의 캄파.

이때는 고토江東의 실패가 다소 청산되어 먼저 선전에 주력한 바, 회원의 동원이 원활했다. 장소 관계도 있어 고토에서의 저 실적을 만회할 수가 있었다.

총인원 994명 — 그중 노동자 여러 분이 겨우 198명이었던 것은 슬픈 일이었다.

그리고 여기서 불쾌했던 것은, 개최 전부터 ××서署의 ××와 난폭한 ×× 일이었다. 철거 작품 13점! 그러나 우리는 작품 추가로 ×습했다. — 그리고 작품 총 수는 고토江東 때보다도 4~50점 증가를 보였다. 특히 양일 모두 P. P.[프롤레타리아 미술가동맹]의 미술가 제군이 회장에서 화필을 휘둘러주어 회의장 분위기가 편해졌다.

하여튼 결점이 많았음에도 불구하고 예상 외의 호성적을 거둘 수 있었던 것은, 우리의 커다란 희열이었다.

이상으로 간단한 보고를 드렸다. 다음으로 이 전람회 투쟁을 통해 우리의 조직 운용 실력과, 그것을 보다 활성화하기 위한 구체적이고도 산 교훈을 배울 수 있었던 점, 우의 단체와 보다 긴밀한 악수를 나눌 수 있었던 점이 커다란 수확이었다는 점을 밝혀두어야 하겠다. 그리고 대중의 눈 앞에서,

시인회詩人會와 가인동맹歌人同盟의 면모를 선전할 수 있었던 것은 물론, 내부적으로는 현재 가인동맹의 단가운동短歌運動이 시운동에로의 해소를 외치고 있는 이때, 이 공동 캄파로 투쟁한 것은, 그 촉진을 위한 커다란 박차가 되었던 것이다. 우리는 가까운 장래에, 가인동맹의 동지 제군 중에서 뛰어난 시인을 대중적으로 영입하게 될 그때를 커다란 기쁨으로 기대하는 바이다.

붓이 좀 옆길로 들었으나, 미술가동맹 및 작가동맹 제군이 이 뜻깊은 전람회가 원활하게 운영될 수 있도록 후원해 준 점, 뜨거운 감사를 드리는 바다.

회계 약보略報

순익 68원 32전

(수입 121원 12전 — 지출 52원 80전)

처분 내역

전기戰旗 방위防衛에 20원

미술가동맹에 20원

시인회 · 가인동맹 각 14원 16전

이번 '시와 그림' 전람회 실천을 통해 직접적인 아지 · 프로 효과를 배울 수 있었다. 금후 우리는 이런 종류의 활동으로 보다 더 강력하게 투쟁할 것을 맹세한다.

★ 프로 시 운동의 볼셰비키화 만세!

★ 프로 시 대중화와 프로 시인 투쟁화 만세!

★ 프롤레타리아시인회의 확대 강화 만세!

이별

사랑하는 동지여!
처음 그때 추억이 되살아온다
그때 그 삐라가
군의 목숨과 몸을 동지의 길로 걷게 하고
두 사람의 사랑을 잇는 연문戀文이 되고—

그리하여 둘은
괴로운 투쟁 속에서 사랑의 뿌리를 깊이 내리고 있었다
그러나 지금은 이 사랑도
깨끗이 던져버리고 헤어져야 하는 것인가!
그래 이것도 이 사회 속
커뮤니스트의 연애다

사랑하는 동지여!
정말 벼락 같은 이별이다
허나
커다란 투쟁의 사랑 앞에
작은 이별의 슬픔이 대수겠는가
동지여! 눈물 머금지 말라—결코

그대는 알고 있겠지
벼락의 섬광이 사라지면
저어

천지를 뒤집는 거대한 천둥 소리 오는 것을
내 모든 것을 새로운 전장에로
오르그의 날개를 펼치는 상쾌한 출발이다
그렇다 투쟁의 신념으로 그대에게 맹세한다
거기서의 내 일이
얼마나 큰 천둥 소리 되어
사랑하는 그대 동지의 가슴에 메아리 칠 건가를!

오오 사랑하는 동지여!
이별 뒤에 올 그날을 위해
환하게 웃으며 헤어지자
폭풍 속 안녕이다

선혈의 기억—9월 1일을 위하여

(1)

8월의 태양은 뜨거워
흙투성이 전대纏袋[배에 차는 주머니] 땀에 흠뻑 젖었다
한창인 도로공사
나의 곡괭이
끔찍한 걸 찍어냈다
처참한 인간의 백골!

나는 백골을 바라보며 입술을 깨문다

"진재 당시 ××되었던
조선노동자의 — 그것일지도!"
오오 만약 그 희생의 단편이라면
나의 가슴판 깊숙이 못박는 것——
저 처참한 추억 속에
원한 맺힌 이 백골의 나이를 헤아려 본다

(2)

나는 이마의 땀을 손등으로 훔치고
타오르며 퍼져가는 여름 구름에로 생각이 내닫는다
그리고 그때의 하늘색을 떠올려 본다——
열기를 머금은
불길不吉을 품은 공기가
타다남은 지상의 재 찌꺼기에 선혈鮮血을 타 놓은 막幕처럼
폭도와 ××의 불안으로 타오르고 있던 것을!

나는 이 먼지 실은 바람에
그때의 바람을 생각한다——
밟혀 찌부러진 어린 딸의 가슴과
×투성이 토공土工의 가슴을 벤 비린 바람이
우왕좌왕하는 내 머리를 흩트리고
부들부들 떠는 가슴을 도려내고는
타다 남은 가로수의 검은 가지에서 흐느껴 울던 것을!

나는 고양이가 썩고 있는 이 개천에서 떠올린다——
도망갈 곳을 잃은 내가

개천의 작은 돌다리 밑에 숨어 있었던 때
다리 위를 두들기는 기병마騎兵馬의 발굽 소리!
×에 굶주린 죽창을 끄는 소리!
나는 그때
×에 고인 개천물에 머리를 집어넣고 숨을 죽였다
그때
사람의 팔다리가 끈적끈적 목덜미에 걸렸다가 흘러가던 것을!

(3)

아아 친애하는 일본의 노동자들이여!
이 백골의 차가운 슬픔은
살아 있는 노동자의 철의 의지 외줄기다.
같은 적을 향한 격렬한 증오와 분노를 넣어
피압박계급의 반역의 맹세를 아름답게 새겨 넣자
—— 프롤레타리아에게 국경은 없다!
—— 민족이란 도랑을 메워버려라!

형제여!
진재 당시 노동자이면서도
조선인의 숨통을 일본의 ××로
야수 같은 고함 지르며 ×여버린 놈도 있었을 테지
허나 형제여 우리에게 과거란 무얼까
노동자의 후회에 울고
노동자의 맹세에 투박한 손을 잡으면서
저 선鮮×의 기억을 이야기해 봐야 하지 않을까!
금년 9월 1일을

투쟁으로 맞아 보지 않겠는가!

9월 1일이 다가온다!
지배 계급은 우리에게
이날의 원한을 망각시키려 발버둥치고
무엇보다도
일선日鮮 프롤레타리아의 단결이 두려워
둘 사이를 가르려 모략질하는 지배계급
(허나 그렇게는 안 돼!
이 선혈의 기억이 더욱더 불타올라
복復×의 기쁨에 취하기까지는!)

불길의 거리로—여차장女車掌의 노트에서

A

한여름 도시는 불길의 폭염——
열탕 같은 땀이 줄줄 흐른다
백분白粉도 연지도 엉망이다
색 바랜 감색 옷을
새카만 얼굴을
태양의 직사直射가 구워버린다!

타고 있는 버스의 승강구에서
눈에 스미는 땀을 닦으며 닦으며 나는 보았다

먼지와 매연으로 찌든 거리의 가로수
그 윤기없는 초록과 시든 나뭇잎을
바람도 없이
마치 죽은 것 같다
아아 멋진 저녁 노을은 어디 있느냐!?
쏴아 하고 한바탕 쏟아져 주렴!
(착취에 신음하는 우리 가슴 속 괴로운 불 위에도) ……

나는 알고 있다
이 가련한 가로수는
어딘가 아름다운 숲 속에선가 들판에선가
뿌리채 뽑혀 끌려온 것을
그리고 더러워진 '도시의 신부'가 되어
이 불결한 공기 속에서 괴로워하고 있다는 것을!
아아 그렇다 우리가——
자상한 어머님 계신 그리운 시골을 떠나
이 불길의 거리에서
딸의 젊음을 태우면서
피땀의 노동에 학대당하고 있듯이!

바로 요전 시골 어머님에게서
걱정과 한숨으로 얼룩진——자식 사랑 가득한 편지가 왔다
(빙수는 벌컥벌컥 마시지 말도록 해라
(감옥간 오빠는 불효자다
(너만은 착실히 일해다오, 라고

아아 이 애달픈 부탁이 서러워 나는 운다
약소한 돈을 넣은
긴 답장을 부쳤지만……

B

어머니!
너무 슬퍼 마세요
제가 지금 땀투성이로 뛰어다니는 거리의 시든 가로수를 생각하세요
(언제였더라……
드센 아침 햇살에 시들어가는 연약한 나팔꽃을
너무 얌전한 꽃이라고 불쌍해하시던 어머니
그대로 시들어 가는 가로수의
얌전함을
살아 있는 사람인 저에게 권하시는 거예요!?

아니요 오빠는 뛰어난 투사예요
(사랑하는 아들이 얼마나 훌륭한지 그것도 모르는 어머니가 어디 있어요
그러니까
저는 열심히 싸우지 않으면 안 돼요!
오빠를 다시 내오는 커다란 힘은
얌전히 기다리는 세월의 흐름 속이 아니라
지금 여기 단결된 프롤레타리아의 천만千萬 손길 속에 있어요
어머니!
이 '붉은 버스'의 노래를 불러 보세요
우리 차장 칠백 명

최루탄총 이까짓것
혹시 전선戰線에서 쓰러진다 해도
진홍 깃발 피로 타올라

그러다가
틀림없이 소나기 시원하게 쏟아지고
거리의 가로수도 싱싱하게 되살아나겠죠
그때 시원한 나무 그늘과
그 밑을 노래하며 걸어가는 건강한 구두 소리, 그 울림을
다시 편지로 쓸게요

어머니!
마음 크게 드시고 그만 슬퍼하세요

사랑하는 대륙이여

굶주린 들판
그것이 그대 가슴이 펼쳐진 곳이다.
붉게 벗겨진 산맥
당신의 말라비틀어진 등줄기다
어머니의 품 속——그대 자식들의 이부자리는 상처투성이
……… 사死×로 가득 차
선鮮×을 뒤집어 쓰고……
아아, 식민지 지옥의 야산에는

물 한 방울 풀 수 있는 자유도 없고
한 다발 나무를 할 그늘도 없다.

굶주린 들판에 들러붙은——
초가 지붕 밑과 어두운 온돌 바닥에
어떤 생활의 신음 소리가
어떤 슬픈 자장가가 있는지
그리고 그 용광로에서 끓어오르는 투쟁의 노래에서
——그대의 투쟁 속에서
얼마나 무참한 ×압의 ×가 배어 나오는가를
어머니 당신은 알고 있다.

그대의 격분은 대륙의 폭풍!
폭풍으로 불타 오르는 볼셰비키의 불길을
일본해 한류寒流가 끌 수 있을까?
식민지 프롤레타리아의 ×역逆의 눈사태를
제국주의의 보루堡壘가 막을 수 있을까!
대륙의 몸뚱이를 뒤흔드는 황량한 가을 바람이
차압당한 벼 이삭에 불어오네
이 10월의 숨결에
감옥 속 자식들은
그리운 그대 젖가슴 내음을 가슴 가득 들이키고
형무소 뜰 벌레 먹은 낙엽과
붉은 죄수복의 빛깔을 한참 견줘볼 테지
그리하여 가을 하늘 저편

멋지게 건설되는 러시아를 생각하며
10월 ××의 피 이야기를 떠올릴테지.

갇혀 있는 전사——감옥 속 자식들을
사랑과 평화에 빛나는 소비에트 ××의 팔이
껴안아 줄 그날을 잊지 말라

오오, 어머니 그대
사랑하는 대륙이여
그대의 자식들을 북돋아주어
식민지 프롤레타리아의 인고忍苦의 노래를
국경 저 멀리———
세계의 심장에까지 울려 퍼지게 하라!

진재震災의 기억—9월 1일을 위하여

아주머님, 따님 여러분
프롤레타리아 여성 여러분!
저 진재 당시
무참히도 학×된 조선 여성의
선鮮× 이야기를 두 개만 말씀드리지요
여러분은 분명히
이 이야기에 슬픈 눈물 머금기 전에
이를 갈며 날카로운 증오로 얼어붙으실 겁니다

가슴 속이 깊은 원한으로 타오르실 거예요

A씨는 하루벌이 토공土工의 가난한 아내였습니다
학虐×의 공포 속에서
남편의 모습은 이미 보이지 않았어요
벌써 ×되었음에 틀림없다고
그녀는 체념했지요
그리고 그들 손에 죽기보다는
스스로 자살하려고 각오했습니다
허나 그녀는 사람의 어미였지요
아이를 위해서 살아야 했어요
무거운 아이를 들쳐 업고
×가 들러붙은 어둠 속 뒷길을 필사적으로 도망쳤지요
그리고
구단九段 언덕을 올라갔을 때
뒤따라온 대위인지 중위인지 모르지만
어쨌든 훌륭한 군인 ×이
말에서 내려서는
발拔× 일섬一閃!
불쌍한 모자는 돌계단에 머리를 부딪고 쓰러져 버렸습니다

에에 — 생각해 보세요.
아이의 ×물이 어머니의 흰옷을 적셔내리고
어머니의 ×보라가 아이 얼굴에 뿌려졌지요
뿐만 아니예요

조금만 더 들어 보세요
그때 그녀는 임신 중인지라
갈라진 배 안에서
아직 눈 코도 안 달린 태아가 튀어나왔답니다
그 토마토 같이 연한 태아를
　—이것도 조선 종자다! 라며
군화발로 으깨버렸지요
옆의 야스쿠니 신사 '신神님'들께서는
나라를 위하여
이렇게 맛있는 봉헌물을 바치다니, 하시며
크게 기뻐하셨습니다
(이 이야기는 그때 그 자리를 목격했던 A씨를 아는 분의 실화입니다)

다음 또 한 희생에 대해 말씀드리죠
여학생 같은 젊은 처녀가
×와 육체에 굶주린 자경단의 마수魔手에
숲 속으로 끌려갔습니다
알몸뚱이가 되어
누운 자세로
네 손 발이 나무 뿌리에 묶였습니다
그리고 무슨 짓을 당했다고 생각하십니까
야수들에게
짐승같이 폭행을 당했습니다
마지막엔 가슴과 배 위에
몇 개인가 죽×이 세워졌습니다

죽창 끝에 꽂힌 ×투성이 옷이
비린내 풍기는 바람에
히노마루 깃발처럼 나부끼고 있었다고요……
(이걸 바로 옆에서 본 일본 노동자한테 들은 이야기입니다)

아아
만장하신 아주머님, 따님 여러분
아들 딸을 잃으신 어머님 여러분
남편이 ×당한 부인 여러분
저 처참한 선鮮×의 기억을
오늘 여러분의 생활과 연결해서 생각해 보세요…….
원한에 흐느끼는 그 피를
프롤레타리아트의 전열戰列의 길에 바칩시다.

맑음

10월의 아침 하늘은
오늘 아침도 멋진 가을 맑기만 하다
우러러 보라
커다란 기중기와 굴뚝이 떠받쳐주니
지상을 둘러싼 파아란 텐트 같구나
동쪽 볼이 아침 햇살에 빨갛게 달아올라
작업복 빛깔에 빛나고 있다
사무치게

사내 가슴에 스며드는 우리의 하늘빛이다

허나 허나 우리 생활은
저 하늘빛 같은 게 아니다
하지만 하지만
어두운 공장은 미래를 키우는 어머니의 품 속――
일하는 자만의
싸우는 자만의
우리만의 행복한 세계인 거다
자 서두르자
맑은 가을 아침 일찍
공장 투쟁을 향해――
길 서두는 노동자의 가슴은 명랑하다

어이 소년공工아
어젯밤엔 또 싸구려 영화라도 보고 왔냐
아니면 「소년 전기戰旗」로 밤샘을 했냐
칠칠치 못하게 눈두덩 문지르는 놈이 있냐
저기 우물가에서 얼굴 씻고 오너라
저 아침 하늘처럼 맑디 맑은 얼굴로 말이다

분회원分會員 여공女工 씨가
활기찬 내 어깨를 퐁 하고 두들긴다―
저 파란 하늘 한가운데로
튀어오르는 듯한 오늘 아침의 육탄이다

안녕, 붉은 굴뚝아!
너의 배 속에 숨은 '어젯밤 폭풍'을 뿜어 올려라
(어둠 속 공장 안에 전단을 뿌려놓은
(우리 작은 공적功績이
오늘 아침 모두의 격정 속에서 투쟁의 불을 태우는 거다

아침 공장은 투쟁을 준비해 놓고
나를 부르고 있단다
모두를 기다린단다
아침의 술렁거림은
저 해맑은 파란 하늘 끝까지 울려퍼질 거다

위험 신호 위에 아침 햇살이

프린트 한 장, 한 장에
긴 가을밤이 밝았다.
흐릿한 전등을 끄고
커튼을 걷는다 그리고
밖에서 보이도록
흰 손수건을 대충 걸어 놓는다.
이놈의 역할은 비밀의 기수旗手 —
전술의 위험 신호다!

두 사람은 묵묵히 네 손은 바쁘다

이제 백 장.
이제 두 묶음이다
곧 끝난다.
하얀 백지가 쑤욱 쑤욱 줄어든다
그리고 마지막 한 장을
장난기 같은 흥분을 넣어 꾸욱 누른다
롤러의 회전에
피로의 끝에서 솟아오르는 기쁨!
(새벽 바다에서 튀어 오르는 태양의 기세다)

여어
신호에 새벽놀이 비친다.
찌르는 아침 햇살에
금방 인쇄한 삐라의 글자는
"11월 7, 8일!
러시아 ×× 기념투쟁으로……"라
새겨진 등사 기술도
눈부시게 선명히 빛나고 있다.

지금——이제 시간이다—
지구地區의 청년들이
아침 바람을 가슴으로 가르며
이놈을 받으러 올 테지
새벽으로 빛나는 신호의 붉은 옆얼굴!
"안전"한 신호로 무장하고

청년들의 날카로운 눈동자를 기다린다.

국경-14주년 혁명기념일에

조선과 중국을 넘어
우랄산맥 지맥支脈에 우뚝 선 백두산의 웅자雄姿!
저 여름에도 그대로인 꼭대기 눈에
오늘! 11월 7일 새벽 노을이 눈부시게 빛난다
오오 저
14년을 자란 소비에트 동맹의
××××××××호흡하는 것은 나 혼자가 아니다
　　　　××
가시나무의 열의熱意를 품는 것도 나 혼자가 아니다
×××××××에
혁명기념일을 맞이하는 ×××××다!

백두산의, 오른쪽 절벽으로 떨어지는 폭포는 일본해로 백오십리
——두만강의 격류!
왼쪽 기슭에서 솟는 샘은 황해로 2백 여 리
——양양한 압록강의 대하!
오오 이 ×××강에
×××××××가 얼마나 역사의 ××××××가
그리고 지금은 ××××××의 ×××××가
식민지 ××××를 얼마나 ×××××있는가

분노의 거품을 씹는 압록강의 소용돌이여
××××하는 ×××××× 함께 동양 제일의 철교를 삼키고
뻗내 나는 황해 저쪽으로 나아가 ×××××은 언제냐
두만강 하류의 ××× 눈부신 !
두고 보자 의 ××××××
에이 원한에 술렁이는 격류의 힘이여
×××××× 만재滿載한
일본해의 검은 ××× 옆얼굴을 찔러 쓰러트려라!

지금은 ××××××은 ××의 거리, 무서운 ×××××해 온다
××× 하늘에 밀집한 ×××××을
망연히 쳐다보는 놈은 누구냐
쥐구멍을 찾아도는 겁쟁이는 누구냐
동지의 ×××에
××의 ×××당하는 ×××××이다

오오 혁명기념일을 맞는 오늘의 기쁨!
그 기쁨과 함께 격렬한 증오와 분노를
××××에 맺힌 것은 나 혼자가 아니다
노동자 농민 ××××은—
××××××××××고
×××××××라!

사랑하는 토지와 가재를 빼앗기고
텅빈 ××× 쫓겨가는 우리들

×××××의 ××에 쫓겨 돌아오는 우리들
굶주림과 추위에 떨면서
××× 강가에서 술렁대는 비참한 무리 ——
오오 무수한 백의 동포 육친의 형제여!
보라 노쇠한 지팡이까지도
××××을 공중으로 치켜올리는데
×××에 강 한가운데 빠져드는 놈은 누구냐

오늘은 11월 7일 —— 혁명 기념일이다
오늘 온 러시아에 끓어오르는 만세 —— 의 기쁨을 전하자
15년 전 ××의 ××를 이야기하자
고난 속에 맞이하는 오늘의 기쁨을
쉬임없이 미래에로 격류하는 대하大河로 합창하자

××× 겨울은 이윽고
이 흐름을 근엄한 백색 빙하로 막는 것이나
그 차가움과 괴로움을 견뎌내자고……
희망과 신념을 품고 이를 갈며 새겨넣자
밝아오는 대륙의 봄!
빙판은 금속의 울림에 녹아내리고
새로운 봄의 힘을 노래하는 때 ——
블라디보스톡의 레닌 상이 가리키는
아세아의 붉은 별빛 잔 물결에 부숴진다……
××××××××고
더러워진 시대의 누더기를 빨아줄 것이다

오오
××로 일렁이는 이 ××의 흐름은
인터내셔널 노래에 취해
붉은 대지를 뚫고가는 살아 있는 동맥으로 바뀔 것이다
오늘　이
14주년 혁명기념일을 맞는 우리는
내일　이 ×××××지 않고
저 ××××××하는 ××로 축복하는
××기념제祭를
××××××××××로　×××다!
——프롤레타리아의　×　소련동맹을 ×××자!

우유 배달의 아침

기름진 우유가 얼어붙어
두터운 유리병이 따악 터지는 시절
진눈깨비 내리고 눈 쌓여도
새벽 3시 채근에 일어나
밤바람 귓부리 콧등 에이는 거리를
도로에서 골목으로 배달 뛰는 우리다.
찬 병 든 양 손 동상으로 빨갛고
지카타비 속 맨발엔 얼음 가시 바삭댄다.

서리 낀 언덕길을 오르면——

발 밑은 미끄럽고 자전거는 무겁다
흰 숨결 하악하악 식은 땀이다
정말 알프스 등산보다 힘들구나
목장과 공장의 형제가 생산한 우리 유제품을
부르주아 놈들의 식탁에 '드십시오' 하고 나르는 우리다
제길헐!
소비에트 동맹에선
예쁜 탁아소에서 꼬마 영웅들이
신선한 우유로 무럭무럭 자란다고 하는데……
정말로 이 ×의 생활이야말로
우유는커녕
유우乳牛처럼 생피를 ×리고 있을 뿐이다

그런데 언덕 위에선 오늘 아침 캄파가 있다
(우유병 봉함용 풀 상태가 좀 딱딱하구나……)
공장·공장의 담과 간판 등에
'사민당社民黨' 연설 삐라에
'전노대全勞大' 선거 삐라에
오로지 ×한 우리 삐라를 철썩철썩……
망보는 동료도 없이 유유히 붙여간다……
파출소 선생은 화로 옆에서 배를 젓고 있을 테고
스파이 공公들[경찰]은 여자를 옆에 끼고 자빠져 자는 심야다

그런데——
어느 댁 뒷문으로 우유를 넣고 있었는데

따라온 ×복服에 목덜미를 콱 잡혔다
"뭐냐? 뭐하는 놈이냐!"
나를 도둑으로 잘못 본 놈은
소방복 입은 따악따악 야경꾼 아닌가
잘됐다!
나는 즉각 반격했다
"매일 여기 우유 훔쳐먹는 놈이 바로 네놈이구나
우유 도둑놈!
우유 껴안고 뒈져버려라!"
키 작은 놈의 정수리를 우유병으로 탕 ×리쳤다

돌아오면서——
나는 아침 댓바람 활극에 혼자 웃음을 터뜨렸다
그리고
금방 붙인 삐라를 보며 싱글싱글 웃는 태양과
누가 더 잘 웃나 시합하면서
구르는 바퀴살도 가볍게
가슴 펴고 서리 녹는 언덕길을 내닫는 것이다.

레-닌 만세

전쟁과 내란과 기근의 시대를
10월 승리의 길로——
투옥과 유형流刑과 망명 속에서부터

대중 조직을 볼셰비키의 차륜에로——
피바람의 비상선非常線을 폭진爆進한다,
거대한 기관차의 위력으로
최전선에서 전투하고 지도한 천재 ×명가!
1917년을 전취戰取하고
세기의 새벽을 진홍빛으로 불태운 10월의 기수旗手!
오오 만국 노동자 농민의 아버지
레닌의 빛나는 공적이여!

10월 ××의 폭풍은
짜르의 궁전 옥좌를 날려보냈다
케렌스키의 '임시혁명정부'도 전복시켰다
모든 권력은
소비에트로!
그 최초의 인민위원장에는
동지 레닌이 엄숙하게 뽑혔다
해방된 마르세이유[행진곡]의 울림은
2억만 민중의 빛나는 젊은 무리의 가슴 속으로
대륙으로 창공으로 북극의 빙해로 불타 흘러!
레닌 만세! 낙서는
로마 법전法殿 금벽金壁에도 깊숙이 새겨졌다
전 세계의 피압박 민중들은
자기 자신의 승리인 것처럼
미칠 듯이 열애熱愛, 환호를 소리질렀다——
"오오 우리의 조국아

프롤레타리아 독재 소비에트 공화국 만세!
오오 우리 아버지
레닌 만세!"라고

그러나 차가운 현실이여!
러시아 대륙은 빵과 물에 굶주리고 있었던,
피물결 젖과 동란動亂 자장가……
그 고난의 품속에서 산성産聲을 올렸던,
10월의 어린 나무에는
또다시 반혁명의 도전이 닥쳐 왔다!
오오 이 기근과 내란의 위기를 진압한,
영원히 돌아올 수 없는 무수한 무명 용사들과
앳된 소녀 전사들이여!
레닌의 태풍 채찍과
×위군과 빨치산의 육전으로 쓰라렸던 앞가슴이여!

10월의 어린 나무에
혁명화花를 피울 건설의 봄바람은
왜 일찍 무너져선 다시 오지 않는가
레닌 청년은 '당시'의 희망과 신념을
무지한 군중은 의문과 불안을
백계 악마와 세계의 적은 악선전 발포를
오오 생각해 보라!
짜르의 병근病根을 뿌리뽑은 대륙의 대지 위에——
최초의 파종播種에서 산업혁명으로!

알파베트에서 문화혁명으로!
오오 그것이 얼마나 고난스런 투쟁이었던가
——그러나 모든 것은 동지 레닌의 영단적 지도에 맡겨라!
사랑하는 조국을 최선으로 지키고 키우기 위해서
적국의 모든 매도와 조소를 연기로 만든 그
1918년
브레스트 강화 체결을!
1921년
신 경제정책 선전 실시를!
레닌의 확신은 철석 같아
"백보 진격을 위한 일보 후퇴다
모든 결론은
우리의 미래가
이렇게 되었노라 실증할 것이다!"

1924년
사회주의 사회 건설 초기
지금은 마르세이유[행진곡]의 순풍에 붉은 돛을 부풀려
성공을 향해 항해를 시작하는 초봄——
생각지도 못한 '1월 21일!'의 무거운 눈구름은
온 러시아 지상地上, 2억만의 가슴을 흐리고
태양 빛을 슬프게 했다
오오 그의 눈동자의 광채, 밝은 이마가
일체의 생활과 전투를 영원히 멈춘 날이여
세계의 심장을 불태운 애석哀惜의 불길이여!

비록 55년 그의 일생은 짧았어도
그의 빛나는 위업의 생명은 무한……
태양과 지구와 함께! 천년이다! 만세다!
두고 보자 한 명의 그는 죽어도
그의 피와 혼으로 싸우며 성장하는 레닌 청년은 무수無數……
스탈린이다! ×위군이다!
전 세계의 노동자 농민이다!

1929년
5개년계획 첫 해의 새벽은
소비에트 동맹 건설의 본 무대를 노래 불렀다
석유의 보고寶庫 알마니칸드의 땅 밑에서
불타는 샘물을 뿜어올렸다——바다 만큼의!
레닌 발전소의 심장에서는
백만 킬로와트의 청춘의 열혈熱血을 뿜어내고
——전 국토의 전화電化에로
모든 생산의 동맥, 돌격대의 철완에
사회주의 경쟁의 급 템포를 드높이 내걸었다
그리고 대륙을 질주하는 투르크시브 철도는
문화혁명 사절을 시베리아 구석까지 실어나른다
어떠냐 코카서스의 벽촌·광야까지
집단농장의 날개를 대지 위로 넓히고
트랙터 소리 환희로운 울림은 지평선의 아침 노을을 내몰았다
오오 이 5개년계획의 멋진 서사시여!
너의 무기의 노래를——

일찍이 '브레스트 강화'와 '신경제정책'을 조소한 자본주의 적국
지금은 세계공황의 파도와 5개년계획의 위용에 전률하고
소련동맹 공격의 십자군을 획책하는 그 놈들
오오 그 놈들은
"5개년계획의 성공은 이렇게 끝났다!
소련 동맹 건설은 이렇게 끝났다!
프롤레타리아 독재의 마지막 결론은
세계 ×× 주의의 시체 위에서 실증될 것이다!"란다
동지 레닌의 육성으로 고함치게 한다면……
5개년계획의 영웅들과
만국 노동부대의 '오늘!'의 전투 모습을
그의 살아있는 눈동자 앞에 보여줄 수 있다면……

1930년
반혁명의 씨, 산업당産業黨 박멸의 길보吉報를
그와 함께 이야기 나누며 기뻐할 수 있다면……

1932년
5개년 계획, 과반의 성공을 거둔 해
새로운 전투 보무步武로 진군하는 벽두――
1월 21일이여!
레닌 데이는 여덟 번 돌아 왔다!
오오 이 기념일을 "레닌 만세!"로 축복하는 것은
레닌묘를 바로 옆에서 뒤흔드는 '붉은 광장'의 군중
그 승리의 땅에 있는

소비에트 동맹 형제들만이 아니다!
중국 ××의 요람 속에서
××주의 전쟁의 포화 밑에서
식민지 지옥 피압박 민족 속에서
베를린에서 시카고에서 도쿄에서
모든 나라의 모든 투쟁 생활 속에서 나오는 거다!
오오 그 '레닌 만세!' 함성이
더욱 커다랗고 새로운 '레닌 만세!'의 날을 불러오지 않겠는가
1929년
동지 레닌의 손으로 창립된 코민테른이여!
그대의 강철 가슴로부터——
세계 ×명命 마지막 포탄을 쏘아
레닌 만세! 이렇게 폭파시키는 날을!
만국 노동자 농민은
희생 속에 인고忍苦와 희망을 품고 투쟁하며 기다리는 거다!
(1932년 제8주년 레닌 데이를 앞두고)

철창의 봄

특고特高가 내민 작은 사진이여
여윈 그대의 얼굴은 어둠 속 절벽 같아
내 시선은 어두운 불꽃으로 비바람친다
오오 그대가 당하고
이제 나인가

두근대는 내 가슴을 침전시키는
그대의 쓸쓸한 두 볼 속에
지금 다시
그대 활약의 가치를 생각하고
쑤시는 뼈마디마다
체포시의 전술을 약속한다.

결국
투옥될 동지 길吉X이여
청년 전위 —— 빼앗긴 Y의 오르그여
부서를 사랑하고
임무에 충실했던 그대
직장 위임회委任會를 취소하게 만든
억수로 비 퍼붓던 여름 밤
흠뻑 젖은 모자를 쥐어짜면서
안타까워 울었다던 그대
한 명의 독자 획득을 위해
우리와의
시간을 잊고
소중한 집회에 결석한
사랑스런 오류를 범했다던 그대였다
그때 그 '29일'의 뒤
반년 만에
이 사진으로 감방 안 재회인가
내 사진이

이처럼 그대에게 내밀어졌을 때
미안하다고 생각하지 말게. 결코!
그대의 부주의한 입을 원망하고 있을까. 아니다!
조그만 나의 역할이
몇 개의 세포를 지키는
작은 희생의 방패가 될 수 있다면
오히려 기쁜 일이다

×

유치장의 겨울은 춥고
유치장의 하루는 길지만
고맙게도 또 날이 저문다
내일이면 만기가 가까워진다
그 봄을 부른다
시간의 흐름은 여기서도 빠르다
제2차 ×× 주의 ×× 의 무대 — ×× 의 들로
살아 있는 시체를 보내는 만세 중에
적 놈들이
사멸에의 운명을 1년 앞당기는 때
떡국도 없는 유치장의 어둠 속에서 밝는
32년 우리의 봄이여
철창 사이를 빠져나갈
바람의 자유가 있다면, 이런 탄식은 더 하지 않는다
나의 의지도
1년 더 어른스러워졌단다
동지 길×군

갇힌 지 24일째
오늘은 벌써 15일!
우리 계급의 애인 로사의 기념일이다

오오 나의 가슴에
불꽃의 날개를 부채질하는 추억이여
철창 저 멀리
하인[칼 하인리히 마르크스]의 묘지 너머
소비에트로 열린
저 신춘의 푸른 하늘에
무형의 화환을 보내는 천만의 가슴에서 가슴으로
×× 데모의 폭풍을 불태워라!
봄은 먼저 로사의 날부터

동지 길×군
그날의 로자의 추억으로
군의 오늘의 쇠사슬을 물어 끊는
줄 같은 이빨을 꾸욱 악물라!
몸 조심하라
백白 테러를 뚫고 나가자!

(S서署 유치장에서)

3월 1일

살아서는
그 따뜻한 손을 쥐어보지도 못하고
×××고
그 차가운 시체가 겹겹 쌓인 만몽滿蒙의 전야戰野로부터
일 중 선 형제의 ××× 냄새를 날라주는
아직 이른
3월의 봄바람이여

움도 안 튼 풀뿌리를 찾아 헤매는 누이들
가난한 소녀들의
헝클어진 머리카락을 불어제끼듯
봄의 속삭임을 빼앗아가는
텅빈 위장을 뚫고가는 봄바람이여

이 봄바람이
봄을 모르는 이 나라에서 울고 웃으며
눈녹는 여울 노래를 부르면……
굶주린 대륙은
검붉은 흙을 드러낸다
아직 사라지지 않은 3월 1일의
흙이 된 수만의 전사들의
묘지의 ××가 되살아 온다

오오 그날
1919년 3월 1일
생각만 해도 가슴 찢긴다
××된 깃발의 빛을 나부끼게 한 바람
전 조선의 봉화를 ×××××고 있던 바람
아이들의 만세 소리를 메아리쳐 준 바람
오오 푸른 하늘에서 ×비를 뿌려주는 것
그날의 추억의 바람이여

이 바람에
검은 연기 멈춘 굴뚝의 입은 외친다
스트라이크를!
기계 멈춘 공장의 가슴은 외친다
3·1 투쟁을!

벌떡벌떡 고동치는 2천만의 심장……
복×× 섞인 원한의 ×발에
도×선의 화약 연기 올리는 바람
××××의 ××을 목표로
조선 프롤레타리아의 봄을 불태우는
3월 1일 투쟁의 바람이여!

해녀들

一

짙은 구름의 둔중한 날개가
흑청색 해원海原을 내리누른다
해협을 격류하는 노도의 혀가
쿵 쿵 쏴아 쏴아
섬의 외벽을 때리고 하늘 절벽을 씹는다
갈매기 무리가 어지러이 날고
명멸하는 등대가 파도 틈에서 버둥거린다

"어 — 이
태풍이 온다 바다 폭풍이!
어부들의 함성이
해녀들의 비명
해초 뜯는 어머니들이 용수철처럼 허리를 편다
조개 줍는 처녀들이 동그랗게 눈을 뜬다
나뭇잎 나뭇잎 같은 어선이
황황히 일터를 버리고 항구로 돌아온다

생활을 위협하는 현해탄의 술렁임 속에서
제주도 어민의 하루는 대낮에 저문다

찬바람 이는 논두렁을 걸어 해안에서 마을로
추위에 젖은 지친 해녀들의 행렬이 이어진다

살을 찢는 흰 얼음조각 치마가 해풍을 맞는다
건진 것 없는 가벼운 바구니
집으로 돌아가는 발걸음이 무겁구나
파도보다 높이 치미는 불안한 가슴 뒤끓어
해녀들의 납빛 입술은 꾹 닫힌 채……
쌀도 불도 없는 집집 온돌에는—
어머니들의 얼굴보다도
부드러운 키스보다도
한 숫갈의 흰밥을 그리는 아이들이 기다린다
생활의 비극이
어두운 아사餓死의 묘 자리가 기다린다

二

무수한 가족, 노인과 청춘이
거친 파도에 희생되었지만
힘을 다해 바다의 폭위暴威와 싸워 왔다
그러나 일해도 일을 해도
아니 일하면 일할수록 착취당하는 어민의 생활고!

오오 생각해 보라
신선한 어류, 해조류, 조개류를
해녀들의 귀한 생산물—바다의 보물을!
이것이 어째서
일하는 자 자신의 부富가 안 되는 것인가
왜

염천炎天과 조수에 그을린 적동赤銅색 가슴을 팔을 생활을
아름답게 빛내는 해녀들의 진주가 되지 않는 건가

어업자본가 살인귀에게
식민지 어민의 피는 충분히 착취받아 왔다
×× 정부의 해적들에게
바다의 보물은 무참히도 강탈되어 왔다

해녀들은 다시 깨달았다
자기 자신의 값어치와 긍지를
싸우지 않고서는 살 수 없는
프롤레타리아 여성이다! 라고
투신 자살하는 것은
이미 옛날 여자 가련한 인간들이다! 라고
일본의 어민들과
어장 다툼하는 것은 형제 싸움이다!

그리고 천팔백 한 명 한 명은
단결로 타오르는 돌이 되었다 쇠가 되었다
바다의 노도를 잠재우고
놈들의 폭압을 되돌려주기 위해!
'제주도 해녀조합' 바리케이트 병사에로!

三

마을에서 마을로 가슴에서 가슴으로

멀리서 커다란 징소리가 메아리친다
날카로운 결의의 화살이, 대중 동원 리포가 난다.
이윽고 다가온 투쟁의 이날!
무럭무럭 피어오르는 모래 먼지 속을
흰 치마자락 무리가 전열 앞 바람을 가르며 간다
긴 댕기머리 붉은 리본이 작은 깃발로 나부낀다
아침 해안에 울려퍼지는 군중의 물결
하늘 찌르는 의기 소녀들의 머리띠 멋지구나
푸른 해풍에 적기의 불길이 나부끼고
태양 춤추는 해원海原에 노래 소리 울려 퍼진다

바람! 절규! 파도! 함성!
모든 것이 증오의 노래 소리로 끓어오른다
오늘이야말로 굴욕 갚는 날
오늘이야말로 생산물을 되찾아 본때 보이는 날
군중의 보무步武는
적의 모가지를 목표로 진격 개시다
이어지는 육탄 데모는 용철鎔鐵의 흐름!

전시戰時니까
값이 올랐다고 놈들은 강매한다
전시니까
해산물 값이 떨어졌다고 놈들은 사들인다
놈들이 경영하는 '공동매입소' 습격—
해海×의 호위병 '주×소' 점령—

그리고
내일에의 희망과 불안 속에 싸움은 이겼다

四

제주도 해녀의 폭× 전선은 피투성이가 되어 간다……

파도를 찢고 연기를 흩날리는
새로운 적의 도전이
거대한 철흑선鐵黑船이 돌격해 온다
바다의 전사들은
그 흑선에 어떤 무서운 무기가 만재되어 있는지 안다
그리고 그 완력에 비해
자기 힘이 너무도 비참하다는 것도 잘 안다
그러나 해녀들은 도망가지 않는 것이다
"최후까지 싸우자!"
살기 등등한 군중의 밀집!

철흑선이 가까이 돌격해 온다
적의 위압이 다가 온다
그리고 곧장 발사된
대포, 뱃속까지 뒤흔드는 공포空砲탄!
오오 ×× 제국주의의——
야만野蠻 극단적인 이 폭학暴虐! 이 굴욕!
실탄의 폭풍이 휘몰아쳐도
흩어지지 않는 군중! 그치지 않는 노래 소리!

놈들의 포성은 바다를 넘어
상해上海의 포성과 광희狂喜로 희롱하는데[1]
오오 죽음 앞에서 싸우는 해녀들의 가슴 속에
지금 상해의 전선에서 활약하는
여자 편의대便衣隊의 피물결이 똑같이 소용돌이치는 거다

육전대陸戰隊 같은 해상 경찰대海上署의 칼질하는 놈들은
독수리 먹이 채듯 노인의 백발을 잡아 챈다
처녀들의 두 손을 묶어 닥치는 대로 쟁여놓는다
해안의 전장은 검붉게 물들고——
30여 명 혁명적 부인 노동자는
흑선에 실려서 목포 감옥으로 보내진다!

"제주도 해녀들의 ×기는 진압되었다"고
놈들은 말한다
그러나 해녀들의 투쟁은 이제부터다
빼앗긴 동지의 원한은 바다 깊이 소용돌이친다
새로운 프롤레타리아의 봄을 위하여!

32.4

1 상해의 포성과 광희 : 1932년 1월 '상해 사변'을 뜻함. 1932년 1월 18일, 상해 거주 일본인 승려 살해 사건을 계기로 상해 공격에 나선 일본군에게 중국군이 저항하여 일어난 사변. 3월 1일 중국군이 퇴각하며 일본군이 상해를 점령하였다. 이날 일본은 만주국 수립을 선포하였다.

우리의 5월을

봄의 대지는
눈보라 상복喪服을 뜨거운 바다 속으로 화장해 버렸다

태양을 마시는 어린 잎을 푸르게 울리는
5월 바람에——
동지의 노동을 불지피는 굴뚝의 숨결은
백열白熱의 아지랑이로 타오르고
공장의 울림에 꽃내음이 빛난다—
겨울 셔츠를 벗어버린 우리 가슴은
봄의 투쟁을 노래부르고
청춘의 전류가 힘차게 끓는다

청춘의 전류!
그것은 청년 인터—의 강렬한 힘, 으르렁 소리
만국의 젊은 병사의
생산의 혈관, 투쟁의 심장을 꿰뚫어 묶는
'5월 1일'의 X의 동원령이다!
1932년 5월 1일
XX메이데이 데모를 조직하라!

극동의 청년 프롤레타리아 우리는
세계의 이날을 도쿄에서 투쟁하며 맞는다

오오 3 · 15여 4 · 16이여
이 역사를 지난 ×의 슬픔이 아니라
내일의 희망의 불길로 생각하고 불태운다
일상생활의 무거운 햄머는 원한의 불꽃을 흩뿌리고
노동자의 가슴팍에 한 발씩 한 발씩
복×의 맹세로 울리는 강철 신경을 심어 왔다

공장의 심장 속에 ×의 세포를 강대하게 조직해 왔다
그리고 금년 이들 캄파는
×× 메이데이의 파고波高를 솟구쳐 왔다
5월 1일 이날!
우리는 우리 힘으로 기계를 멈춘다
수천만의 착취 햄머를
착취하는 놈들의 사회의 두뇌 속에 두들겨 넣는다
우리 손엔 세계에 나부끼는 청춘의 깃발색!
×× 메이데이의 —— ·
당의 동원령에 데모 전선에 앞장선다

이때!
××제국주의의 단말마는
중국 ××의 ××의 ×에 총검을 갈고 있다
우리 조국 소련동맹의 ××에
'만주국'의 포루를 쌓고 있는데
거기는 우리의 세계 —— 놈들의 무덤
만주 빨치산의 봄 투쟁은 지금!

노동자 ××병사의 역습은 거기에서!
오오
전지戰地의 ×장裝 메이데이를 우리는 믿는다

좋다
실업失業의 도쿄 우리의 전장에
백白 ××・팟쇼의 태풍이여 휘몰아쳐라!
우리 노동자 생활의 친우——
코프를 두들겨부수려 획책하는 놈들의 몸부림에
우리의 항의는 우리 조직의 힘
메이데이에 타오르는 깃발의 뜨거운 날개짓은 머리 위로
놈들의 완력은 대중의 발 밑으로
자랑스러운 데모는 전진 돌격이다!

오오
청춘이 눈사태진 데모의 선두에
젊은 여성노동자들의 의기意氣를 보라
귀여운 소년들의 눈빛을 보라
먼지 투성이 검은 이마・이마에 뜨거운 땀 솟는
그것은!
더럽혀진 세기의 간판을 씻어내는 존귀한 투쟁의 파도다.

×× 메이데이는
×× 훈련 우리의 데모 날이다!
'청춘의 5월'을 싸우는 청년 우리는

'승리의 10월'을 도맡은 자다!

옥중에서

8월 30일 [1932년]

동지 여러분!

문화 운동의 발전기에 동지 제형의 건투를 경축합니다.

저는 8월 26일 여기 오게 되었습니다. 여러분과 헤어진 지 아직 석 달도 안 되었지만 상당히 오래 지난 기분입니다. 밖에 있는 동지들의 활동상이 눈에 선합니다만, 그 분망함 대신 제 생활은 무위에 단조로움입니다. 그러나 보건, 독서 기타 가능한 것은 해 나갈 작정입니다. 통신을 보내 주십시오. 무엇이든 좋으니 책을 넣어 주십시오. 동지들의 건투를 비는 굳은 악수와 함께(작가동맹 귀중)

옥중 통신

오늘, 오늘의 눈부신 기념을, 전 세계로 퍼지는 만세 소리의 아름다운 감격의 파도를, 나는 이 일본의 감옥 안, 차가운 콘크리트 요람 속에서 파도를 일구고 있는 거다. 이런 생각을 하던 차에 형이 보내신 신선한 과일이 들어왔습니다. 이날의 선물을, 그 향기와 맛을 최대한 음미하는 기분으로 먹었습니다. 모플[MOPR, 일본적색구원회 1930년 설립]에서 보내 주신 우유를 대접 받은 참입니다만, 많은 분들의 차입을 들이는 잡역雜役의 목소리가 요란합니다. 그 소리를 들으며 그것을 받아들며 하나로 파도치는 동지 여러분들의 마음을 읽고 있습니다. 큰 소리로 노래하고픈 심정입니다. 아아, 노래를 빼앗긴 현실이여, 오늘과 어제의 기념 투쟁이여, 위대하라! 이렇게 말해봅니다. 요즘은 더욱, 어제는 더욱더 열심히 뛰고 있다는 동지들로부터의 소식 ……. 기쁘게 생각합니다.(11월 7일)

豊多摩 金龍濟

붉은 꿈

옹이진 통막대기로 짚다발 패듯하는 —
잔혹한 고문
낮은 신음 소리여
지릿지릿 쏘아대는 오한의 전류에
얼어붙은 온몸이 분노로 타오르는
잠들 수 없는 눈동자가 증오로 떤다
나는 불현듯
이 뒤끓는 더러운 이불을 한 입 가득 물었다
××××××을 뚝 ××××××××××
×××× 얼굴을 싱긋 웃는 동지여
쓸쓸히 웃지 말게 ……
나의 가슴을 숨막히게 울리지 말게나
그대가 내민 손을
애처럽게 어루만지는 나의 손에 ×××××네.
아아 무엇으로 그대의 ×××를 위로하면 좋을까.
— 하다못해

이 셔츠 팔을 잘게 잘라 선물이라도 만들자
열다섯 명 빽빽한 3조짜리 감방에
×가 아프지 않도록 넓게 자게 하고프구나

그대의 가는 코고는 소리는
그대의 이마에 놓인 내 손 감촉으로
따스한 어머니의 간병을 꿈꾸고 있는지도 몰라
이 돌벽을 두들겨 부수고
저 철창을 튀어나가는 그대의 꿈은
눈보라 퍼붓는 거리를 뛰어다니고 있을테지
오오 그렇지 않으면……
××××까?
××××까!
비분悲憤의 밤을 남김없이 태우는 붉은 꿈이여
××××의 위대한 희망의 조각이여
보이지 않는 자유의 날개로
흔들림없는 항의의 바람으로
××의 동지애로 단결하여
철의 규율을 연단하자!

봄은 꿈으로부터

큰 눈이 펑펑 쏟아지는 어느 추운 밤
불기 없는 독방의

철창 밑 선잠 꿈속으로——
언제나 꽃핀다는 남국에서
봄 기다리는 나를 위로하러
가련한 제비가 성급히도 날아와 주었다
제비는 작은 입가에
한 톨 빛나는 씨를 물고 있었다
이것은 희망의 꽃을 피우기 위한
봄의 씨예요, 라 노래하듯 속삭였다
그런데 너—
천만리 바다를 아득히 건너 온
용감하고도 그리운 봄의 전령아!
이 나라는 아직 괴롭고 추운 겨울이어서
들도 산도
세상도 감옥도
흰 눈 속에 깊이 파묻혀 있단다

봄보다 먼저 온 상냥한 제비야
이렇게 괴로운 눈보라 채찍이
만약 너를 죽이기라도 한다면……
그것이 마음에 걸려 나는 잠못 이룬다
　그러니까 꿈 같은 걸 꾸는 걸까
　아니아니 꿈에는 이유가 있는 걸까
허나 어머니 대지는 가슴을 열지 않고
봄을 키우는 검은 흙은 아직 얼굴을 보이지도 않는데
제비야

그 황금 씨앗을 대체 어디다 심을 생각이냐
그러니 제비는 어처구니없다는 듯, 당연하지 않느냐며
기쁜 듯 속삭여주었다
이 씨를 뿌릴 이상理想의 화원은—
겨울도 상관없고
어둠도 마다 않고
눈雪도 두려워 않고
흙도 필요없는
생명 그 자체인 화원은—
몸은 열 겹 옥 속에 갇혀 있지만
마음 풍요하고 자유로운 용사의
위대한 ×××××××의 희망에 사는
뜨거운 피 물결 끓는 가슴 속에 있지

그리고 제비는
그 아름다운 목숨 씨앗을
내 심장 속 깊이
심어줄 듯 가만히 떨어뜨려 주었다
그러나 조금 뒤 깜짝 놀랐다
내 가슴은 격렬한 폭발 소리를 내면서
불꽃을 흩트리고 불타올라
들도 산도
세상도 감옥도
겨울 세계도 보고 있는 새에 밝은 봄날이 되고
갑자기 확 붉은 꽃이 피었다

그리고 멋진 꿈은 사라졌지만
어느 날 밤엔가 본——
눈깔사탕을 입에 문 정신없는 꿈을 꾸고난 뒤
바싹 마른 입을 핥던 쓸쓸함은 없다
철창을 두드리는 심야의 눈보라는 굉음을 지르고
얇은 이불은 찌르듯 차가우나
내 가슴은 맥맥히 뜨겁게 파도치고 있다
그 위에 놓인 오른 손가락은
맥박치는 고동 수를 세는 것이 아니라
다가오는 봄의 만기일을!
그리고 오늘 하룻밤 밝으면
지금 꾸는 꿈이 생생하게 이뤄질지도 모른다고
눈을 뜬 채 즐거운 꿈 다시 꾼다
아름다운 꿈을
꿈으로서 진실로 사랑하는 나는
괴로운 현실을
현실로서 힘으로 견뎌낸다
그러나 적열赤熱하는 위대한 인생관은
그대로가 미래의 꿈이라고 할 수 있겠지
어둠 속에 빛나는 마음의 태양
감옥에서 읊조리는……… 노래
빛을 향한 역사의 수레바퀴는
쉬임없는 시간의 고삐에 이끌려
서서히 그리고 급속히
내일을 오늘로 바꾼다

그렇다, 시간은 언제나 내 편이다
가야 할 것은 필히 가게 하고
와야 할 것은 필히 오게 한다
비록 현실의 겨울의
황량한 감옥 돌벽에
꿈에 온 평화로운 제비가
아직 사랑의 제비집은 지을 수 없더라도
푸른 하늘 화창히 감옥 위를 덮으며
지구의 끝에서 찾아 온다
그리고 눈에는 안 보이나 즐겁게 들린다
종달새가 즐겁게 지저귀기 시작했단다!

자연에 굶주린 옥중의 나는
계절의 흐름에는 정말로 예민해진다
자연으로 돌아갈 필요는 없으나—
·························· 태양과 꽃을 되찾고
사랑하는 것의 가슴을 껴안을 수 있도록
희망과 광명 봄의 정기를
목숨 있는 한 아낌없이 사랑해 보고프다!

그리고 지금 봄날은 꿈이 아니라
이미 감옥의 높은 담을 넘어 걸어오고 있다
철창 밑 잔설 위
가련한 비둘기 발자국이 사라지면
검은 흙 위로 푸른 싹이 되살아나고

장려壯麗한 시상은 대지로부터
뜨거운 샘물을 뿜어 올린다!
자…………………… 무슨 거리낌이 있을소냐
이까짓 동상쯤은 아무렇지도 않다
주먹을 쥐고 벽을 두들겨
봄 노래를 속삭여 노래부르자!

창문이 하얘지며 밤이 밝는다
창문이 검어지며 날이 저문다
하루 하루 만기가 가까워진다
아아 고맙구나 비상하는 시간의 화살이여
봄 하늘에 날개를 펴고
전기電氣 같은 속도로 그날의 과녁에로——

드디어 오늘은 만기일
생각하면 괴롭고 긴 세월이었다
그러나 또 의외로 빨랐다고 생각한다
한편 4년간 내 침묵의 성장이여
없는 듯도 하고
있는 듯도 하다
허나 잘도 참아내고 강하게 살아 왔다.
악질 감옥병에도 굴하지 않고
나는 몸도 마음도 매우 건강하다!
이는 나 개인의 힘이 아니라
그렇다…… 청년의 길의 위대함이다!

감옥에서 마지막 맞는 이 밤은
아아 왜 이리 긴 것이냐
졸지도 않고 새벽을 기다린다
이 쇠와 벽돌 요람에 울려퍼지던
슬프고도 씩씩했던 자장가여
아름답고 즐거웠던 사회의 꿈이여
괜시리 그리운 감옥의 추억이여
지금 겨울은 봄으로 바뀌고
꿈이 아닌 제비도 오는 3월이다!

이제 나도 내 날개도 꽤 자랐으니
자유의 하늘로 달려나가
자유롭게 대지 위 봄햇살을 우러르고
그리운 동지들 손을 잡자
………… 한 빛의 깃발 올리자
왔다!
드디어 시간이다 냉큼 일어나! ……
새벽 종이 울려퍼지고
닭이 드높이 만세 부른다
목숨의 ………………………. 좋으냐
…………………………. 출옥의 오늘
꿈이 아닌 기적이 나를 기다린다!

옥중 시집

사랑하는 동지에게

오늘은 꼭——기념하는 태양도 찾아올 듯
왠지 좋은 일이 있을 것 같다
나는 쇠창살을 쥐고 창가로 기어오른다
그리고 가슴 가득 공기를 마시고
창보다 더 큰 눈으로 밖을 내다본다
잘라진 창공으로 둘러싸인
지구 풍경이 일부 보인다

회색빛 높은 담 등줄기 너머
감옥 저편 그리움이여!
만추의 아름다운 낙엽에 흠뻑 빠져
창백한 얼굴도 뜨겁게 미소짓는다
쌀쌀한 10월 바람의 상쾌함
펄럭펄럭 잔가지 끝 깃발을 흔든다

오늘——생각지도 못한 '벚꽃 정원' 그림엽서여!
낯선 이 여성의 이름은 무엇일까?
하나의 문자도 K의 손으로부터
하나의 언어도 K의 가슴으로부터
"지금 무슨 말을 당신에게 보낼까요.
머리 위에 어지러이 학이 날고 있습니다."
이름도 감추고 생각도 감추고 이렇게 썼다.

내 손은 타오르고 가슴은 파도친다.
오오 사랑하는 동지여 고맙다!

K여! …… 하며 싸우는
그대의 상쾌한 모습을 떠올려 본다
그리고 그대의 그림엽서를 볼에 대어 본다.
허나 나의 한심한 현실은 어떤가.
젊은 날을 이리 갇혀 ……, 침식당하고 있다.
그러나 나는 빛나는 희망과 확신에 불타고 있다
이날들의 인고의 역사가
가시밭길의 페이지를 필히 덮으리란 것을!
레닌의 이름으로 채찍을 맞으라
그대의 이름으로 온 사랑의 채찍, 복에 겹다
그대와의 추억과 더불어 미래를 살자
그렇게 혼자 중얼대며 미소짓는다

그대에게서 온 정겨운 소식은 벌써 세 번째
넘치는 기쁨, 조마조마한 마음
…… 그대에게 답장을 써서는 안 돼
아아 생나무를 쪼개는 고통의 슬픔이여!
허나 별것 아닌 듯한 그대의 소식이
황량한 옥중 고독한 생활을
얼마나 위로하고 격려하는 힘이 되는 건지!

K여! 오늘의 기념 차입은 얼마나 멋진 선물이냐

진홍빛 타오르는 장미꽃 다발이여!
어슴푸레하던 독방 갑자기 밝아
그대의 얼굴과 꽃향기로 가득찬다
둔한 나도 꽃 사랑 그 마음 알았다.
"당신의 나날은 견딜 수 없이 더디겠지만
겨울 추위만은 빠르겠지요"
이렇게까지 그대는 나의 몸을 생각하고
순백색의 따스한 뜨개 쟈켓을 함께 보냈다

그런데 이는 소매 넓은 부인용 자켓
깜작 놀라 들여다 보니
단발의 그대에게 어울리던 그게 아닌가
상체 둘레가 좀 좁아
내 가슴이 힘껏 안기는 것 같고
이렇게 천진하게 즐겁던 참에
가슴 양쪽에 주먹을 넣어 젖가슴 두 개를 부풀려 보았다
아아 이 천진난만한 1인 희비극을
만약 그대가 보았다면 뭐라 할 것인가
그대의 장미는 잠자코 웃고 있는데
그보다 창으로 들여다 보는 창공이 부끄럽다.

저 푸른 10월의 창공에
빛나는 거울의 기적이 있다고 한다면
…… (6자) …… 그대도 나도
멋진 현실의 그림처럼 비치겠지만……

이리 생각하며 하늘 저편에 손을 뻗어
그대에게 감사의 인사를 보내는 거다!

K여! 그대는 그림을 좋아했고 또 잘 그렸었지
내 얼굴을 그려주겠다던 장난 약속이
이뤄지지 못한 것은 아쉬웠다
허나 훗날 모델이 되기 위해
옥중에서 새 모습의 이마를 연단하자
그리하여 그대는 태양 아래서 그대가 그린 로사의 캔버스 뒷면에
그대 자신의 아름다운 초상을 그리시라!

성장한다는 것

여름이 왔다! 젊은이가 사랑하는 여름이 왔다
감옥 뜰 옆 벽오동 잎이
남풍에 살랑살랑 흔들리면서
나날이 쑥쑥 자란다.

새가 왔다!! 벽오동 잎 새 가지에 새가 왔다
주둥이는 붉고 가슴은 연노랑
박새보다도 부드럽고 꼬리가 긴
방울 흔들 듯 재미있게 지저귄다
무슨 이름의 새일까

암숫놈 두 마리 사이 좋아
신록 우거진 나뭇잎 속

짚부스러기를 부지런히 날라
사랑의 보금자리 짓기 시작한
감옥 속에 낙원을 건설하는—
별난 장난!

듬직한 작은새 용사들이여
간수가 불어 재끼는…… 소리도
죄수들이 질질 끄는 비참한 쇠고랑 소리도
너희에겐 아무 소리도 아니겠지
구속 없는 자유의 날개여!
천진한 평화의 노래여!

그리운 작은 새야, 마음의 친구야
너희를 사랑하고 너희를 즐기고
너희 노래를 따라 휘파람을 분다
새 아닌 조롱 속 새와도 친해 주겠니!
너희 같은 감정으로 사는
감옥 속 미소짓는 낙천적인 나를 알렴!

벽오동 잎 그늘 질푸르러
작은새들 보금자리는 꾸며져 있었다.
어느 맑은 낮 한때—
숫놈은 암놈을 따라 돌고 암놈은 숫놈 피해 도망다니고
그렇게 약올리던 끝 암놈은 낡은 우물가 위에
진 척하고 얌전히 앉아 있었다.

숫놈은………… 흉내를 내고
만족하자 냇가로 목 축이러 날아갔다
암놈은 몸을 흔들며 재잘재잘 지저귀었다.
그러니 전선 위에 줄지어 있던
제비들이 암상을 부리고 있었다.

얼마 안 있어 암놈은 둥우리에 틀어 박히고
숫놈은 혼자선 외로워
참새들과 술래잡기를 하고 있었다.
어느 날 암놈이 자랑스럽게 울어재끼더니
귀여운 새끼의 탄생을 고하고 있었다
그리고 두 마리는 기특하게도
비오는 날 바람 부는 날 쉬임없이
감옥 안팎을 먹이를 구하러 날아다녔다

이윽고 두 마리 작은새 새끼는
태어난 나뭇잎 속 집을 떠나
감옥의 땅위로 내려 왔다
아장아장 이끼 위를 걷는가 하면
비틀비틀 위태로운 곡예 비행
한 척尺이 두 척으로, 한 간間이 두 간으로
나날이 날개도 튼튼해지고 몸도 커져간다
어미 새가 알을 품은 낡은 우물가 목책木柵에도
정다운 옛둥지에도 날아오를 수 있게 되었다.
그리고 야리야리한 주둥이로 조그맣게 지저귀고 있었다.

나는 매일 독방 창문에 붙어서서
작은새의 성장을 질리지도 않고 즐겁게 지켜봐 왔다.
그리고 새가 아닌 나도 감옥 속 낙원을 내 가슴 속에서 발견하고
심장 위를 주먹으로 두들기면서
성장하는 작은새의 자유의 노래를 불러 보았다.

오오 감옥 속에서 태어나
무서운………… 방해받지 않고
건강하게 성장하여 둥우리를 떠난 작은 새들이여!
저 높은 성벽을 날아 넘는 자유의 날개여!
지금은 창공과 대지를 휘저으며
꽃피는 여름 숲 그늘 속을 즐겁게 노래하며 살겠지.
그리고 올 여름은 너희 덕에
즐겁게 빨리 시간이 갔으니
너희에게 감사를 전하자.

「지하도의 봄」에 대하여

아사이 하나코浅井花子의 「지하도地下道의 봄」은 『문학평론』 5, 6월호에 게재된 중편으로서 여성 투사의 애정 문제를 다룬 역작이다.

나는 여러 의미에서 재미있는 작품이라고 생각했다. 이하 기술할 예정인 결함이라 할 만한 것이 있음에도 불구하고 독자의 가슴에 절실하게 육박해 오는 것이 느껴지기 때문이다.

구체적으로 들어가 보자. 나는 앞에서 애정 문제를 다룬 작품이라고 썼

는데, 그것이 중심적인 테마라고 단언하기는 어려운 것 같은 느낌이 든다. 그러나 내가 여기에서 제시하고 싶은 것은 주로 그 점에 관해서다. 계급적 연애와 동지적 우정에 대해서—

작품은 처음에 인쇄여공 미우라 치요三浦千代와 제본공 오쓰카 야스코大塚安子의 동지적 우애가 개성적인 모습으로 전개되고 있다. 그녀들의 아지트 동거생활을 들여다 보자. 같은 굴욕적인 실연의 상처를 가슴 속에 안고 있었던 젊은 여성이 그 괴로운 시대적 고뇌와, 조화造花 가내작업 만으로는 먹고 살 수 없는 가난과, 고난스러운 운동의 파도에 시달리면서, 서로를 위로하고 격려하고 있다. 계급의 격렬한 흐름과 우정어린 눈물 가운데, 불순했던 연애의 상처를 청산하려고 몸부림치며 스스로를 성장시켜 간다.

나는 치요와 야스코가 동거하게 된 동기와, 새로운 아지트로 이사한 뒤 그녀들이 처음 느끼고 나눈 이야기에 커다란 감격을 느꼈다. 위험한 지경 속에서도 더 적극적으로 투쟁하는 프롤레타리아에게서만 느낄 수 있는 유모러스한 명랑함. 그리고 눈물과 미소로 무장된 그녀들의 생활이, 강력한 진실성을 제시하므로 눈물을 자아내게 하는 것이다.

비가 새어 이상한 지도가 그려진 벽을 가리키며, "어머, 우스운 지도네" "…… 그래도 금방 모양이 변할지도 몰라. 여기 저기 식민지들이 독립하니까"라 한다. 그녀들의 일상적 감정 속에는 하나의 이론적 슬로건조차도 피가 되고 살이 되어 있는 것이다.

야스코가 아지트에 혼자 남아 가내 작업을 하며 듣는 빗소리 장면에서도, 지금 치요가 연락 업무 때문에 우산도 없이 돌아다니는 모습을 떠올리고는 "치요 씨 비맞고 있을텐데"라며 그녀는 자기도 차가운 비를 맞고 있는 듯 한기를 느낀다. 한편 치요는 식은 풀빵을 들고 돌아 와 "먹어 봐" 하고 야스코에게 권한다. 그걸 야스코는 진한 우정을 씹듯 천천히 즐기며 먹는다. 그리고 "이렇게 슬픈 빵을 먹으니 일이 잘 되어야" 하고 계급적인 감사와 책무에 넘치는 흥분을 느끼는 것이다. 이 말은 그녀들의 생활이 전형적으로 구상화되어 있지 않는 경우에는 한편의 관념적인 감상에 지나지 않는 것이지만, 여기서는 그것이 참으로 그녀들의 육체적, 정신적 성장의 양식이 되어 있는 것이다.

하나 아쉬운 것은 (나는 읽으면서 자연스럽게 기대하고 있었다) 이들 동지적 우애 생활 중에, 이성에 대한 굴욕적 실연의 상처까지 치유해가면서 함께 성장해 가는 과정을 보다 명확하게 묘사해 주었다면 이 작품이 보다 효과적으로 성공을 거둘 수 있었을 텐데, 그렇게 되어 있지가 않다. 처음 부분에 이렇게 중요한 인물로 등장시킨 야스코를, 작자는 불친절하게도 치요의 하잘것없는 (그녀 자신이 그렇게 말했다) 더러운 연애의 추억 때문에, 완전히 잊고 있다. 그리고 마지막 한 행에 정말 미안할 정도로 "우연한 계기로 여공 700명의 제사공장에 취직했다"고만 덧붙이고 있다.

여기에 작품 구성상의 파탄이 보일 뿐만 아니라, 일종의 편의주의에 빠지고 있는 점이 확인된다. 실제로 우연한 계기로 대공장에 입사할 수 있었다 하더라도 그것은 그러한 전위분자의 생활에 있어서는 대개 불가능에 가까운 일인데다가, 혹 우연한 계기였다 하더라도 그것이 결코 우연의 문제일 수 없는 것이 문제인 것이다. 어떻게 해서 취직이 가능했는가 하는 구체적인 것이 독자에게 흥미롭고 또 중요한 전술적 교훈이 되기도 하기 때문이다

다음으로 나는 치요와 야마카와山川의 경우, 또 야스코와 박성춘朴成春, 이 두 쌍의 연애문제에 대해서 써야 하겠다. 여기서는 상대방 남성이 둘 다 계급적 타락자인데다 배신자라는 것이 특징적이다. 작자가 특별한 의도하에 대립적인 두 개의 연애 타입(성장과 몰락)을 다루기로 했다면, 문학적인 감명과 효과를 보다 많이 거둘 수 있었을 것이다. 그것은 무리한 주문이라 하더라도, 작자가 프롤레타리아 연애관을 높은 견지에서 정확하게 포착하지 못한 것은 커다란 실패였다고 생각한다. 그 이유는 차례로 규명해 갈 것이다.

이 작품이 친숙한 느낌으로 읽히는 이유가 정서적이고 시적인 심리 묘사, 그 참신성에 있다는 점은 주목을 요한다. 그러나 그 정서적인 요소가 필요 이상으로 강조되면서, 일종의 감상주의에 빠지고 있는 점을 간과해서는 아니 된다. 예를 들면, 이 작품의 반 이상의 지면이 비에 젖는 장면에 할애되고 있는 것은 별문제가 아니라 치더라도, 야마카와에 대한 치요의 저 집요한 미련은 도대체 어찌된 일일까.

치요는 몇 번이나(마지막까지 청산하지 못한다) 야마카와에 대해 회상을 되풀이한다. 나는 또, 라고 생각하면서도 그녀의 비계급적인 정염情炎이 한시라도 빨리 계급적인 증오의 불길로 발전해 가는 것을 기대했다. 그러나 그녀는 형편없을 정도로 어리석음을 드러내며 "어떤 경우에도 소극적이어서는 안 돼" 이렇게, 그녀들의 삶의 철칙을 외치면서도 그것을 적극적인 실천에까지는 고양시키지 않는 것이다. 우리의 경우에는 혁명적인 연애가 있음과 동시에 혁명적인 실연(무리한 표현이지만)도 있어야 한다. 그것은 결코 기계적인 논단論斷이 아니라, 계급과 개인이 완벽히 유기화된 올바르고 자연스러운 감정이다. 작자는 주인공 치요에게 지나치게 동정을 해서는 안 된다. 그녀를 채찍질하지 않으면 안 되는 것이다(그것이 작자의 적극적인 태도인 것이므로). 굴욕적인 실연을 감상적인 어리석음으로 위로하는 것은, 구린내나는 쁘띠 부르의 자독自瀆적 감정 유희 속에는 있을 수 있다 해도, …… 노동자의 경우에는 그것이 바로 계급적인 증오감을 격발시키기 때문이다. 그것이 자연스러운 것이며, 당연한 것이며 따라서 필연인 것이다. 나는 이 점에 관한 비근한 예로서, 어느 여성 투사가 가정부로 일하고 있던 집의 사내가 스파이였다는 것을 처음 알았을 때, 옥중에서 골수에 사무치는 굴욕과 증오로 인해 자살했다고 하는 사실만을 예로 들고 싶다.

나는 친애하는 작가에게 고언을 드리고 싶다. 작가가 간단한 산아제한 문제조차도 분명한 결론을 내리는 것을 회피하고 있는 것이 아닐까. 적어도 치요의 부자연스러운 정념과에 타협하고 있는 것이다.

교다行田는 산아제한에는 반대이나 결혼하면 역시 아이를 갖고 싶다, 그것이 불가능하다면 평생 독신주의로 살겠다는 사내다. 치요는 교다의 말이 끝난 뒤 이렇게 생각한다. —"아아, 나도 애를 낳고 싶었다."

> 갑자기 — 불덩이처럼 뜨거운 감정이 솟아 올랐다. 그 감정은 거칠게 흙을 파뒤집어 올리듯이, 지금껏 치요가 깨닫지 못하고 있었던, 야마카와가 자신을 떠나간 원인을, 분명하게 드러내 주었던 것이다. 그것은 사상 — 또는 운동에 대한 태도의 차이에서 오는 것 외에 있는, 보다 인간성의 — 남녀의 — 깊숙한 지점에서 서로 만났어야 했는데 그렇지 못했던 것
>
> "나는, 그 사람의 애를 낳으려 하지 않았다. 정말 그랬다."

교다의 경우에는 그 개인의 성격이나 생리 조건 또는 산아제한을 혐오하는 생각과 더불어 평생 독신주의를 지켜나갈 수 있다면 문제는 없을 것이다. 그러나 ……… 인 프롤레타리아트가 평화롭고 자유로운 가정생활을 할 수 있을 때까지 성 생활은 안 되는 것이라 한다면, 그것이야말로 산아 제한 이상의 부자연스러운 일이 아닐까. 그렇게 해서 계급적인 성 생활 문제가 해결 가능한 것이 아니다. 게다가 치요는 교다의 "아이가 갖고 싶다"라는 말에 흥분하기 시작해서, 주관적 감상주의에 더해 히스테릭한 생리적 편향까지 범하고 있는 것이다.

앞의 인용문에서 누구나 느낄 수 있듯이, 사상이나 운동에 대한 태도와 (세계관이나 인생관) 인간성을 분리해서 이원적으로 생각하고 있는 점 — 즉 애정 문제를 전계급적 생활의 일부로 생각하지 않고 남녀간의 성 생활을 더 중시하고 있는 지점에, 비非 프롤레타리아적 변태성조차 노정되고 있는

것이다. 독자가 아무도 야마카와의 죄악을 용서하지 않는 점, 과거에 치요가 야수적인 야마카와에게 따르지 않았던 것은, 계급적인 관점에서 필요한 훌륭한 행위였다는 것을 잊지 않고 있는 것이다.

그럼에도 불구하고 작자는 그녀의 프라이드를 비계급적인 감상적 애정(오히려 노골적인 정염)에 휘말려들어게끔 한 나머지, 비인간적인 야마카와 앞에, 이해하기 어려운 그저 여자로서, 굴복을 시키려 하고 있는 것이 아니겠는가. 이런 경우에도 치요가 튼튼히 대처하고 있었더라면(실제로 그래야 한다고 생각되지만) 그녀의 힘으로 야마카와를 계급적으로 구원할 수 있었더라면, 이렇게 계급적 이해와 사생활을 일치시킨 높은 관점에서 비판적으로 보는 것은 자연스러울 수 있는 것이다. 결코 "그 사람의 애를 낳으려고 하지 않았다. 정말 그랬다"고 한탄해서는 안 되는 것이다.

다음으로 야스코와 경찰 정보원 박성춘과의 실연 문제에 대해서는 구체적으로 아무것도 씌어 있지 않으므로 거론하기가 어려우나, 이러한 경우는 국제적인 의의를 지닌 중요한 문제이기도 하므로, 그 연애의 동기와 정도도 다소 다뤄졌으면 했다.

그리고 치요가 작은 공장에 들어가는 문제에 대해 작자는 실천상의 수속에 관한 비상식을 저지르고 있다. 일반적 원칙론에서 말하자면, 물론 치요가 주장하듯 공장에 숨어들어가서, 그곳을 중심으로 조직 망을 펼쳐가는 것은 옳다. 그러나 객관적 정세나 주관적 조건에 대응하는 가변적 전술에 있어서는 때로는 치요와 같은 거리 일꾼(직업 …… 을 포함해서)이 필히 요구되는 경우가 있다. 이런 면에서는 그들 조직의 실력이 충분히 씌어져 있지 않기 때문에 독자의 추측은 완전히 불가능하지만.

이상 지적한 결함이 있음에도 불구하고 이 작품은 여기서는 다 다룰 수 없었던 표현상의 장점과 더불어 여성 작가가 아니면 느낄 수 없는 델리케이트한 감정을 잘 표현하고 있다. 그리고 현재와 같은 우리 문학 진영 내의 여성 작가들이 탈진하여 무기력에 빠져 있는 시기에, 이러한 적극적인 의욕을 갖고 전진하려 하는 이 신진작가에게 보다 나은 작업을 앞으로도 기대하고 싶다.

옥중 한시선

百花落處百花開	백화 떨어지는 곳 백화 피네
去者必去來者來	갈 것은 필히 가고 올 것은 오네
囚房三步人生路	옥방 삼보三步 인생길
閒學時長獨徘徊	한가히 시간 더딤 배우며 홀로 배회하네
玉片氷心求道人	옥편玉片의 빙심氷心 도 구하는 자
書看一惡覺三眞	책에서 악惡 하나 보고 진리 셋 깨닫네
熟讀深思心眼闊	숙독 심사深思에 심안心眼 열리고
無光暗獄日知新	빛없는 감옥 나날이 새로움 아네
曾忘古典繙獄中	잊고 있던 고전 옥중에서 다시 읽네
吟詠唐詩讀沙翁	당시唐詩 읊고 셰익스피어 읽네
藝術千悲如夢劇	예술의 천비는 꿈 연극 같아
人生万苦付蒼空	인생 만고萬苦 창공에 부치네
徹紙耕行沒字間	깊이 읽고 행行을 가다듬고 자간字間에 몰두하네
書中望海觀靑山	책 속에서 바다 보고 청산 보네
閑居自適幽窓樂	한거閑居 자적自適 옥창獄窓의 즐거움

身着赤衣忘獄關　몸엔 적의赤衣 둘렀어도 옥살이 인생 잊네

同志愛情超世歡　동지의 애정은 더 없는 기쁨
佳人好贈勝嚴寒　가인의 선물은 혹한 이기네
雪獄幽香花一束　설옥에 은은한 향기 한 다발 꽃
病床帶笑獨親看　병상에서 미소띠고 호젓이 지켜보네

運動場邊雜花開　운동장가 잡화 피어
競蝶旋飛六十回　나비 따라 돌기 시합 60회
太陽光熱生命酒　태양빛은 생명주라
大酌傾天萬里來　하늘 큰잔 기울이자 생명빛 만리에서 오네

無日鐵窓雨更沈　해도 없는 철창에 비 내려 마음 더욱 어두우니
檐適淚血客愁深　처마 밑 혈루 낙수落水 객수客愁만 깊네
欲嘗甘露聞天樂　감로甘露 맛보고 천악天樂 들으렸더니
獄裡何聲不傷心　옥중 소리 무엇이나 마음 아프네

電裂九天万雷開　번개 구천을 찢고 만뢰萬雷 우니
暴風怒雨擊窓來　폭풍 노우怒雨 철창을 후려치네
木折獄搖檐縣瀑　나무 꺾이고 감옥 요동치고 처마 물 폭포지네
胸憤激發叫快哉　가슴 속 분노 격발하여 쾌재 부르네

吼哮狂風暴風時　포효하는 광풍 폭우
鐵窓高唱憤激詩　철창 높이 부르짖는 분격의 시
到海崩山爾偉力　산을 무너뜨리고 바다를 물리치는 너의 위력

壞墻破壁放龍兒	담과 벽을 부수어 용아龍兒를 풀어놓아라
暴風雨濯鐵窓虞	폭풍우는 철창의 근심을 씻어주고
天欲慰安鐵血俘	하늘은 열혈 죄수 위로하려 하네
韻和霹靂千龍嘯	운은 벽력에 화답하고 천룡은 외치네
心望洪流万里湖	마음 홍류洪流 바라니 만리 호수 되고프네
窓外壁間蟋蟀聲	창문 밖 벽 사이 귀뚜라미 울음 소리
哀音切切徹宵鳴	애절한 울음 소리 밤새 울음 소리
可憐喚伴如怨恨	가련히 육친 찾네 한 맺힌 듯
能使囚人戀友情	수인도 그리워지네 친구의 정
問汝何心訪獨房	그대에게 묻노니 무슨 일로 독방 찾았느뇨
可憐蟋蟀侍囚床	가련한 귀뚜라미 옥방을 지켜주네
枕側嬌音余夢樂	머리맡 노래 소리 나의 꿈 즐거우니
明朝捕放自由鄕	내일 아침 잡아 놓아주리 자유의 고향으로
天滿秋星獄滿蟲	하늘엔 가을 별 가득 옥방은 벌레가 가득하네
蟲和樂隊客和聲	벌레는 악대에 화답하고 객은 소리에 화답하네
音聲切切知音發	소리 절절하여 지음知音을 발하네
發句纏綿四句成	발구發句 이어져 4구 완성되네
可賞蜘蛛彼戰鬪	칭찬해 마땅코나 거미 그대의 투쟁
自身未覺獄房囚	전혀 괘이치 않네 옥방의 죄수임을
組織經營眞執拗	조직과 경영 실로 집요하구나

百回掃拂百一修　백 번 없애면 백 한 번 집 짓누나

閑中見戰樂天兒　한가한 중에 전쟁 보는 낙천아樂天兒
豈不嘉称小勇姿　작은 용사라고 어찌 칭찬치 아니하리
秋與蜘蛛相默契　가을에는 거미와 함께 묵계默契 지키네
獄關張網細胞系　감옥에 망 뻗는 조직의 실

休嘆祝祭獄無何　탄식말라 경축일[10월 혁명]인데 감옥 속 아무것도 없다고
自覺胸中感激波　깨닫는 가슴에 감격의 물결
風搖廓背秋紅樹　바람은 지붕을 흔드네. 가을 홍수紅樹
情竭知音十月歌　정情은 지음知音을 찾네, 10월의 노래

검은 태양의 날—개기일식 날에 고리키의 사망 소식 듣다

이날 이 나라에서는
어둠이 빛을 먹어치우고 있었다
같은 날 소비에트에서는
조용한 세월의 폭풍에 등불이 꺼지고
죽음이 생을 빼앗아가고 있었다

모스크바의 하늘에선 고리키의 죽음을 애도한다
아나운서의 목소리가 떨리며 타오른다
슬픔의 전파가 세계의 가슴으로 퍼지고

애도와 감격의 피가 넘쳐 흐른다!

그것을 듣는 도쿄의 하늘에선
낮의 태양이 검은 상복을 입고
무겁게 늘어진 슬픔의 구름에서
침울한 장마비가 어두운 눈물을 쏟는다

투쟁의 펜이 사랑의 손에서 영원히 떨어진 거다
그 뜨거운 심장의 샘이 멈춘 거다
오오 그러나 레닌의 뒤를 잇는 위대한 죽음이여
그대는 죽음으로 또 우리를 가르친다!

그대의 죽음을 부러워하지 않는 이도 있을까
그대의 생명이 그 예술보다 짧다고 누가 그러던가
그대야말로 역사를 따라 생애 최후까지
오직 싸우고 승리하는 긍지 속에 이 세상을 떴다

소비에트의 평화로운 건설 속
그대의 행복한 죽음을 애도하고 기리는 이날
이 나라의 착한 그대의 제자였던—
고바야시小林의 불행한 죽음을[2] 다시 운다
아아 이 나라는 아직도 캄캄한 어둠이냐!

---

2 고바야시 : 고바야시 다키지小林 多喜二(1903~1933). 일본의 대표적인 프로문학 작가. 1933년 2월 특고에 체포되어 혹독한 고문을 받은 끝에 사망했다.

고리키여, 그대의 생과 사는
우리에게 투쟁하는 용기와 승리를 가르쳐 주었다
그대 그 영예로운 기념비에 빛나는 것의—
그대 같은 태양을 내일은 필히
이 나라의 지상에서도 바라볼 수 있으리!

위대하고 행복한 죽음

세계적인 우리의 문호 고리키 옹이 전 인류의 애정 속에 영면했다. 우리는 소비에트 건설의 승리를, 이 위대한 작가의 작품을 통해 다시 읽을 수 없게 된 것을 애석하게 생각한다. 그러나 우리는 고리키의 지금까지의 수많은 걸작을 연구함으로써 영원히 빛나는 사랑과 진리의 빛을 찾아내고 배울 수 있을 것이다.

그러나 고리키만큼 문인으로서 위대한, 그리고 행복한 죽음을 성취한 이가 일찍이 세계문화사 위에 있었던가. 나는 고리키의 '행복한 죽음'을 애도하면서 일본의 '불행한 죽음'을 성취한 우리의 사랑하는 작가 고바야시 다키지를, 다시금 슬퍼하지 않을 수 없었다. 고리키의 '추도시'라도 써서 기념하고 싶다. 고리키여, 소비에트의 승리 속에 평안히 잠드시라!

연돌煙突

좁고 좁은 감옥의 창문으로서
높고 높은 煉瓦의 墻壁을 넘어

大地로서 蒼空에 솟은 듯도 한
世紀의 象徵인 煙突이 보여 잇다.

개인 날은 가까히 손짓 부르며
흐린 밤은 한참 멀리 적게 보이며
비가 오면 煙氣도 구름에 파묻친다.
바람도 없는 고요한 한낮에는
돌지둥이 커자라듯 하늘 파충히
힌 불꽃이 꼿꼿이 움지기지 안는다.
獄舍도 뒤흔드는 暴風이 짓는 날은
九天을 馳驅하는 電龍과 같이
萬丈의 黑髮이 옆으로 휘날린다.

×을 역어맨 ×사슬 그물 우에
파리한 얼골을 굳게 눌러 내이며
확근 확근 타오르는 煙氣를 보매
다치인 胸中에도 鬪爭의 追憶이 새로워 온다.
地球의 中心에서 품어 오르는 검은 불김에
노래하지 못하는 詩人의 노래는 얼맵게 탄다.
오오 그러나 다시
牢獄의 感傷을 살아버리는 偉大한 意欲이여!
저기 저 煙突 밑에는
汽罐이 타고 끌코
기계가 울고 돈다
生産의 動脈을 잡고 勞動者의 城壁을 지키는

일하며 싸호는 未知의 동무들
三百의 젊은 누의들을 생각하며 사랑한다.

第一과 第二의 日曜日에는
工場도 牢獄도 다같이 休業이다
煙突도 큰 입을 딱 벌리고 하품을 한다
아마 牆壁을 넘어오는 女工분들의
젊고 상약한 담소의 목소래를
이 나는 들이키듯 X窓에 듣고 잇다

凄然히 잠자는 XX의 夜밤 중에 아아 그립고 또 즐거운 至福이여!
다만 홀로 창밖을 가만히 살펴본 즉
검푸른 긴 담은 바다와 같고
조고만 煙突의 머리는 낙시추와 같도다
저곳 XXX의 거지 같은 工場 寄宿舍에서
젊은 여공분들은 무슨 꿈을 보며 자는가
오오 사랑하는 未知의 婦人 同志들!
우리들이 그대들을 생각하듯이 그대들도 우리들을 꿈 속에 안어주는가

밤새운 殘月이 담끝에 떠러지고
가까운 農家에서 자진닭이 떠들고
동녘 하날이 먼동트며 붉어오면
공장의 기적이 우렁차게 소래짓고
工場의 煙突이 黑煙을 내품는다
나는 뜨거운 두 손을 XX에 높이 들며

하루의 新生活을 시작하는 누의들에게
싸홈을 祝望하며 새벽에 인사한다.

태양찬太陽讚

억울한 現實에 몸부림치는
사랑하는 동무와 반가히 만나
傷한 손을 서로 어루만지며
답답한 가슴을 아프게 열고
그래도 미덤잇는 눈우슴으로
政治와 文學의 運命을 이야기하고 올제

電燈끈 어둠의 거리에는 개 한 마리 안 짖고
酸素 일흔 밤 空氣가 옷칠한 棺 속과 같다
까스의 夢想에 발앞이 캄캄하다
빗없는 世界에는 萬物이 넉을 일코

形影相弔할 孤獨한 그림자조차 찾을 곳 없네

동무와 가치 맛잇게 씹은 林檎 껍질이
눈물에 저렷던가 시고 쓰게 목을 태운다
할줄 모르는 毒한 藥酒나 함부로 마셔
心臟의 鬱火를 풀가 하는 이 誘惑

맨주먹으로 어둠의 鐵壁을 쳐는 보아도
아프게 울리는 건 내 가슴 뿐이로다
植民地 漢陽城에 떠러지는 쪼각달이
地上의 悲劇子를 소리없이 嘲笑할 뿐

엷은 달 테의 날카러운 面刀날도
이 거리의 검은 피엔 빗도 힘도 없고나
晩秋의 感傷일까 싸늘한 한숨
時代의 感覺일까 불타는 血管

저 쪼각달에 孤獨한 悲哀와 希望을 싣고
玄海灘 거친 波濤를 건너오랴는……
애달픈 戀文을 보내는 同志의 愛人은
아름다운 空想 속에 나를 생각하련만
달빗도 存在없는 거리를 헤매는 나여!

아 政治의 文學과 戀愛의 運命이며
苛酷한 現實에서 光明의 宣言을 쓰는
地下室의 悲劇에 太陽을 照明하라!

2. 김용제와의 교류

빼앗긴 동지의 옆 얼굴—김용제 점묘

다키 요사쿠多木 要作

동맹 사무소에서 도요타마 형무소로
지금은 철문으로 굳게 나뉜 감옥 속에서
입을 열 수 없는 그대 가슴엔
더더욱 투쟁의 상념이 타오르고 있겠지
짧은 그대의 편지는 우리에게 그걸 가르쳐준다
어디에나 투쟁의 길이 있다는 것을

동지 김용제여
메지로目白 구석 우리 집에서 처음 만났던 그대를 생각한다.
1930년이 저물던 때
그대는 분명 직장[타기노가와목장]의 파업을 주도하고
29일을 살고 나온 직후였다.
자작 「붉은별 농민학교를 지켜라」 비판에
열심인 사람들을 지긋이 지켜보며
조금 상기됐던 얼굴, 그대는 끝까지 한 마디도 입을 떼지 않았다.

일터가 없던 그대와 동거하던 나는 보았다.

조여오는 굶주림 속에서 끊임없이 시의 길을 좇던 그대를!
작은 집회, 한 장의 전단 속에서도, 그대의 시는 격렬하게 움직였다.
— 다망한 본부 서기 –
동맹 사무소로 옮겨 기거하면서도
바쁜 가운데도 그대가 시를 게을리하는 일은 결코 없었다.
그대의 행동은 그대로 시

작년 여름 내가 장이 아파 누워 있을 때
잠자코 집을 나선 그대는 이윽고 약과 갈분을 안고 돌아 왔었다
내게 온 해고통지서를 주머니에 감추고
"나 오늘부터 직장 생겼네" 하고 알려주던 그대
그 새로운 직장 우유배달소에서
문신[문학신문]을 읽히고는 바로 몇 명을 조직한 김용제여
그 달 『프로 시』[프롤레타리아 시]에는 그대의 「우유배달의 시」가 있었다.

또 Y 사람과 같이 잡혀서 25일을 견디고 나오자마자
「철창의 봄」을 읊어주었던 그대(내가 지금 그 일절을 인용한다)

— 내 사진이
이처럼 그대에게 내밀어졌을 때
미안하다고 생각하지 말게. 결코!
그대의 부주의한 입을 원망하고 있을까. 아니다!
조그만 나의 역할이
몇 개의 세포를 지키는
작은 희생의 방패가 될 수 있다면

오히려 기쁜 일이다
오오, 동지의 과거를.

백색 테러를 향해, 증오를 불태우고 있던 김이여
김용제는, 검붉은 빛깔로 타고 있었던 프롤레타리아 시인이다.

고양되는 일본의 프롤레타리아문학운동에
몸을 던진 그대의 역사는 아직 얕다
그러나 동지 김용제여!
그대가 "사랑하는 대륙"은
격렬하게 굴러가는 세계 역사 속에서
프롤레타리아 승리의 길을 드높이 노래할 것이다.

우리의 시인—김용제를 돌려 달라

기타야마 마사코北山雅子

동지 김용제는 아무 이유도 없이 8월 하순 도요타마형무소에 송치된 후, 6월 검거 이래 실로 100일 가까이나 석방・재수감을 반복하는 구류 연장 음모에 저항해 왔다. 동지 김용제는 조선 출신이다. 그러나 우리 가운데는 지도 위에 그려진 국경 같은 것은 없다. 놈들의 민족적 차별 대우에 우리는 반대한다. 제국주의 일본의 브루주아지를 옹호하는 놈들이야말로, ○국애를 강요하며 노동자 농민의 투쟁을 짓이기려는 놈들이야말로 우리가 가장 증오해야 할 적이 아니냐.

우리는 잠시 김용제의 새로운 시 작품을 접할 수는 없을 것이다. 그가 지금까지 써온 작품을 예로 들면서 새롭게 대중적으로 재비판하는 것은 그를 더욱더 추억하는 일이 될 것이며, 또한 옥중의 그와 가까워지는 길이라 생각한다. 동지 김용제의 작품에는

「사랑하는 대륙이여」(나프), 「해녀들」(일하는 부인), 「새벽 별 농민야학을 지켜라」, 「현해탄」, 「봄 아리랑」, 「그 전야」, 「자랑스러운 행렬」, 「젊어지신 어머니」, 「우유배달의 아침」, 「레닌 만세」, 「철창의 봄」, 「맑음」(이상 프롤레타리아 시)

등 외에도, 다수의 뛰어난 작품이 있다. 특히 대표작 「사랑하는 대륙이여」는 P・M[프롤레타리아 음악가동맹]의 작곡가가 곡을 붙여, 춘계 음악회 때 쓰키지 소극장에서 노래로 불려질 예정이었는데, 브루주아지가 보낸 검열계에 의해 무참하게도 프로그램에서 삭제되고 말았다.

전국의 동지 여러분! 우리 작가동맹 본부 서기로서 주야로 사무소의 헌 자전거로 구역을 누비던 동지, 3월 이래 코프에 밀려 닥친 역사적 탄압도 두려워 않고 규칙적으로 우리 손에 동맹 뉴스를 건네 준 동지, 그리고 우리의 의지를 더욱더 충실하게 노래해 준 시인 김용제를 놈들의 손 밑에 하루라도 놓아두는 것은 우리의 얼굴에 먹칠을 하고, 우리의 손발을 묶어두는 것과 마찬가지다.

동지 김용제를 비롯하여 투옥된 수많은 동지들을, 노동자 농민의 혈세로 세운 형무소에서 해방시키라는 전국적인 석방운동을 일으키자. 공장, 농촌, 가두의 모든 서클에서는 대표자를 정해 정기적으로 편지를 쓰자.

또 모든 집회에서 적극적으로 구원금과 차입 물품을 모아 감옥 안으로 보내자.

우리의 시인 김용제를 돌려 달라!

계급 해방운동의 전위들을 돌려 달라!

문신文新[문학신문]의 애독자들은 한 명도 빠짐없이 구원운동에 참가하자!

김용제의 시—현실 속에 사는 문인의 태도

다이라 하치로平八郎

「봄은 꿈으로부터」(『문학평론』 5월호)의 희망을 노래해 온 우리 시인 김용제는, 격동하는 일본의 새로운 정세에 직면하여, 오늘을 살아가기 위해, 오늘 이후를 살아가기 위해 필요한 자세를 「봄의 경고」(『詩導標』 4월호)를 통해 보여주었다. 그것은 씩씩한 의욕으로 넘치는 그의 현실에 대한 태도인 동시에, 널리 우리 작가, 시인, 비평가를 포함한 문인 전체의 자세이며, 대 현실 태도라 생각할 수 있다.

만주사변 이후 "창조와 비판의 자유"는 극심한 제한 아래 놓이게 되었다. 우리의 임무 범위도 협소해지고 곤란이 날로 더 심해지고 있다. 2·26사건 이후 일본의 현실적 정치경제 정세는 가속도적 발전을 보여주고 있으며, 제한도 심해지고 임무 수행은 더더욱 곤란해질 것이다. —이 새로운 정세의 전개를 인식하는 시인의 정신은, 필요한 자세를 결정하기 위하여, 오늘날 우리 문단에 등장한 '전향문학 작품'과, 자기 침체를 좋아하는 문인들이, 원래 하나인 정치와 문학을 둘로 분리시키는 유희(그것은 예술지상주의로부터 문화주의적 편향으로, 그리고 파시즘으로 이어지고 있다)에 날카로운 비판의 시선을 쏟아 붓는다. 주된 특징은 이러하다.

저널리즘의 독부(毒婦)에 추파를 던지고

재즈 음악에 노오란 목소리를 쥐어짜네
멀리서 들리는 밀리터리즘의 나팔에도
고양이에게 잡힌 쥐보다도 얌전하게
비천한 파시즘, 그 미친 소리에
민중의 악보를 찢어버리고 파랗게 질려 침묵하는
그러나 교묘한 제군은 엉터리 활자를 빌려서
자유로운 인간의 자유로운 시도 쓴다.

"봄을 잊어먹은" 그들, "명예로운 자유의 시인은" 새로운 정세가 전개되고 있는 상황 속에서, 그 유희가 무엇인가를 판단하는 것조차 불가능할 정도로 "몸도 약해지고 마음도 빈곤"해졌다.

그 유희에서 벗어나지 못한 채, 오히려 그 유희를 즐기는 것이 그들의 삶을 평안과 안도에로 이끄는 것이다.

위대한 인생미를 노래하기엔
제군의 심장은 너무나도 말라비틀어졌다.
강렬한 전기(電氣) 시를 노래하기엔
제군의 흉금은 너무나도 비참하게 모지러졌다.

이런 마음으로 진실을 노래할 수는 없다.

그러나 그들이 그 유희를 현실적인 것, 진실이라고 주장할 때, 우리의 희망을 노래하고 실현하기 위해서는 그 편향성을 극복해야 한다. 편향된 그들의 정체를, 새로운 정세 인식 선상에서 폭로해 내야 하는 것이다. 「봄의 경고」는 노래하고 있다.

주제에 …… 시인이란 이름에 미련은 남아 ……
윤리적 비겁엔 시치미 뚝 떼고
인간성이니 예술성이니 적당히 얼버무리고
세계관과 정의감은 공식주의라 몰아버리고
진리를 위해 죽는 건 멍텅구리
…… 을 위해 싸우는 건 미친 주정뱅이
민중을 위해 노래하는 건 목만 아파
풍파 사이 떠도는 부초처럼
구름 사이 사이 세상 잘도 건너가는
아아 이 얼마나 비겁한 영웅주의 경박아냐!

누가 "경박아"인가, 우리는 현실에서 움직이고 있는 문인(시인)들의 작업 전체에 충분히 비판적 태도로 임하는 것을 배워야 한다. 그들의 거짓 외양에 혹하지 말고, 우리에게 필요한 것이 무엇인가를 명료하게 파악하고, 이를 체득해야 한다. 문인의 위치, 그 임무의 문제가 여기에 나타나 있다.

시인이란 무엇이냐
…… 이란 뭐냐
프롤레타리아란 뭐냐
이 언어들이 지닌 신성한 의의가
명암과 날씨 따라 변하겠는가
국경이나 …… 민족 공간에 따라 달라지겠는가
평화나 …… 시대에 따라 변하겠는가

문제는, "신성한 의의"란 변하지 않는다는 답 이면에, 그것이 현실에서 어떻게 구체화되는가 하는 점에 있다. 그리고 이러한 자기 비판은, 현실에서 유리되어 개인으로 돌아간 인간의 신변에서 벌어지는 일은 아니다. 인간의 개인적인 내성內省이란, "유희"의 세계 속에서 쾌락을 찾든가, 자기가 무엇인지를 망각한 다다이즘에 취했다가 싫증이 나면 그 전부를 부정하고 파시즘의 광환狂喚을 극단적으로 지원한다. 그 속에 희망이란 있을 수 없다. 그저 열광하는 그 상태가 유일한 실재이며 그것은 또한 파괴 그 자체다.

우리는 현실 정세 속에서 살고 있는 인간이라는 자각, 그 입장(계급적)의 인간 생활(그 관념의 생활)에 서서 자기 비판을 하지 않으면 안 되며, 그러한 현실 속에서 사회 정세가 어둠 쪽으로 계속 기울고 있고 근로대중이 생활의 모든 면(조건)에서 희망을 잃고 있을 때, 무너지는 그 정신을 지탱시켜 주고, 힘을 북돋아 주기 위해서는, 그러한 사회(현실) 속에서도 염원해야 할 것이 있으며, 희망의 빛의 본체가 무엇인지를 분명히 해 주는 것, 이것이 근본적인 임무다. 그것이, 우리 문학은 "어디까지나 인민 대중의 것이 되어야 한다. 인민 대중의 것이 됨으로써, 그 지원을 마지막까지 획득해야 하"(에구치 씨)는 것을 포함하여, 문인이 당면한 과제이다. 김용제는 "나의 친애하는…… 프롤레타리아 시인이여"라고 호소하고 있다.

> 제군은 그 약속받은 명예와 임무를 위해
> 노동자 농민의 …… 앞에 씩씩하게 서라!
> 그 나팔을 …… 의 …… 로서
> 그 참을 수 없는 끓는 피의 반향을
> 승리의 저편으로 힘껏 불어 제껴라!

그러나 이를 위해 "우리의 붓을 어떻게 해야 가장 유효하게 사용할 수 있는가"(에구치 씨)라는, 심각하게 생각해야 할 현재 우리의 기술技術 문제, 이것을 해결하지 않으면 아니 되는 것이다.

3. 재판자료

치안유지법 위반 피고 사건
(소화 8년 제1525호 동년 12월 11일 제1형사부 판결 기각)

【상고인】 피고인 김용제

【제1심】 도쿄지방재판소 【제2심】 도쿄공소원

○ 판시判示 사항

결사結社의 범위 — 예심종결 결정과 상고 논지

○ 판결 요지

1. 치안유지법 제1조 2 소위 결사는 그 조직 활동이 비밀로 행해지느냐의 여부와 관련이 없다(요지 제1)
2. 예심 종결 결정만에 대한 비판은 상고 적법適法의 이유가 아니 된다.(요지 제2)

【참조】 치안유지법 제1조 국체의 변혁을 목표로 결사를 조직한 자 또는 결사의 임원 기타 지도자의 임무에 종사한 자는 사형 혹은 무기 혹은 5년 이상의 징역 또는 금고에 처하고 사정을 알면서도 결사에 가입한 자 또는 결사의 목적 수행을 위한 행위를 한 자는 2년 이상의 유기 징역 혹은 금고에 처한다.

사유재산제도를 부인할 것을 목적으로 결사를 조직한 자, 결사에 가입한 자 또는 결사의 목적 수행을 위한 행위를 한 자는 10년 이하의 징역 혹은 금고에 처한다.

앞 2항의 미수죄는 이를 벌한다.

형사소송법 제446조 : 상고 이유가 없을 시는 이를 기각해야 한다.

○사실

원심은 아래와 같은 사실을 인정 · 법률을 적용하여 피고인을 징역 3년에 처하고 소송비용은 전부 피고인 부담으로 한 판결을 내렸다.

피고인은 조선 충청북도 청주 공립고등보통학교를 중도 퇴학한 후 소화 2년 1월 고학 목적으로 상경하여 신문배달에 종사하는 한편 사립 중앙대학 전문부 법과에 입학했으나 얼마 안 있어 학비 부족으로 퇴학당하기에 이르는데, 그 무렵부터 프롤레타리아 예술에 관한 문헌을 섭렵하다가 점차 공산주의 사상을 품기에 이르러 소화 5년 6월경 문예잡지 신흥시인 동년 9월 당시 전일본 무산자예술단체협회(나프)지도하에 결성된 프롤레타리아시인회의 동인이 되었고 동 6년 7월경 시인회의 중앙위원이 되었으며 나아가서는 그 무렵 일본 프롤레타리아 작가동맹에 가입하여 동 7년 1월 하순 위 동맹본부 상임서기에, 동년 5월경에는 그 동경지부 집행위원 및 동 지부 조선대만위원회 책임자로 각각 선임되었는바, 일본공산청년동맹이 국제공산청년동맹의 일본 지부이며 청년의 독자적 입장에서 혁명적 수단을 통해 우리 군주제를 폐지하고 사유재산제도를 부인하고 무산계급 독재로 공산주의 사회 실현을 목적으로 하는 결사라는 것을 알면서도

제1 소화 7년 2월 경 도쿄 요도바시淀橋구 가미오치아이上落合 잇초메一丁目 460번지(구 도쿄부 도요타마豊多摩군 오치아이마치町 오아자大字 가미오치아이 460번지) 일본 프롤레타리아작가 동맹사무소 내에서 일본공산청년동맹원 이토 신기치로부터 동맹 가입을 권유받고 이를 수락하여 위 동맹에 가입, 일본 프롤레타리아 문화연맹 일본 공산청년동맹 프랙션 일본 프롤레타리아 작가동맹반에 소속하였고

제2 (1) 동년 2월 하순경부터 동년 6월 중순경까지 3회에 걸쳐 구 도쿄

부 도요타마군 오치아이초 가미오치아이 번지 미상 곤노 다이리키今野大力 집 기타 장소에서 기타 전기한 바 이토 신기치, 곤노 다이리키 외 수 명과 함께 연구회 명의하에 앞의 일본공산청년동맹 프랙션 회의를 개최하여 동 동맹의 활동방침 및 동맹원 획득의 방법 등에 대하여 협의하고

(2) 동년 3월 초순 및 동년 4월 상순 2회에 걸쳐 앞의 작가사무소로부터 쇼센省線[현재의 JR선] 히가시나카노역에 이르는 노상에서 앞의 작가동맹원 기타야마 마사코에게 일본공산청년동맹에 가입하기를 권유하여 승락을 받는 등 전기한 동맹의 목적 수행을 위한 행위를 하였다.

법률에 비추어 볼 때 피고인의 행위 중 국체 변혁을 목적으로 한 결사에 가입하고 그 목적 수행을 위한 행위를 행한 점은, 치안유지법 제1조 제1항 하단에, 사유재산제도 부인을 목적으로 하는 결사에 가입하고 그 목적 수행을 위한 행위를 행한 점은 동조 제2항에 각각 해당하는바, 이상은 하나의 행위가 수 개의 죄명에 저촉되는 바로서 형법 제54조 제1항 전단 제10조에 의거하여 전자의 형에 따라 소정所定의 형 중 유기징역형을 택하고 그 소정의 형기 범위 내에서 피고인을 징역 3년에 처해 마땅하며 소송비용은 형사소송법 제237조 제1항에 의거 전부 피고인의 부담으로 한다.

○주문主文

본건 상고는 이를 기각한다

○이유

피고인 상고 취의趣意서. 본건의 전심前審 판결 전부에 대한 불복 이유로서 앞의 제 요점과 관련하여 차례대로 술하겠습니다. 1. 본건의 사회적 의의 1, 치안유지법의 본질 및 법문적 해석 1, 예심종결서가 사실과 다른 두 가지 점 1. 본건에 대한 주장 1, 본건이 무산계급 해방운동을 위한 활동이었다는 것

은 논할 필요도 없는 사실로서, 현재의 자본주의 사회의 프롤레타리아트의 사회적 지위의 비참함, 생활의 궁핍, 거대한 실업군 출현 등등의 원인은, 즉 자본가 지주계급의 횡포 및 부당한 야만적 비인도적 착취 생산기관의 독점, 분배 불평등, 그것을 옹호하는 계급적 제 제도에 있으므로, 이러한 반사회적 기구를 개량 변혁하려는 의사 혹은 그 목적 수행을 위한 제반 활동은 사회인류의 진화상 당연한 요구이며, 정의 진리를 열애하는 진보적 인사의 권리이며 의무이기도 합니다. 그러므로 객관적 사회 정세의 현단계에 있어서 우리 프롤레타리아트가 사회층의 최다수를 구성하고 있는 바, 자기계급의 이익의 완전한 해방을 목적으로 활동하기 위하여 정치 경제 문화적 결사結社 단결을 통하여 폭악한 적계급 진영과 투쟁하는 것은 역사적 과정에 있어서 진보적 신성한 사업 직분이며, 세계 여론의 추세는 물론 모든 나라의 입헌제도가 원칙적으로 시인하고 있는 현상입니다. 이러한 자본주의적 질곡으로부터 프롤레타리아트의 최후의 완전한 해방을 위해서는 공산주의 세계관만이 유일하고 올바른 길이라는 것을 자발적으로 인식하고 또한 현재 소비에트 러시아의 프롤레타리아 혁명의 건설적 승리 성공에 더더욱 그 확신을 굳히고 자본가 지주계급과 투쟁하고 있는 것입니다. 제가 공산주의 사상을 진정한 세계관으로 삼고 신봉하며 일본공산청년동맹에 가입하고 그 활동에 종사하려 하기까지의 동기 및 그 과정에서 사회과학적 이론과 좌익 예술활동 연구저작 속에서 그 확신을 굳힌 것은 물론입니다만, 한편 저는 소년시절부터 한 식민지 노동자로서, 특히 약소민족에 대한 비열한 차별대우가 극심한 일본 내지의 노동시장에서 신문과 우유배달 등에 종사하면서 그 잔인한 착취 경제 투쟁 실업고 등등을 생활적으로 체험했으며, 조선과 내지에 있어서의 일본의 제국주의 정책이 이중 삼중으로 조선 민중을 실로 파렴치하게 착취 압박하여 매년 수만이 넘는 민중을 고향에서 만주와 일본 내지로 방축 이산시키는 사실을 목도하였고, 또한 그 여파의 일부로서 저의 가정 경제도 희생되어 파산 몰락하는 등등 심각하고도 진지한 산 교훈을 얻어 온 데에도 원인이 있습니다. 1. 그런데도 본건에 대한 전심의 판결은, 이러한 정당한 사회적 요구에 기반한 활동임에도 불구하고 치안유지법 위반에 해당하는 것이라 하여 실로 가혹한 형을 언도하고 있는 것입니다. 저는 이에 치안유지법이라는 것에 대한 해석의 의견을 술하고 본건에 적용되어야 하는 성질의 것이 아니라는 것을 주장하는 것입니다. 대저 본 법률의 입법 정신이, 그 본질에 있어서 이미 반사회성에 입각하고 있는 것이며 그 작용 면에서 단순히 부당한 자본가 지주 계급의 이익만을 옹호하고 혁명적 프롤레타리아트의 해방운동에 대해서는 금압적 계급 법률에 지나지 않는다는 것은 말할 필요도 없습니다. 그리하여 현재에 있어서는 주로 공산당원 공산청년 동맹원 및 그 동정자에 적용되고 있습니다만, 이것은 시대정신에 역행하는 반사회적 사법정책이라고 믿고 있습니다. 다음으로 동 법문 중에 있는 '비밀결사'라는 문자는 결코 공산당이나 공산청년동맹의 경우에는 해당되는 것이 아닙니다. 왜냐하면 이들 조직은 전 세계에 걸친 국제적 규모의 것으로서 모든 나라에서 공공연히 활동하고 있습니다. 물론 일본에서도 사회 성원의 최대 다수를 구성하고 있는 노동계급 및 농민사회에서 대중적으로 조직되어 절대적으로 성원 지지를 받고 있는 것이 현실입니다. 그 활동 형태 면에서도 공공연히 대중적으로 행해지고 있습니다. 특히 제가 가입하여 소속되어 있는 일본공산청년동맹은, 혁명운동의 주체 정당인 공산당보다도 한층 더 광범위한 무산청년의 대중적 조직이어서 제국주의 전쟁 반대 등의 청년의 지위 이익을 획득하기 위해, 그 특수적 입장에 서서 활동하는 공공연한 단체이므로 그 어떤 이유에서도 공산청년동맹을 비밀결사로 간주할 논고는 있을 수 없습니다. 다음으로 프롤레타리아트 및 그 해방운동가는 치안유지법을 위시한 일체의 무산계급 탄압 법률에 대하여 하등의 입법적 사회적 구속도 없으며 오직 단순히 부르주아 계급의 부당 횡폭한 이익을 위해서만 희생되는 일방적인 강제에 지나지 않으므로 본건과 같은 사건 전체는 결코 치안유지법 적용에 의하여 처벌될 성질의 것이 아니라고 믿습니다. 첫째 본건 예심종결서에 사실과 상이한 다음 두 가지 사항이 있습니다. (1) 일본 프롤레타리아 작가동맹원인 기타야마 마사코가 일본공산청년동맹원이 아니라는 것은 증인 이토 신기치도 명언明言하였습니다만, 그 가입 승인 여부와 관련하여 우선 먼저 제가 본인으로부터 가입한다는 승락을 받았다고 되어 있는 점은 사실과 상이한 바이며, 제가 기타야마 마사코로부터 받은 답변은 생각해 보자는 정도에 지나지 않습니다. (2) 예심종결서에는 문학연구회 명의하에 공산청년동맹 프랙션회의를 3회 개최하고 예술운동 내에서 방침 등을 협의했다고 되어 있습니다만, 이 역시 증인 이마무라 다케오今村武夫가 명언한 바대로 명실공히 일본 프롤레타리아 작가동맹에서 상례화되어 있는 시 연구회였습니다. 마지막으로 이상 술한 바 당연한 결론으로서 아래의 사항을 주장합니다. 우리 프롤레타리아트가, 그 순정 진지한 사회주의와 인류애를 진리로 삼는 공산주의 세계관을 신봉하면서 자기 계급의 완전하고도 궁극적인 해방을 목적으로 그 이상 사회 실현을 위해 제반 사회활동을 하는 것은 자유로운 권리이며 신성한 사업입니다. 그런데 이렇게 정당한 사회적 요구하에 행해지는 활동에 대하여 형법적 강제를 가하는 사법적 경향은 반사회적 정책이라고밖에 인식하지 않을 수 없습니다. 따라서 본건에 대해서는 절대적으로 무죄 석방을 주장함은 물론 나아가 모든 무산계급 해방운동의 철폐를 요구하지 않을 수 없는 소이입니다. 이상과 같은 취의에 의거하여 본건의 대심원 판결이 필히 무죄가 될 것임을 확신하며 본 취의서를 제출하는 것입니다만

(1) 만약 국체를 변혁하거나 사유재산제도를 부인함을 목적으로 하는 결사에 가입하거나 그 결사의 목적 수행을 위한 행위를 행한 경우는 치안유지법 제1조 2 소위 결사가입죄 또는 목적 수행죄에 해당되며 그 결사의 조직 활동이 비밀로 행해지느냐 여부는 동죄의 성립에 영향을 미치는 것이 아

니다. 그리고 원 판결의 증거에 의거하여 인정한 사실에 의하면, 피고인은 일본공산청년동맹이 국제공산청년동맹의 일본 지부이며 청년의 독자적 입장에서 혁명적 수단을 통해 우리 군주제를 폐지하고 사유재산제도를 부인하고 무산계급 독재에 의한 공산주의 사회의 실현을 목적으로 하는 결사인 것을 알면서도 동 동맹에 가입하고 또 동 동맹의 목적 수행을 위한 행위를 한 점 명백하여, 그 행위는 앞의 결사가 비밀결사인가 여부와 관련없이 치안유지법 제1조의 죄에 해당해 마땅하므로 원심의 법률 적용에 위법적인 곳이 없다. 그러므로 해당 법문 중 결사라는 것을 비밀결사라 오해하고 비밀결사가 아니라면 동 법조문에 해당하지 않는다는 전제하에 원 판결을 비판하고 일본 공산청년동맹이 공공연한 결사라면 동 법조문의 적용을 받아들일 수 없다고 하는 소론은 성립되지 아니한다. (2) 상고가 하급심 판결에 대한 불복 신청의 방법이므로 예심 종결 결정서에 대한 비난은 상고 적법의 이유가 되지 않음은 물론이다. 그렇다면 해당 결정서의 내용이 진실에 반하는 것을 이유로 하는 소론은 정당하지 아니하다. (3) 기타 누누히 논의한 바는 말하자면 피고인이 공산주의 사상을 포회하고 일본공산청년동맹에 가입하여 그 활동에 종사함에 이른 동기 과정을 서술하여 치안유지법 기타의 법령에 대한 복종의무를 부인하고 공산주의 사회의 실현을 구가함에 다름아니며 우리 일본 신민인 자는 누구나 현행 법률에 복종해야 하는 것이니 그 복종 의무를 부정하는 것은 국법이 허용치 아니하는 바이다. 그러므로 그 점에 관한 소론은 상고 적법의 이유가 되지 아니한다. 논지는 모두 상고의 이유가 될 수 없다.

이상의 이유로 형사소송법 제446조 2에 의거하여 주문主文과 같이 판결한다.

검사 히라이 히코사부로平井彦三郎 관여關與

김용제 연보·저작 목록

김용제 **연보**(1945년 8월까지)

1909.2.3	충청북도 음성군 생극笙極면 팔성八聖리에서 조부 김두희金斗喜의 장손, 김용하金容夏의 장남으로 출생.
1924	한국 나이 16세 때 17세 권희증權稀曾(1990.2.1 몰)과 결혼.
1925.4	장호원소학교를 졸업하고 청주중학교에 입학.
1925~26	청주중학 1・2학년 때 반장. 반 담임은 오노 지로小野二郎.
1927.1.1	청주중학 제복 차림으로 고학 목적으로 도쿄 도착.
1928~29	신문 배달. 후에 우유 배달.
1929.4	(도쿄) 주오中央대학전문부 법과에 입학하나 곧 퇴학.
1930.6	『신흥시인新興詩人』 동인이 됨.
1930.9.17	프롤레타리아시인회 창립. 창립회원에서 간사 중의 한 명이 됨.
1930 말	근무처인 다키노가와목장滝の川牧場에서 파업을 이끌고 29일간 구류 처분.
1931.8	일본 프롤레타리아 작가동맹에 가입.
1931.10	이토 신기치伊東信吉의 소개로 『나프』에 「사랑하는 대륙이여」를 발표.
1932.1	일본 프로레타리아 작가동맹 서기국에서 일함. 후일 여기에서 거주함.
1932.3.26	일본 프롤레타리아 음악동맹의 제4회 프롤레타리아음악제에서 「사랑하는 대륙이여」 공연을 위해 하라 타로原太郎가 첼로 반주 혼성4부로 작곡하여 연습하나 검열로 불발.
1932.4.22	일본 프롤레타리아 작가동맹(작동) 총회에 출석.

1932.5 『대중의 벗大衆の友』(일본 프롤레타리아연맹, 약칭 코프 기관지)의 부록지 『우리 동무』(조선어판)편집장이 되어 동지 간행 준비.

1932.5 코프 내에 조선협의회를 두게 되자 작동에 의해 김용제가 위원으로 선출됨.(작동 도쿄지부 뉴스 1932.5.24호)

1932 일본공산청년동맹(속칭 아들)에 소속. 수직적 비합법 조직이므로 위의 이토 신기치와 밑의 기타야마 마사코北山雅子밖에 몰랐음.

1932.6.13 코프 및 작동 일제 검거. 요도바시구 가미오치아이의 작동 사무소 3첩 방에서 취침 중 습격당함. 세 번째 검거.
사무소 거주 시절(햇수로 2년)엔 자취함. 가끔 구보카와 이네코窪川いね子, 쓰보이 사카에壺井栄 등이 야채와 고기를 선물.

1932.8 도요타마豊多摩형무소로 이송됨.

1933.11.8 옥중에서 고토 이쿠코後藤郁子에게 장미 차입에 대한 감사 편지를 씀.

1934.2 작동(32.3~34.2) 해산.

1934.2~35 오구마 히데오小熊秀雄가 이토 신기치를 사문회査問會에 부쳐 처벌할 것을 주장함. 이에 대해 오에 미쓰오大江満雄는 작동은 이미 해산되었고 누구든 사문할 권리는 없다, 이코 신기치도 후회하고 있다며 반대.

1936.3.11 3년 9개월. 햇수로 5년 복역 후 우쓰노미야宇都宮 형무소를 출옥. 2·26사건 계엄령하의 도쿄에 돌아와 신원 보증인 에구치 간江口渙 댁에 의탁하고 한 달 정도 정양함. 그동안 근처의 모리야마 계森山啓댁을 방문함.

1936.3.28 신주쿠新宿 게이오京王전차 누상에서 '송별위안회' 개최.

1936.3 조선예술좌에서 출옥환영회. 동 극단 문예부 고문이 됨.

1936.4 에구치 댁을 떠나 근처 오후櫻風장으로 옮김. 8첩짜리 방에서 아

동문학가 가와사키 다이지川崎大治와 동거.

기시 야마지貴司山治의 호의적 요청으로 『문학안내』사에서 근무.

1936.4 하순 작동의 후신인 친목 단체 '작가 클럽' 회원 40여 명이 신주쿠 도부東武회관에서 '김용제 송별회'를 개최. 석상에서 나카노 스즈코中野鈴子, 안경 너머로 눈물 흘림.

1936.5 일본대학 앞 하숙으로 옮기나 간다神田 명물인 빈대 때문에 한 달을 못 버티고 나옴.

1936.5 가미오치아이上落合 부근의 가시와기초柏木町 고요光陽장으로 옮김.

1936.5.31 동아일보에 시 「연돌煙突」 발표. 이후 동아일보·조선일보에 문학평론·수필을 발표. 기고는 귀국 후에도 이어짐.

1936 가을 제1시집 『대륙시집』을 계획. 나카노 시게하루中野重治의 서문.

1936.10.28 「조선예술좌」 사건으로 네 번째 검거. 이 때문에 간다 스루가다이駿河台에 있었던 김호영金浩永의 인쇄소에서 진행되고 있었던 『대륙시집』 유산. 나카노 시게하루의 서문에는 "조선은 대륙이 아니나, 김용제의 시풍은 대륙적이다"라 씌어 있었다. 문학안내사는 자동 퇴직.

1936.11 불기소·석방을 조건으로 귀국 강요당함. 받아들이나 여비가 없어 귀국이 지연됨. 생활이 곤란, 우유 배달시절 친구인 가난뱅이 화가의 집에서 뒹굶.

1937.3 나카노 시게하루, 욕실에서 왼팔을 다쳐 집안일을 도와달라고 부탁해 옴.

1937.5 나카노 스즈코와 연인 사이가 됨.

1937.7 도쿄에서 강제 송환됨.

1937.7 10년 만에 귀국. 서울 왕십리에 거주.

1938.5 스즈코 영주 계획으로 서울에 옴. 효자동 보안保安여관 2층에서

반 달 정도 동거하나 실의를 안고 귀국.

1938.5 경성소년갱생원이라는 야학교를 기획하나 허가를 못 받음. 이 시기 이후 전향인가.

1938.7 후쿠이福井현의 스즈코에게 중요한 편지를 씀(당시 스즈코는 임신 중이었음).

1938.7 동아연맹과 관계를 맺음.

1939.5.4 경성에 들른 야마다 기요사부로山田淸三郎를 안내함(『금융조합』, 1939.6).

1939.11 『아세아시집』서문을 씀. 전향 후 최초 작품.

1939.12.21 조선문인협회 '문예의 저녁'에서 자작시 「양자강」 낭독.

1940.5 『동양지광』 주간에 취임. 사장은 박희도.

1940.6 시마기 겐사쿠島木健作 기행문 「두 번째의 조선」에 "도쿄 이래 지인인 시인 김용제군을 만났다"고 기록.

1941.12.13 경성부민관에서 열린 결전대강연회 석상에서 자작 「선전宣戰의 날에」를 낭독.

1942.2.22 반도 응징사 격려위문을 위해 정인택과 함께 도일.

1942.9.5 조선문인협회 총무부 상무가 됨. 『동양지광』편집주간 사직.

1943.2 이전 『녹기』(후일 『흥아문화』로 개제) 편집에 참여. 모리타 요시오森田芳夫와 책상을 나란히 함.

1943.4.3 『아세아시집』에 국어문예총독상 수여됨.

1943.4.9 총독상 상금 중 태반을 국방헌금으로 내게 됨.

1943.4.29 경성보호관찰소 2층 강당에서 경성대화숙으로부터 모범사상전사 표창을 받음.

1943.5 말~6 초 조선군 보도원으로서 제1회 보도연습에 참가.

1943.8.24 나카노 시게하루 일기에 "경성 가네무라金村 씨 내방"이라 쓰임.

1943.8.25~27 제2회 대동아문학자대회에 참가. 26일 「대동아문학 확립에 대한 일 제언」을 발표. 8월 19일 서울을 떠나 9월 8일 부산 도착.

1943.9.5 스즈코, 모친과 함께 교토의 미야코호텔에 김을 찾아 옴.

1943.9.11 서울의 체신회관에서 대회 귀국보고 강연회 「신성神性문학에의 비원悲願」 제목의 강연.

1944.6.1 조선문인보국회에 의해 「반도출신 군인가정 위문」을 위해 경상남북도에 파견됨.

1944.8.13 적국 항복 대강연회에서 시 낭독.

1944.12.20 「공습하의 문화활동」을 시찰하러 관부연락선으로 도일.

1945.6.1 특공대 전사자 기요하라淸原 오장伍長의 유가족을 위문.

1945.8.1 조선문인보국회 총회에서 상임이사로 인정됨.

1945.8.10 시집 『아름다운 조선』 견본쇄 2부 완성.

1945.8.15 제본 중이던 시집을 파쇄함. 2부는 소각.

1945.8.18 임화 · 김남천 · 유진오 3인, 조선문인보국회에 와 재산 일체 양도를 요구. 상무이사로서 양도증서를 씀.

김용제 **저작 목록**(1945년 8월까지)

*: 원문이 일본어인 자료

시*	압록강鴨綠江(미발견)	신흥시인新興詩人	30.5
시*	붉은별 농민야학을 지켜라アカボシ農民夜学を守れ	프롤레타리아시 プロレタリア詩	31.2
시*	현해탄玄海灘 (『프롤레타리아시집 1931』에도 수록)	프롤레타리아시	31.3
시*	봄 아리랑春のアリラン	프롤레타리아시	31.4
시*	답을 기다린다答へを待つ	프롤레타리아시	31.5
시*	그 전야その前夜	프롤레타리아시	31.5
시*	자랑스런 행렬誇れる行列	프롤레타리아시	31.5
시*	리포レポ	프롤레타리아단가短歌	31.5
시*	새벽의 노래曉の歌	나프ナップ	31.6
시*	젊어지신 어머니若返ったお母さん	프롤레타리아시	31.7
소문*	실업 반대失業反対	프롤레타리아시	31.7
시*	이별別れ	프롤레타리아단가	31.8
시*	선혈의 기억鮮血の思い出	전기戰旗	31.9
시*	화염의 거리로焔の街に	프롤레타리아시	31.9
시*	사랑하는 대륙이여愛する大陸よ (『일본 프롤레타리아시집 1932』에도 수록)	나프	31.10
시*	진재의 기억震災の思い出	부인전기婦人戰旗	31.9.10
시*	맑음晴れ 프롤레타리아시 31.10 (『프롤레타리아시집』, 中外書房(1932.8)에도 수록)		
시*	위험신호(사인)에 새벽 노을이 危険信号(サイン)に朝焼が	프롤레타리아시	31.11
시*	국경国境	나프	31.11
시*	우유배달의 아침牛乳配達の朝	프롤레타리아시	31.12
시*	레닌 만세レーニン万歳	프롤레타리아시	32.1

시*	철창의 봄鉄窓の春	프롤레타리아시	32.2・3
시*	3월 1일	프롤레타리아문학	32.3
시*	해녀들海女たち	일하는 부인働く婦人	32.4
시*	우리의 5월을私たちの5月を	프롤레타리아문학	32.5
통신*	옥중에서獄中から	프롤레타리아문학	32.10
통신*	옥중 통신獄中通信	문학신문(文学新聞) 24호	32.12.5
시*	붉은 꿈赤い夢	일본프롤레타리아시집	32
시	자선・독지	동아일보	33.6.28
역시*	거리의 순이街の順ちゃん, 林和	시정신詩精神	34.6
시*	봄의 경고春の警告(미발견)	시도표詩導標	36.4
시*	봄은 꿈에서부터春は夢から	문학평론文学評論	36.5(36.3 작)
시	연돌	동아일보	36.5.31
시*	사랑하는 동지에게愛する同志へ	시인詩人	36.6
시*	성장한다는 것生い立つもの	시인	36.6
수필	반휴 반업(상하)	동아일보	36.7.1~2
평론*	「지하도의 봄」에 대하여「地下道の春」について	문학평론	36.7
한시*	옥중 한시선 16수獄中漢詩選16首	시인	35.7
평론	현대와 낭만적 정신, 영국 일본 급 소련을 중심하야(1~5)	동아일보	36.7.24~29
시*	검은 태양의 날黒い太陽の日	시인	36.8
시*	조풍潮風(미발견)	문학안내文学案内	36.8
추도문*	위대한 행복한 죽음偉大な幸福な詩(고리키 추도)	문학안내	36.8
평론	문학의 침체와 허무적 경향-최신 동경시단에 관한 단편적 소개(1~4)	조선일보	36.8.15~18
소평론	나의 관심사	조선일보	36.9.6
시*	연돌煙突(「獄中詩集」から)	신문학新文学	36.11
평론	인간성의 문제와 근대적 문학정신(1~6)	조선일보	37.1.9~15
평론	회우懷友-작가 소림다희이小林多喜二의 횡안横顔기	조선문학	37.3
수필	이향춘광異郷 春光(상중하)	조선일보	37.4.6~8

평론	문학의 건강성과 퇴폐성(1~5)	조선일보	37.5.19~23
평론	조선문학의 신세대－리얼리즘으로 본 휴맨이즘(1~5)	동아일보	37.6.11~16
평론	동경문단 시감	백광白光	37.6
평론	시 정신과 산문 정신, 시문학은 불필요한가(1~3)	동아일보	37.7.3~6
수필	귀향(전 3회)	조선일보	37.7.22~24
평론	조선문단 상반기 총결산(1~5)	동아일보	37.8.8~13
소설	애광기(愛光記)	사해공론	37.8
소설	동경연애	조선문학	37.8
평론	리얼리즘문학 발전론, 주관적 자각과 구체적 과제등(1~5)	동아일보	37.9.14~18
평론	문단 잡감(1~4)	조선일보	37.9.25~26 · 28~29
시	문단 풍자시	비판	37.9
수필	인물 있는 가을 풍경－애흔상무愛痕相撫(상하)	동아일보	37.10.8~9
평론	리얼리즘의 옹호, 소시민 작가의 발악상(1~3)	동아일보	37.10.14~16
평론	조선금은광업계의 전망	경제평론	37.10
시	태양찬太陽讚	동아일보	37.11.9
시	박아지생활	동아일보	37.11.19
평론	시단 시감－시건설2집 시평을 겸하야	시건설	37.12.30
좌담회	명일의 조선문학－문단 중진 14씨에게 재검토될「리얼리즘」「휴매니즘」	동아일보	38.1.1~3
일기초	왕십리 잡기	동아일보	38.2.3
수필	동아춘정冬芽春情	동아일보	38.2.23
평론	고민의 성격과 정신, 자기 고발의 문학적 허약성을 분석함(상하)	동아일보	38.3.17~18
평론	문예시평	비판	38.4.26
시	서춘序春	시건설	38.6.10
동	동경 품천品川매립지 기타	사해공론	38.7
수필*	비원의 봄悲願の春	국민총력	39.1.1
서평	현대조선시인선집	매일신보	39.2.17

시*	아세아시집 서시亜細亜詩集, 序詩 (집필)	동양지광	39.3
평론*	전쟁문학의 전망戦争文学の展望	동양지광	39.3
평론	전쟁문학	매일신보	39.3.29
소론	황군위문 문사부대	매일신보	39.4.9
시*	내선일체의 노래内鮮一体の歌(미발견)	동양지광	39.4
평론*	민족적 감정의 내적 청산에로, 내선일체의 인간적 통합을 위해民族的感情の内的清算へろ、内鮮一体の人間的結合のため	동양지광	39.4
시*	전쟁문학戦争文学아세아시집亜細亜詩集(1)(2)	조선문학	39.4~5
평론*	스승께 드리는 말씀, 형님께 드리는 말씀 師への言葉、兄への言葉(1~6)	경성일보 석간	39.4.21~23, 25~27
소론	문사 송영送迎의 의의	매일신보	39.5.2
평론*	사회・문화 시평(지촌생知村生)	동양지광	39.5
수필*	조선 작가의 메시지朝鮮作家のメッセージ	세르판セルパン 9-5	39.5
시*	슬픔을 넘어서悲しみを越えて	총동원 창간호	39.6.4
시*	애마愛馬	작품	39.6
평론*	조선문화운동의 당면의 임무 朝鮮文化運動の当面の任務	동양지광	39.6
평론*	문예수감文藝隨感	금융조합	39.7
평론*	문학의 진실과 보편성(1)~(5) 국어창작 진흥을 위해	경성일보	39.7.26・27・29・30, 8.1
평론*	싸울 수 있는 문화이념—사변2주년을 맞음 戦える文化理念—事変2周年を迎える	녹기	39.7
시*	아세아시집(1)	동양지광	39.7
시*	아세아시집(2)	동양지광	39.8
소문*	주을 온천에서朱乙温泉にて	경성일보	39.8.18
수상*	청년 벗에게, 나의 정열의 언어 青年の友へ—我が情熱の言葉	동양지광	39.9
소문*	편집후기	동양지광	39.9
시*	아세아시집(3)	동양지광	39.9
앙케이트*	조선인 청년이 내지인 청년에게 바란다 朝鮮人青年より内地人青年に望む	녹기	39.9

소문	여성에게 보내는 공개장	신세기 1-7	39.9
평론	시국과 신극운동	무대	39.10.1
시	혼수	시건설	39.10
시*	아세아시집(4) 허혼許婚에, 전쟁 철학戰爭哲學	동양지광	39.10
좌담회	내선일체 부인 좌담회	동양지광	39.10
시*	아세아시집(5) 어머님께母へ, 배급쌀配給米	동양지광	39.11
보고*	극장순례기(1)	동양지광	39.11
서평*	『국사와 조선國史と朝鮮』	동양지광	39.12
평론	전장의 미	인문평론	40.1
동*	내선결혼 사관內鮮結婚 私觀	내선일체	40.1
시*	가을 좋고秋は佳し(아세아시집 제29편)	녹기	41.10
시*	동방의 신들東方の神々(아세아시집28편)	국민문학	41.11
시	만추시편晩秋 詩篇(1~4) (1) 捨石 (2) 갈보리갈며 (3) 서리내린 아츰에 (4) 愛國日	매일신보	41.11.11・ 14・15・17
소문*	편집후기	동양지광	41.12
시*	아세아시집 34~36 (銃後三題―麦播き、霜の朝、愛国日)	내선일체	41.12
시*	아세아시집(7) 동양지광 41.12 (1) 捨石 (2) 山の神話 (3) 故郷の雲 (4) おれ様は 내선일체		
평론	일독日獨 시인의 예언적 지시(1)~(6)	매일신보	41.12.18~24
앙케이트*	앞으로 어떻게 쓸 것인가今後如何に書くべきか	국민문학	42.1
소문*	편집후기	동양지광	42.1
평론*	국민문학의 여명기国民文学の黎明期	동양지광	42.1
번역*	노천명「젊은이에게若人に」(시)	동양지광	42.1
시*	선전의 날에宣戰の日に	녹기	42.1
시*	선전의 날에宣戰の日に	국민문학	42.2
시	해신海神	조광	42.2
시	조춘早春서정(1~3)	매일신보	42.2.10
시	아세아시집 제42편「小婦에게」	매일신보	42.2.14
시	개미	매일신보	42.2.24
일기*	신춘일기新春日記, 1.1~7	동양지광	42.2

평론	창작론의 전진 과제(상중하)	매일신보	42.3.19~21
평론*	반도문단과 국어의 문제半島文壇と国語の問題	녹기	42.3
시*	사석捨石	국민시가	42.3
시	눈물 아름다워라	춘추	42.3
시	정열의 처녀도處女島	조광	42.3
좌담회*	새로운 반도문단의 구상新しい半島文化の構想 김용제 외 김종한, 목양, 다나카 히데미쓰田中英光	녹기	42.4
시*	춘일시초(눈물 아름다워라, 조춘, 소녀들에게, 젊은 아낙들에게春日詩抄「涙うるわし」「早春」「少婦たちに」「蟻」)	동양지광	42.4
시	송화강변	매일신보	42.4.10
평론*	현대극장의 '북진대'現代劇場の'北進隊'	경성일보 석간	42.4.11
시*	남북시초南北 詩抄 동양지광 42.5 북변의 봄北辺の春, 송화강변松花江辺, 남방에 가다南へ往く, 남으로 북으로南に北に		
소문*	편집후기	동양지광 지촌생	42.5
소문*	편집후기	동양지광 지촌생	42.6
평론	시대와 독서(상・하)	매일신보	42.6.5~6
소론*	현실의 언어現実の言語	동양지광	42.6
좌담*	군국의 여학생에게 '징병'에 대해 듣는다—氷河仁德 등軍国の女学生に「徴兵」を聞く、氷河仁德等	녹기	42.6
시*	명예로운 별들	녹기	42.6
수*	여성의 자의식女性の自意識	동양지광 지촌생	42.7
시*	징병시초徵兵詩抄	동양지광	42.7
평론	일본에의 애집—하야시 후사오 씨의 '전향' '청년' '장년'에 대해日本への愛執—林房雄氏の「転向」「青年」「壮年」に就いて	국민문학	42.7
시*	종鐘	동양지광	42.8
번역시*	정지용「異土」	동양지광	42.8
소문*	편집후기	동양지광 지촌생	42.8
좌담회*	반도문화의 진로에 대해半島文化の進路を語る 김용제 외 다나카 히데미쓰, 목양, 유아사 가즈에湯淺克衛	녹기	42.8
평론	문학과 신세계관 (1~5)	매일신보	42.8.8~12

평론	세계관의 본의本義, 지식과 감정의	매일신보	42.8~20
평론*	문예정책 사어私語 (1)~(4)	경성일보	42.9.29~10.2
시*	종鐘	녹기	42.10
시*	가을의 속삭임秋の囁き	국민문학	42.11
앙케이트*	일본문학 중 마음에 드는 여성은 누군가 —반도작가 제씨에게 묻다日本文学の中で好きな女性は誰か—半島作家氏にきく	녹기	42.11
좌담회*	대동아문학자대표大東亞文學者代表교권좌담회交권座談會	녹기	42.12
시	서시序詩 (박영랑朴永朗 저, 대동출판사大同出版社 간)	『이인석 상등병李仁石上等兵』의 서시	42.12.1
시집*	『아세아시집』	(경성) 대동출판사	42.12.18
시*	12월 8일	동양지광	42.12
시*	송년의 언어送年の言葉	신시대	42.12
기행문*	북조선의 입김北朝鮮のいぶき	녹기	43.1
동요*	별의 노래星の歌	신여성	43.1
시*	일본의 아침日本の朝	아사히(조일)신문 조간 남선南鮮판	43.1.5
서사시*	어동정御東征	녹기	43.2
좌담회*	시단의 근본 문제詩壇の根本問題 김용제 외 사토 키요시佐藤清, 스기모토 나가오杉本長夫, 조우식, 데라모토 기이치寺本喜一, 최재서, 김종한	국민문학	43.2
앙케이트*	싱가폴 함락 소식 어디서 들었는가. 그 순간의 감상은?シンガポール陥落の報を何処で聞いたか. その瞬間の感想は	신시대	43.2
평론*	문예에의 총독상 제정文芸への総督賞制定(3) —총독상의 의의総督賞の意義	경성일보	43.2.2
강연*	여성생활과 국문학女性生活と国文学	경성일보	43.2.5
앙케이트*	연맹 문화면에의 진언장—전쟁에의 문화재 동원을連盟文化面への進言状—戦争への文化財動員を	대동아大東亜	43.3
시*	황령 앞에서皇霊の大前に	경성일보 조간	43.3.21.
앙케이트*	연성과 반도인錬成と半島人	조광	43.4
좌담회*	금일의 반도 문학今日の半島文学	녹기	43.5

	김용제 외 장혁주, 목양, 쓰다 고津田剛		
시*	위대한 전사偉大なる戦士－야마모토 이소로쿠 대장의 영령에山本五十六大将の英霊に	경성일보 조간	43.5.22
시집*	『서사시 어동정御東征』	(경성) 문성당文省堂	43.5.30
시*	바다 잔잔하고－해군지원병에로 일떠선 젊은이에게海晴れて－海軍志願兵に起つ若人へ	신시대	43.6
시*	바다 열리고海ひらく	녹기	43.6
보고*	평안남도 황민 연성도장 일일 입장기平安南道皇民錬成道場一日入場記	녹기	43.6.13
시*	황토의 행군赭土の行軍	아사히朝日신문 조간 중선판中鮮版	43.6.13
시*	아아, 야마모토 원수님ああ山本元師	조선화보朝鮮画報	43.7
시*	바다에 임하여 7월의 진해 바다에 서다海に臨みて、7月の鎮海の海に立つ	경성일보	43.7.20
시*	보도시첩 7편(기원, 출발, 군화, 위로, 이른 아침, 학과, 돌격)報道詩帖7篇－祈願、出発、軍靴、慰労、早朝、学科、突撃	녹기	43.7
시*	동생들－징병제에 부쳐弟たち－徴兵制に寄す	아사히신문 조간 중선판	43.8.3
기사*	대동아결전문학자대회大東亜決戦文学者大会、晴れの半島代表決る 담화談話 문학전쟁을 위해「文学戦争」の為	경성일보	43.8.12
좌담*	문학전쟁을 위하여文学戦争のため	경성일보	43.8.12
보고*	황민생활의 강화－국민운동으로 들끓는 조선문단皇民生活の強化－国民運動に沸く朝鮮文壇	문학보국	43.9.10
르포*	광산 전선에 가다鑛山戦線を行く	녹기	43.9
기행문*	신도참배기－대동아문학자대회 관서견학기神都参拝記－大東亜文学者大会関西見学記	녹기	43.9
시*	싸우는 시인들에게戦う詩人たちに	녹기	43.10
동	불문의 도, 나라를 추억함不文の道、奈良に憶ふ	국민문학	43.11
좌담회*	근황의 전통과 조선勤皇の伝統と朝鮮 김용제 외 가게야마 세이지影山正治, 아사노 아키라浅野晃, 후지타 도쿠타로藤田徳太郎, 유아사 가즈에, 쓰다 다케시	녹기	43.11

시	나는 울었다	매일신보	43.11.10
시*	조칙의 날みことのりの日	녹기	43.12
시	어머니의 마음, 아내의 마음母の心、妻の心	신여성	44.1
수필*	비원의 봄悲願の春	국민총력	44.1.1
시*	청년시집1 종제에게, 청춘의 다리青年詩集1 ―從弟に, 青春の橋	동양지광	44.2
시*	고백 교서告白、教書	내선일체	44.2
시	천인침千人針	신여성	44.2
시*	청년시집2 빙상 비행, 올봄青年詩集2 ―氷上飛行, この春	동양지광	44.3
??	평양에서, 「결전문화의 밤」에 출석, 조선연맹 데라모토 문화과 참사와 함께平讓にて、「決戦文化の夕」に参席、朝鮮連盟寺本文化課惨事とともに		44.3
시*	싸우는 소녀들闘ふ乙女―海軍の仕奉に勇みでる舞鶴高女の妹たちに	내선일체内鮮一体	44.3
좌담회*	국어생활 운동에 철저하자 国語生活運動に徹底しよう	국민총력	44.3.1
시*	비시향과, 다지 마모리의 계보를 생각함非時香菓―田道間守の系譜を思ふ	국민문학	44.4
시*	청년시집3 갑종, 얼굴青年詩集3―甲種, 顔	동양지광	44.4
시*	봄날 아침春の朝	신시대	44.4
르포*	증산산맥, 전쟁의 영양增産山脈, 戦争の栄養(1~13)	매일신보	4.19~5.7
시*	해군기념일에海軍記念日に(미발견)	흥아문화	44.5
시*	鯉は雲を呑み	국민총력	44.5.1
시집*	『보도시첩報道詩帖』	동도東都서적경성지점	44.6.10
시*	추도시 종鐘	녹기연맹 편, 『대화숙일기』 서『大和熟日記』序	44.6.15
시*	학병의 꽃―우리 조선 출신 고야마 마사히데 상등병의 영령에 바치는 시学兵の華、我が朝鮮出身の光山昌秀上等兵の英霊に捧ぐる詩	국민문학	44.7
소설*	장정壯丁	국민문학	44.8
시*	청춘시집4 학도 동원青春詩集4―学徒動員	동양지광	44.9

시*	어머니의 짚신母の草履	국민총력	44.9.1
동*	천벌의 신기天罰の神機	국민문학	44.10
수필*	여초旅草	홍아문화(녹기)	44.10
시*	전과를 축하하며戦果を祝して	경성일보	44.10.18
시*	초가을はつ秋	신여성	44.11
시*	입단의 아침入団の朝	문학보국	44.11.10
시*	신기 도래神機到来	매일신보	44.11.3
기사*	김용제 씨는 제4신민시집『아름다운 조선』을 홍아문화출판회에서 간행	경성일보	44.11.21
시*	생명 봉환生命 奉還	경성일보	44.12.8
시	일천구십오일	매일신보	44.12.8
평론*	신성문학의 대도, 19년도의 반도문학 神聖文学の大道－昭和一九年度の半島文学	홍아문화	45.1
담화*	공습하 내지의 문화운동空襲下	경성일보	45.1.22
담화*	경보로 아는 "꽃"警報で気のつく"花" 一敵に神経戦に負けない内地	경성일보	45.1.25
수필*	동서단층東西斷層－昭和20年元旦고려신사를 찾아서高麗神社に詣でて	국민문학	45.3
보고*	결전반도문학의 길決戦半島文学の道	경성일보	45.3.19
보고*	적의 맹탄 아래 피는 내선일체의 전우애 敵の盲弾下に咲く内鮮一体の戦友愛	경성일보	45.4.20
보고*	감투하는 재주 반도인敢闘する在住半島人	경성일보	45.4.21
시*	오키나와 이겼도다沖縄勝てり	경성일보	45.6.26
수상*	생명의 격발生命の激発	경성일보	45.7.4
수필	문단고백(1～4)	매일신보	45.8.3～6
시집	『美しき朝鮮』 광복으로 제본 중 파쇄		45.8.10